本书由云南民族大学博士学科建设经费资助出版

RENSHENZHIQI SONGDAI MAIDIQUAN YANJIU

人神之契：宋代买地券研究

云南民族大学
学术文库

高朋 著

中国社会科学出版社

图书在版编目（CIP）数据

人神之契：宋代买地券研究/高朋著. —北京：中国社会科学
出版社，2011.5
ISBN 978-7-5004-9293-1

Ⅰ.①人… Ⅱ.①高… Ⅲ.①葬俗—风俗习惯—中国—宋代
Ⅳ.①K892.22

中国版本图书馆 CIP 数据核字（2010）第 217869 号

责任编辑　纪宏　郭沂纹
责任校对　张玉霞
封面设计　回归线视觉传达
技术编辑　李　建

出版发行　**中国社会科学出版社**
社　　址　北京鼓楼西大街甲 158 号　　邮　编　100720
电　　话　010－84029450（邮购）
网　　址　http://www.csspw.cn
经　　销　新华书店
印　　刷　北京君升印刷有限公司　　装　订　广增装订厂
版　　次　2011 年 5 月第 1 版　　印　次　2011 年 5 月第 1 次印刷
开　　本　710×1000　1/16
印　　张　20.25　　插　页　2
字　　数　318 千字
定　　价　46.00 元

云南民族大学学术文库委员会

《云南民族大学学术文库》总序

云南民族大学党委书记、教授、博导　甄朝党
云南民族大学校长、教授、博导　张英杰

云南民族大学是一所培养包括汉族在内的各民族高级专门人才的综合性大学，是云南省省属重点大学，是国家民委和云南省人民政府共建的全国重点民族院校。学校始建于 1951 年 8 月，受到毛泽东、周恩来、邓小平、江泽民、胡锦涛等几代党和国家领导人的亲切关怀而创立和不断发展，被党和国家特别是云南省委、省政府以及全省各族人民寄予厚望。几代民族大学师生不负重托，励精图治，经过近 60 年的建设尤其是最近几年的创新发展，云南民族大学已经成为我国重要的民族高层次人才培养基地、民族问题研究基地、民族文化传承基地和国家对外开放与交流的重要窗口，在国家高等教育体系中占有重要地位，并享有较高的国际声誉。

云南民族大学是一所学科门类较为齐全、办学层次较为丰富、办学形式多样、师资力量雄厚、学校规模较大、特色鲜明、优势突出的综合性大学。目前拥有 1 个联合培养博士点，50 个一级、二级学科硕士学位点和专业硕士学位点，60 个本科专业，涵盖哲学、经济学、法学、教育学、文学、历史学、理学、工学和管理学 9 大学科门类。学校1979 年开始招收培养研究生，2003 年被教育部批准与中国人民大学联合招收培养社会学博士研究生，2009 年被确定为国家立项建设的新增博士学位授予单位。国家级、省部级特色专业、重点学科、重点实验室、研究基地，国家级和省部级科研项目立项数、获奖数等衡量高校办学质量和水平的重要指标持续增长。民族学、社会学、经济学、管理

学、民族语言文化、民族药资源化学、东南亚南亚语言文化等特色学科实力显著增强,在国内外的影响力不断扩大。学校科学合理的人才培养体系和科学研究体系得到较好形成和健全完善,特色得以不断彰显,优势得以不断突出,影响力得以不断扩大,地位与水平得以不断提升,学校改革、建设、发展不断取得重大突破,学科建设、师资队伍建设、校区建设、党的建设等工作不断取得标志性成就,通过人才培养、科学研究、服务社会、传承文明,为国家特别是西南边境民族地区发挥作用、做出贡献的力度越来越大。

云南民族大学高度重视科学研究,形成了深厚的学术积淀和优良的学术传统。长期以来,学校围绕经济社会发展和学科建设需要,大力开展科学研究,产出大量学术创新成果,提出一些原创性理论和观点,受到党和政府的肯定,以及学术界的好评。早在 20 世纪 50 年代,以著名民族学家马曜教授为代表的一批学者就从云南边疆民族地区实际出发,提出"直接过渡民族"理论,得到党和国家领导人刘少奇、周恩来、李维汉等的充分肯定并被采纳,直接转化为指导民族工作的方针政策,为顺利完成边疆民族地区社会主义改造、维护边疆民族地区团结稳定和持续发展发挥了重要作用,做出了突出贡献。汪宁生教授是我国解放后较早从事民族考古学研究并取得突出成就的专家,为民族考古学中国化做出重要贡献,他的研究成果被国内外学术界广泛引用。最近几年,我校专家主持完成的国家社会科学基金项目数量多,成果质量高,结项成果中有 3 项由全国哲学社会科学规划办公室刊发《成果要报》报送党和国家高层领导,发挥了咨政作用。主要由我校专家完成的国家民委《民族问题五种丛书》云南部分、云南民族文化史丛书等都是民族研究中的基本文献,为解决民族问题和深化学术研究提供了有力支持。此外,还有不少论著成为我国现代学术中具有代表性的成果。

改革开放 30 多年来,我国迅速崛起,成为国际影响力越来越大的国家。国家的崛起为高等教育发展创造了机遇,也对高等教育提出了更高的要求。2009 年,胡锦涛总书记考察云南,提出要把云南建成我国面向西南开放的重要桥头堡的指导思想。云南省委、省政府作出把云南建成绿色经济强省、民族文化强省和我国面向西南开放重要桥头堡的战略部署。作为负有特殊责任和使命的高校,云南民族大学将根据国家和区域发展战略，进一步强化人才培养、科学研究、社会服务和文化传承的功能，围绕把学校建成"国内一流、国际知名的高水平民族大学"的战略目标，进一步加大学科建设力度，培育和建设一批国内省内领先的学科；进一步加强人才队伍建设，全面提高教师队伍整体水平；进一步深化教育教学改革，提高教育国际化水平和人才培养质量；进一步抓好科技创新，提高学术水平和学术地位，把云南民族大学建设成为立足云南、面向全国、辐射东南亚南亚的高水平民族大学，为我国经济社会发展特别是云南边疆民族地区经济社会发展做出更大贡献。

学科建设是高等学校龙头性、核心性、基础性的建设工程，科学研究是高等学校的基本职能与重要任务。为更好地促进学校科学研究工作、加强学科建设、推进学术创新，学校党委和行政决定编辑出版《云南民族大学学术文库》。

这套文库将体现科学研究为经济社会发展服务的特点。经济社会的需要是学术研究的动力，也是科研成果的价值得以实现的途径。当前，我国和我省处于快速发展时期，经济社会发展中有许多问题需要高校研究，提出解决思路和办法，供党和政府及社会各界参考和采择，为发展提供智力支持。我们必须增强科学研究的现实性、针对性，加强学术研究与经济社会发展的联系，才能充分发挥科学研究的社会作用，提高高校对经济社会发展的影响力和贡献度，并在这一过程中实现自己的价值，提升高校的学术地位和社会地位。云南民族大学过去有这方面的成功经验，我们相信，随着文库的陆续出版，学校致力于为边疆民族地区经济社会发展服务、促进民族团结进步、社会和谐稳定的优良传统将进一步得到弘扬，学校作为社会思想库与政府智库的作用将进一步得到巩固和增强。

这套文库将与我校学科建设紧密结合，体现学术积累和文化创造的特点，突出我校学科特色和优势，为进一步增强学科实力服务。我校2009年被确定为国家立项建设的新增博士学位授予单位，这是对我校办学实力和水平的肯定，也为学校发展提供了重要机遇，同时还对学校建设发展提出了更高要求。博士生教育是高校人才培养的最高层次，它要求有高水平的师资和高水平的科学研究能力和研究成果支持。学科建设是培养高层次人才的重要基础，我们将按照国家和云南省关于新增博士学位授予单位立项建设的要求,遵循"以学科建设为龙头,人才队伍建设为关键,以创新打造特色,以特色强化优势,以优势谋求发展"的思路,大力促进民族学、社会学、应用经济学、中国语言文学、公共管理学等博士授权与支撑学科的建设与发展,并将这些学科产出的优秀成果体现在这套学术文库中,并用这些重点与特色优势学科的建设发展更好地带动全校各类学科的建设与发展,努力使全校学科建设体现出战略规划、立体布局、突出重点、统筹兼顾、全面发展、产出成果的态势与格局,用高水平的学科促进高水平的大学建设。

这套文库将体现良好的学术品格和学术规范。科学研究的目的是探寻真理,创新知识,完善社会,促进人类进步。这就要求研究者必需有健全的主体精神和科学的研究方法。我们倡导实事求是的研究态度,文库作者要以为国家负责、为社会负责、为公众负责、为学术负责的高度责任感,严谨治学,追求真理,保证科研成果的精神品质。要谨守学术道德,加强学术自律,按照学术界公认的学术规范开展研究,撰写著作,提高学术质量,为学术研究的实质性进步做出不懈努力。只有这样,才能做出有思想深度、学术创见和社会影响的成果,也才能让科学研究真正发挥作用。

我们相信,在社会各界和专家学者们的关心支持及全校教学科研人员的共同努力下,《云南民族大学学术文库》一定能成为反映我校学科建设成果的重要平台和展示我校科学研究成果的精品库,一定能成为我校知识创新、文明创造、服务社会宝贵的精神财富。我们的文库建设肯定会存在一些问题或不足,恳请各位领导、各位专家和广大读者不吝批评指正,以帮助我们将文库编辑出版工作做得更好。

二〇〇九年国庆于春城昆明

目　录

绪　言

一　研究缘起

韦伯（Max Weber）在讨论神的作用时曾言："到底该以强制还是祈求的方式来影响某一特定的神祇或鬼怪，是个最根本的问题，而其解答取决于何者有效。"[①] 这里他似乎暗示了人与神之间的关系只能是一方压倒另一方的不平等关系，不同的关系区别仅在于是哪一方占有优势地位。韦伯这一判断在分析西方宗教时可能不存在问题，但是在讨论中国民间信仰[②]时，我们发现古代中国应该存在着不同于"强制"与"祈

[①]　韦伯著，康乐、简惠美译：《宗教社会学》，广西师范大学出版社 2005 年版，第 39 页。在本研究中不可避免地要涉及诸多前辈学者和师友的研究，并且他们的观点使笔者受惠良多。但是出于行文方便的考虑，本书对涉及的研究者均直呼其名，非不尊重之意，特此说明。

[②]　过去学者们受到雷德菲尔德大小传统概念的影响，认为民间信仰代表的是平民阶层的信仰。但是现在研究者们已经注意到民间信仰并非只是平民阶层的信仰，在社会生活中精英们也往往持有相同的信仰。参见 Stephen F. Teiser，"Popular Religion"，*Journal of Asian*. 1995，54-2（5 卷 2 期意）. 为此学者们还发明如共同信仰和民俗宗教这类新的概念来替代民间信仰。笔者完全认可以上的判断，但是出于讨论的方面，仍然使用民间信仰这一概念来指代中国古代制度化宗教之外的各种信仰行为。在本书中出现的民间信仰这一概念，除非特别说明均指社会各阶层共有的信仰。

求"的人神交往模式，人们可以通过和神明签订契约的方式，来实现自己的目的。这方面最突出的例证就是自汉代沿用至今的买地券，在这种常见的明器中人们往往和不同的神灵签订契约，以获得土地的所有权。一旦人们完成了契约义务，那么不管神具有多高的位级，都必须履行他们的责任，否则也会受到惩处。不论何时何地的民法及习惯法，都规定了立约双方在契约面前的平等地位。因此至少在买地券这样的一个独特的环境中，人神之间的关系应该是平等的，这就促使我们去重新思考韦伯的论断。

韦伯虽然也讨论过中国的宗教问题①，但是由于受到欧洲当时汉学水平的限制，加之其关心中国的宗教主要目的是在于说明中国为何没有产生资本主义②。故此，韦伯对于中国宗教的讨论主要集中在儒教和道教上，关注的是它们与新教之间的异同。对于民间信仰的讨论很少，更不可能利用当时只是被部分金石著作所著录的买地券材料，所以他未能发现中国信仰中存在的独特的人神关系是很正常的。不过随着社会科学的发展，研究中国民间信仰的学者越来越多，其中很多人都讨论过民间信仰中的人神关系。下面我们就简要地介绍一下他们的研究，来观察一下他们的观念是否超越了韦伯基于西方经验所建构的人神关系模式。

关于中国民间信仰中人神关系最著名的研究，是武雅士（Arther P. Wolf）利用其在台北县三峡地区的调查提出的神、鬼、祖先模式。他认为："在三峡地区发现的超自然世界观念，其实是一个小村庄眼中的传统中国社会景象的精确反映。在这景象中首先出现的是官吏，代表帝国和皇帝；其次是家庭和宗教；第三是比较异质性的陌生人，外地人，强盗和乞丐。官吏变成神；宗教中的长老变成祖先；陌生人便成为具有

---

① 韦伯关于中国宗教的论述参见韦伯著，康乐、简惠美译：《中国的宗教 宗教与世界》，广西师范大学出版社 2004 年版。

② 杨庆堃：《导论》，《中国的宗教 宗教与世界》，广西师范大学出版社 2004 年版，第 337 页。

危险性被鄙视的鬼。"① 而且神明像人间的官员一样"被认为是骄傲的，敏感于自己应拥有的特权。任何对他们地位的蔑视均会引起迅速而愤怒的反应。"② 既然神明已经被理解为官员，在中国这样一个官僚制盛行的社会中，人们必然是屈从于神灵的。

武雅士之后，学者们继续发展和完善了神、鬼、祖先模式。他的学生马丁（Emily M. Ahern）即承袭了这个模式，认为中国的宗教仪式在许多方面都与服从、行贿以及政治官员及其幕僚的交易行为类似，而且参与者相信，他们的行动会有跟官僚机构类似的灵验③。魏勒（Robert Weller）在调查中也发现人们使用官府与神明进行类比④。李亦园通过对民间祭祀行为中祭品和冥纸的分类的分析，认为祭品的分类反映了社会存在，认为祖先和小鬼的分类反映了传统社会中亲属关系的"差序格局"。而天与神明的区分则是天子和官员差别的反映⑤。庄英章和许书怡继续发展了武雅士的观点，认为人们对神、鬼与祖先三者的个别意义，取决于崇拜者的社会观感⑥。

虽然神明的官僚类比得到很多的学者的认可，并且也能被各种民族志材料所证实。但是由于中国民间信仰的复杂性，在后来的研究中，不

---

① 武雅士著，张珣译：《神、鬼和祖先》，《思与言》第 35 卷第 3 期，第 281 页。在他之前已经有人类学家关注到神祇与官员的对应，葛伯纳（Bernard Galin）、乔大卫（David Jordan）都认为神祇的等级体系是对现世中官僚体系的翻本。参见 Bernard Galin, *Hsin Hsing, Taiwan: A Chinese Village in Change*. Berkeley and Los Angeles: University of California Press, 1966, pp. 235－236；David Jordan, *Gods Ghosts, and Ancestors: Folk Religion in a Taiwanese Village*. Berkeley and Los Angeles: University of California Press, 1972, p. 40. 由于武雅士的观点影响最大，在此就以他的观点来介绍神灵的官员模式。葛伯纳和乔大卫的观点概述可以参见韩明士（Robert Hymes）著，皮庆生译《道与庶道：宋代以来的道教、民间信仰和神灵模式》，江苏人民出版社 2007 年版，第 278—281 页。

② 武雅士：《神、鬼和祖先》，《思与言》第 35 卷第 3 期，第 267 页。

③ Emily M. Ahern, *Chinese Ritual and Politics*. Cambridge: Cambridge University Press, 1981, pp. 4－11.

④ Robert Weller, *Unities and Diversities in Chinese Religion*. Seattle: University of Washington Press, 1987, p. 49.

⑤ 李亦园：《中国人信什么教?》，《宗教与神话》，广西师范大学出版社 2004 年版，第 127 页。

⑥ 庄英章、许书怡：《神、鬼与祖先再思考：以新竹六家朱罗伯公的崇拜为例》，《台湾与福建文化研究论文集（二）》，台北："中央研究院"民族学研究所，1994 年。

同学者不断地依据历史文献和人类学田野材料，对这个模式发起挑战。夏维明（Meir Shahar）和魏勒所编的文集《淫神：中国的神祇与社会》中就提到了人们对诸神明也有取笑和妖魔化的时候，如相信神仙们醉酒、赌博、淫荡和当土匪等。而且这些观念还有悠久的历史，这就是正统观念所谓的"淫祀"①。王斯福（Stephan Feuchtwang）虽然在其早期的文章中主张："神明是国家权力体系的一个隐喻。"② 但是后来他推翻过去的观点，认为："恰恰是由于神鬼的仪式和形象与活着的人的行为方式和特征之间的差异和缺乏对应性，才使得他们具有一种隐喻的价值。相对于现在与生活现实而言，神话与仪式代表的是一种超越性的以及一种历史化（作为一种永恒的过去）的关系。"③ 而那些神明也不再被视为官吏，反而"对于这些处于高位的神祇，从宇宙观来看，也要将他们看成是一种对魔鬼力量发号施令的命令体系，因为他们自身便是魔鬼"④。

韩明士则从历史材料中出发，认为中国古代存在着两种人神关系模式，一种是官僚模式，一种是个人模式。所谓官僚模式包含以下要素："（1）神祇皆为官员。（2）神祇的等级是多层的。（3）除最高级的神祇之外，所有神祇的权威均来自外部，由一位比它高级的神祇授权。（4）世人与神祇权威打交道是间接的，即可通过较低层次的神祇，也可借助职业宗教人士；前者沟通世人与较高级神祇的关系，后者则无所不包，甚至可以做世人与最低层次神祇之间的中介。（5）神祇与特定地点、居民之间的联系原则上是暂时的，是任命所致，而不是神祇本身形成的或它们自身选择的结果。"⑤ 而个人模式则包含以下要素："（1）神祇是'异人'，这是富有深意却又是模糊的表述，遇到神祇或类似神祇之人时，中国人常常使用'异人'一词，其字面意思为'不一样的人'或

---

① Meir Shahar and Robert Weller, eds. *Unruly Gods：Divinity and Society in China*. Honolulu：University of Hawaii，1996.

② Stephan Feuchtwang，"Domestic and Communal Worship in Taiwan"，In *Religion and Ritual in Chinese Society*，ed. Wolf. Stanford，Calif：Stanford University Press，1974，p. 127.

③ 王斯福著，赵旭东译：《帝国的隐喻：中国民间宗教》，江苏人民出版社 2008 年版，第 66 页。

④ 同上书，第 57 页。

⑤ 韩明士：《道与庶道》，第 5 页。

'特异之人'。（2）这意味着神祇、神—人之间的等级往往是一对一的，而非多层次的，其等级基于各种关系原则，诸如宗族、师傅—弟子关系，或者基于选定的联系为媒介，诸如交易或承诺之类。（3）神祇的权威或者特殊力量是其固有的，而不是受外在权威的委托，这也是神祇被视为'异人'的特征之一。（4）世人与神祇的交往无须中介，是直接的（或者至少相对如此）。（5）神祇与地方、居民的关系或是内在的，或是出于神灵自身的选择，都是长久的。"① 他的观点是目前对于神的官僚模式最有力的批判，尤其是个人模式概念的提出，使我们对中国民间信仰中神明的理解有了全新的认识。而且个人模式也得到了部分民族志材料的证实，马丁在她的调查中就发现人们倾向于用"孩子—父母"的比喻来指代人神关系，而不是"市民—官员"的比喻来指代人神关系②。

从武雅士以降诸多基于神、鬼、祖先模式的研究中，我们可以发现，虽然对于神明所代表的社会力量存在着不同的理解，但是不论是将神明视为官员、魔鬼、师傅还是父母，神明的地位都是置于人之上。人神之间的交流还是主要通过"祈求"的方式来完成，这些研究者们都忽视了其中可能蕴涵的平等因素。

除了这些基于神、鬼、祖先模式对人神关系的讨论外，还有一些研究者在不涉及这一模式的情况下，提出他们对于人神关系的看法。这些研究者往往会得出一些不同的结论，如王铭铭就曾指出："中国人的宗教仪式具有拜者和神之间的特定商业交换的意义。拜者提供谷物、灵币、猪、鱼、戏剧以取悦神；反过来，神则以保护和帮助回报拜者。"③他就是从交换的角度来理解中国的人神关系。皮庆生在分析宋代祭祀神灵的神职观念与灵应观念时，指出："神职观念多处于官员话语，而灵应观念则主要是普通百姓，当然，二者有交叉之处，官吏士人亦有灵应观念，然而他们往往因其思维习惯，将灵应视为神职的体现，这其实是组织力量制度性观念控制约束神性力量的一种潜在表现。若为灵应则神对人的关系更为主动，灵迹的显现与否是神的自由，是一种恩赐，神居

---

① 韩明士：《道与庶道》，第6页。

② Emily M. Ahern, *Chinese Ritual and Politics*. pp. 98—99.

③ 王铭铭：《幸福、自我权力和社会本体论：一个中国村落中"福"的概念》，《社会学研究》1998年第1期，第31页。

高临下，而神职观念中神的灵应是职责甚至是义务，人神对等，对于不履行自己职责的神人可以采取措施将其抛弃甚至毁坏。"① 他对两种观念和官员与民众的区分，非常精准。对神职观念下人神关系的判断，更具有相当的启发性。但是由于他研究的主题并不集中在人神关系上，相关的讨论并没有进一步的展开。而周福岩在分析耿村民间故事中反映的人神关系时指出："神与人之间的关系虽然密切，但这种关系绝不是纯粹信仰性质的，而是契约性质的：作为契约的一种信物，礼物是必需的，但需要其他礼物作回报。正如每一个人都必须履行属于自己行动范围以内的职责；每一个神也被要求在自己的灵力范围内履行对托情人的还报义务（即提供现实的好处）。"② 这是目前笔者所见唯一的用契约关系来指代人神关系的研究，可惜的是他未能结合其他相关研究将这个命题展开论述。

以往探讨中国民间信仰人神关系的研究者，大多是人类学家和民俗学家。由于受到学科的限制，他们均未能利用买地券这一类的考古材料，来讨论人神之间的关系。这就使他们很难摆脱韦伯的论断，不能发现服从关系之外人神关系的其他关系模式。正是因为这样的缺失，本书拟以买地券为题展开我们的研究。希望通过对它的细致分析，使我们对中国古代的民间信仰能够产生新认识，为人神关系讨论提供新范型。

买地券作为一种从汉代延续至今的明器，其使用的时间跨度大，地域范围广，涉及的问题比较多。所以我们不可能全面地讨论买地券的演变，只能选取某一个时期的买地券作为研究对象。在此我们选取最能反映人神平等关系的宋代③买地券作为我们研究的主要对象④。正如布罗代尔（Fernand Braudel）所言观念的演变相对于政治、经济的变化要更

---

① 皮庆生：《宋代民众祠神信仰研究》，上海古籍出版社 2008 年版，第 259 页注②。

② 周福岩：《民间故事的伦理思想研究：以耿村故事文本为对象》，中国社会科学出版社 2006 年版，第 125 页。

③ 这里的宋不是政治概念，而是一个文化概念。因此我们的视野并不局限于宋朝境内，当时在辽、金、大理境内出土的买地券也在本研究范围内。

④ 宋代买地券中所反映的人神关系与之前买地券反映人神关系的区别，详见第五章中的相关论述。

加缓慢①，因此我们在考察宋代买地券时，采用"长时段"的分析方法，将研究的视野拉长。在必要时，考察春秋战国以来各种信仰的演变，以求更加准确地突出宋代买地券在民间信仰方面的种种特质。在正式展开本文的研究之前，以往关于买地券和其他相关丧葬文书的研究，作为研究的重要背景，需要予以适当的关注，以下就是这方面的研究的一个简要回顾。

二 学术史回顾

自罗振玉、王国维等人开始收集著录买地券以来，相关研究在国内外已经进行了将近百年②。近百年来，相关的研究已达数百篇之多。在此我们不可能一一加以介绍，只能按照他们的研究取向分类并加以简要说明。在此我们将有关买地券的研究分为三类：第一类是有关买地券著录、考释及辨伪方面的研究，这方面的开创者是罗振玉，他先后在《贞松堂集古遗文》、《贞松堂吉金图》、《蒿里遗珍》、《地券征存》、《蒿里遗文目录》、《蒿里遗文目录续编》③ 等多种著作中刊布了26件墓券。他在研究方面最大的贡献在于提出将买地券分为两类，一类是"买之于人"的"地契"，一类是"买之于神"的"镇墓券"。这对后来的研究影响巨

① 布罗代尔著，刘北成、周立红译：《历史学和社会科学：长时段》，《论历史》，北京大学出版社 2008 年版，第 34—35 页。

② 在近代学者研究买地券之前的相关文献主要有：（唐）李匡乂：《资暇集》卷中"急急如律令"条，《丛书集成初编》本，第 16 页；（宋）王洙：《地理新书》，《续修四库全书·子部·术数类》第 1054 册，上海古籍出版社 1997 年版；（宋）王楙：《野客丛书》卷十二"如律令"条，中华书局 1987 年版，第 135 页；（宋）赵彦卫撰，傅根清点校：《云麓漫钞》，中华书局 1996 年版，第 87—88、125 页；（宋）陶穀《清异录》卷四"丧葬"之"土筵席"条，《宋元笔记小说大观·一》，上海古籍出版社 2001 年版，第 137—138 页；（金）元好问撰，常振国点校《续夷坚志》卷三"王处存墓"条，中华书局 1986 年版，第 61 页；（元）周密撰，吴企明校：《癸辛杂识》别集下"买地券"条，中华书局 1988 年版，第 277 页；（明）徐渭：《青藤书屋文集》卷四，《丛书集成初编》本，第 30—31 页；（清）钱大昕《潜研堂金石文跋尾》卷二，陈文和主编《嘉定钱大昕全集》6 卷，江苏古籍出版社 1997 年版，第 44—45 页；（清）钱大昕：《十驾斋养新录》，江苏古籍出版社 2000 年版。

③ 罗振玉：《罗雪堂先生全集》，台北：文华出版社 1968—1975 年版。

大，绝大部分对买地券的分类都参考了他的见解。

与罗振玉大约同时著录买地券的还有端方①、王国维②、叶昌炽③等人。解放后，相关的研究一度消沉，只有一些学者利用买地券的材料探讨《兰亭序》的真伪问题④。直到 70 年代，方诗铭⑤和李寿冈⑥展开了有关地券真伪鉴别的讨论⑦。不管结论为何，这次讨论使以后的学者在使用传世的地券材料时，有了相当谨慎的态度。随着考古工作的开展，各地区出土的买地券也有了相当多的数量，到了 80 年代，开始有学者对各个地区出土的买地券作综录式的报告，代表性的有陈柏泉⑧、张传玺⑨、黄承宗⑩、成都市龙泉驿区博物馆⑪、汪炜⑫等人和单位。当然也有学者对这些新出土和传世的买地券作新的校读和考释。其中比较有代表性的是池田温的研究⑬，他在 80 年代初期对中国的"墓券"进行了新的考释，促使了国内外研究买地券热潮的到来。国内的考释主要集中在汉魏六朝时期，黄景春⑭在其博士论文中，详尽地校读了东汉到南北朝

① （清）端方：《陶斋藏石记》，《石刻史料新编》第 1 辑第 11 册，台北：新文丰出版公司 1982 年版。

② 王国维：《知券》，《王国维学术随笔》，社会科学文献出版社 2000 年版。

③ 叶昌炽：《语石 语石异同评》，中华书局 1994 年版。

④ 郭沫若《由王谢墓志的出土论到兰亭序的真伪》，徐森玉《〈兰亭序〉真伪的我见》，于硕《东吴已有"暮"字》文章都收入《兰亭论辩》，文物出版社 1973 年版。从书法方面探讨的还有阮国林《略论南京地区六朝地券、碑志书法》，南京市博物馆编《六朝文物考古论文选》（油印本），1983 年版；华人德《谈买地券》，《中国书法》1994 年第 1 期。

⑤ 方诗铭：《从徐胜买地券论汉代"地券"的鉴别》，《文物》1973 年第 5 期；方诗铭：《再论"地券"的鉴别》，《文物》1979 年第 8 期。

⑥ 李寿冈：《也谈"地券"的鉴别》，《文物》1978 年第 7 期。

⑦ 讨论辨伪的文章还有吴天颖《汉代买地券考》，《考古学报》1982 年第 1 期；袁祖亮《汉代〈徐胜买地券〉真伪考》，《郑州大学学报》1984 年第 1 期。

⑧ 陈柏泉：《江西出土买地券综述》，《考古》1987 年第 3 期；陈柏泉：《江西出土墓志选编·附录》，江西教育出版社 1992 年版。

⑨ 张传玺主编：《中国历代契约汇编考释》，北京大学出版社 1995 年版。

⑩ 黄承宗：《凉山州出土的明代买地券》，《四川文物》1997 年第 5 期。

⑪ 成都市龙泉驿区博物馆：《成都龙泉驿区出土的宋、明石制买地券与镇墓券》，《考古与文物》（2002 年汉唐考古增刊）。

⑫ 汪炜、赵生泉、史瑞英：《安徽合肥出土的买地券述略》，《文物春秋》2005 年第 3 期。

⑬ 池田温：《中国历代墓券略考》，《东洋文化研究所纪要》第 86 号，1981 年；这篇文章仍是目前唯一的全面考察买地券各方面特性的研究。

⑭ 黄景春：《早期买地券、镇墓文整理与研究》，华东师范大学博士学位论文，2004 年。

的买地券和镇墓文，并对其中的许多关键词进行了细致的考订。白彬[①]也在其博士论文中对南朝的买地券进行了校读和考释，鲁西奇不仅对六朝的买地券进行了系统的校读和考释，而且还校读和考释了唐五代时期的买地券[②]。吕志峰[③]、陈锟键[④]则从语言学和文字学的角度分析了早期地券。除了这些关于不同地区不同时代买地券的校读和考释之外，还有很多关于单篇文献的校读和考释。因主要和宗教研究有关，故在第三类买地券研究中再加以介绍。第一类研究可以说是整个买地券研究的基础，只有将买地券的相关材料大量详尽的公布，再进行详尽的考释和辨伪，我们才可能在此基础上，展开下一步的讨论。

第二类研究是通过买地券进行历史地理和社会经济史方面的研究，历史地理方面最早的研究应该是王国维[⑤]的《汉王宝卿买地券跋》一文，他根据买地券中的记载认为汉代洛阳就有《水经注》中记载过的皋门桥。之后的一些学者在他们的文章中也征引地券的材料，来讨论历史地理问题。如于振波[⑥]就通过地券来探讨三国时期的土地疆理制度，鲁西奇[⑦]撰写的一系列文章中，除了考释买地券之外，还利用地券中的材料讨论了相关的地方行政制度和移民状况。还有学者利用地券材料来探讨社会经济状况，仁井田陞[⑧]就一直将所有的买地券都视为现实中土地买卖记录。蒋廷瑜[⑨]、李裕群[⑩]等人也利用地券材料分析了不同时期的

---

① 白彬：《吴晋南朝买地券、名刺和衣物疏的道教考古研究》，四川大学博士学位论文，2001年。

② 鲁西奇：《六朝买地券丛考》，《文史》2006年第2辑；鲁西奇：《隋唐五代买地券丛考》，《文史》2007年第2辑；还有很多关于单篇文献的校读和考释，因主要和宗教研究有关，故在第三类买地券研究中再加以介绍。

③ 吕志峰：《东汉石刻砖瓦等民俗性词汇研究》，华东师范大学博士学位论文，2005年。

④ 陈锟键：《东汉到晋买地券文字研究》，国立成功大学硕士学位论文，2006年。

⑤ 王国维：《观堂集林（外二种）》，河北教育出版社2001年版，第567—568页。

⑥ 于振波：《走马楼吴简中的里与丘》，《文史》2005年第1辑。

⑦ 鲁西奇：《六朝买地券丛考》、《隋唐五代买地券丛考》；鲁西奇：《宋代蕲州的乡里区划与组织——基于鄂东所见地券文的考察》，《唐研究》第11卷，中华书局2005年版。

⑧ 仁井田陞：《中国法制史研究·土地法·取引法》，东京：东京大学出版会1980年版。

⑨ 蒋廷瑜：《从广西出土的南朝地券看当时社会经济状况》，《广西民族学院学报》1985年第7期。

⑩ 李裕群：《宋元买地券研究》，《文物季刊》1989年第2期。

经济情况，特别是和土地买卖有关的经济问题。这一类的研究面临的很大问题是有关买地券性质的疑问。李寿冈在《也谈"地券"的鉴别》一文中已经怀疑地券全为明器，在谈论汉代买地券时吴天颖也认为："在历史上和逻辑上，所谓'实在的土地买卖文书'随葬入墓的说法，与缔结这类契约的主旨根本对立，是不能自圆其说的。"[①] 鲁西奇近来重新考察了汉代买地券，通过分析他认为"买地券所涉及的买卖双方、见证人均为亡人，只不过有后亡、先亡之别；买卖的对象——墓地所有权是冥世所有权，而非现世所有权，其田亩面积亦仅具冥世意义，而没有现世意义，也就无须亦不可能与现世实际墓地亩数、面积相对应；买卖所用的钱也是'冥钱'，而非现世之'钱'，因而其价格、总值也是冥世价格与总值，与现世之土地价格并无直接关联。"[②] 如果他的观点成立，就不存在所谓的用于阳世买地的"真实"买地券。在笔者看来，不管买地券是否真实地反映了当时的土地买卖状况，但是将这种契约文书埋入坟墓这种行为本身就具有一定的信仰意味。

　　第三类研究是通过买地券分析相关的宗教信仰和丧葬习俗。这种研究是目前研究的主流，台静农[③]早在 1950 年就发表《记四川江津县地券》一文，从信仰、民俗的角度来考察买地券。宿白[④]在《白沙宋墓》一书中首次注意到《地理新书》中有关买地券的记载，并进行了一定的考证，为进一步的研究奠定了基础。但是由于各方面的原因，相当长的时间内讨论买地券中宗教信仰因素的文章很少。直到 80 年代初，这种情况才得到改变。吴荣曾[⑤]发表《镇墓文中所见到的东汉道巫关系》一文，开启了通过出土材料来探讨道教和民间信仰的研究之路。加之吴天颖发表的《汉代买地券考》一文，对使用地券材料进行社会经济史研究提出了有效的质疑。在这一立一破中，国内学者开始关注买地券与早期道教和民间信仰的关系。

　　之后的研究大体可以分为两类，一种是通过考察一件或几件出土材

---

①　吴天颖：《汉代买地券考》，《考古学报》1982 年第 1 期，第 25 页。

②　鲁西奇：《汉代买地券的实质、渊源与意义》，《中国史研究》2006 年第 1 期。

③　台静农：《记四川江津县地券》，《台静农论文集》，安徽教育出版社 2002 年版。

④　宿白：《白沙宋墓》，文物出版社 2002 年版。

⑤　吴荣曾：《镇墓文中所见到的东汉道巫关系》，《文物》1981 年第 3 期。

料来分析其中所蕴涵的道教因素，以刘昭瑞、王育成等人的研究为代表，如刘昭瑞①在《妳女地券与早期道教的南传》一文中，通过对妳女地券和广东仁化县出土的缺名地券的分析并结合文献记载，表明至少在刘宋时期早期天师道就已经进入岭南地区，并进一步讨论了孙恩、卢循事件和清水道之间的联系。其他的相关研究还有：王育成②、刘昭瑞③、王德刚④、范家伟⑤、黄景春⑥、易西兵⑦等人的研究。

　　另一种是相对综合的研究，将某一时代或某一地区的相关材料综合考虑来探讨它们和道教的关系。其中的代表有王志高，董庐⑧、白彬⑨、刘屹⑩等人的研究。其中刘屹的研究比较特殊，不仅是考证地券所蕴涵的道教相关因素，而且还通过结合与出土材料年代相近的各种文献，去探讨早期道教史上的一些问题，其论断可能还有可商之处，不过这种尝试却是值得提倡的。除了通过买地券探讨道教相关问题之外，也有学者利用这些材料来讨论民间信仰和丧葬礼俗方面的问题，比较有代表性的是陈进国等人的研究。陈进国⑪在他的论著中着重考察了买地券中的风水因素，并将风水方面的问题和福建地区宗族的演变结合起来讨论，最为难得的是他还提供了有关现在福建地区仍在使用买地券的具体情况。他之后又分析了福建地区出土买地券的葬日问题，认为买地券所取的葬

　　①　刘昭瑞：《妳女地券与早期道教的南传》，《华学》第 2 辑，中山大学出版社 1996 年版。

　　②　王育成：《武昌南齐刘觊地券刻符初释》，《江汉考古》1991 年第 2 期；王育成：《洛阳延光元年朱书陶罐考释》，《中原文物》1993 年第 1 期。

　　③　刘昭瑞：《安都丞与武夷君》，《文史》第 59 辑，2002 年。

　　④　王德刚：《汉代道教与"买地券"、"镇墓瓶"》，《文献》1991 年第 2 期。

　　⑤　范家伟：《六朝时代岭南地天师道传播》，《宗教学研究》1996 年第 3 期。

　　⑥　黄景春：《王当买地券的文字考释及道教内涵解读》，《南阳师范学院学报》2003 年第 1 期；黄景春：《早期道教神仙女青考》，《中国道教》2003 年第 2 期。

　　⑦　易西兵：《广州出土南朝龚韬买地券考》，《东南文化》2006 年第 4 期。

　　⑧　王志高、董庐：《六朝买地券综述》，《东南文化》1996 年第 2 期。

　　⑨　白彬：《吴晋南朝买地券、名刺和衣物疏的道教考古研究》，四川大学博士学位论文，2001 年。

　　⑩　刘屹：《敬天与崇道——中古经教道教形成的思想史背景》，中华书局 2005 年版。

　　⑪　陈进国：《信仰、仪式与乡土社会：风水的历史人类学考察》，中国社会科学出版社 2005 年版；陈进国：《闽台买地券的考现学研究》，《隔岸观火：泛台海区域的信仰生活》，厦门大学出版社 2008 年版。

日多为"鸡鸣日"或"鸡鸣对日"①。黄景春②则调查了西北地区买地券和镇墓文的使用现状。这里需要特别指出的是美国学者韩森(Valerie Hansen)③的研究,与其他学者不同,韩森在讨论信仰的时候没有局限在简单的考证上,而是将重点放在讨论买地券是如何和人们的日常生活相结合的,虽然她的具体观点还存有可商榷之处,但不可否认其研究的启发性。其他从民间信仰和葬俗方面讨论买地券的研究者还有:陈槃④、袁明森,张玉成⑤、黄秀颜⑥、曹岳森⑦、岳钊林⑧、张合荣⑨、黄义军⑩、黄景春⑪等人。

买地券作为丧葬文书⑫的一种,它的发展和演变和其他的丧葬文书有着密切的关系。在研究买地券时,我们决不能忽视其他各种相关的丧葬文书的研究情况,下面将其中与买地券研究比较相关的方面简要加以介绍。

和买地券关系最为密切的丧葬文书应是镇墓文,汉魏镇墓文中的很多内容都和买地券中的记载相类似,很多神名和用法甚至是完全一致,比如都使用如律令作结尾。索安(Anna Seidel)就认为"写有镇墓文的陶瓶仅出土于公元一世纪末到二世纪末的汉墓中。而它们消失的时期,

---

① 陈进国:《考古材料所记录的福建"买地券"风俗》,《民俗研究》2006 年第 1 期。

② 黄景春:《西北地区买地券镇墓文使用现状调查与研究》,《民俗研究》2006 年第 2 期。

③ 韩森:《宋代的买地券》,邓广铭、漆侠主编《国际宋史研讨会论文选集》,河北大学出版社 1992 年版;韩森:《为什么将地券埋在坟墓里》,朱雷主编《唐代的历史与社会》,武汉大学出版社 1997 年版;韩森著,鲁西奇译:《传统中国日常生活中的协商:中国契约研究》,江苏人民出版社 2008 年版。

④ 陈槃:《于历史与民俗之间看所谓瘗钱与地券》,《中央研究院国际汉学会议论文集》,台北:"中央研究院"1981 年版。

⑤ 袁明森、张玉成:《从志聪买地券的发现看元代的丧葬习俗》,《四川文物》1996 年第 5 期。

⑥ 黄秀颜:《地券与柏人:宋元江西民俗刍探》,《中国文化研究所学报》1997 年第 6 期。

⑦ 曹岳森:《四川出土买地券的初步研究》,《四川文物》1999 年第 6 期。

⑧ 岳钊林:《巴中"九天玄女地券"考》,《四川文物》1999 年第 5 期。

⑨ 张合荣:《贵州古代墓葬出土地买地券》,《贵州文史丛刊》2002 年第 4 期。

⑩ 黄义军:《湖北宋墓反映的宋代丧葬习俗》,《考古与文物》2002 年汉唐考古增刊。

⑪ 黄景春:《地下神仙张坚固、李定度考述》,《世界宗教研究》2003 年第 1 期。

⑫ 笔者所说的丧葬文书指的是在墓葬出土的各种为了丧葬而撰写的文字材料,包括墓志、遣册、告地策、买地券、镇墓文、衣物疏等。

正好与地券开始显现其宗教性质的时期一致"①。暗示二者之间的承继关系。目前对汉魏镇墓文的研究集中在两个方面。一是从医学史的角度讨论，讨论镇墓文中的解注文所反映的古代流行病状况。比较有代表性的是万方②的研究，他结合出土的解注文和相关的文献材料对注病③的命名、病因和治疗作了详细的论述。而陈昊则力图打破传统的关于注病研究的模式，从书写史的角度入手。结合信仰层面和有关注病的诸种记载，以"再现汉唐间的民众如何在葬送仪式中理解疾病传播的历史"④。其他医学史方面的讨论还有李建民⑤、易守菊⑥等人的研究。

二是讨论镇墓文和道教与民间信仰的关系。大致的意见可以分为两种，一是认为镇墓文主要是一种和巫术民间信仰有关的产物，但其中的有些思想被道教所吸收。罗振玉就认为"东汉末叶死者每用镇墓文，乃方术家言……汉季崇道术，于此可见一斑。米巫之祸，盖已兆于此矣！"⑦所谓"方术家言"就是指镇墓文有很强的巫术和民间宗教的色彩。"米巫之祸，盖已兆于此矣"，则是认为镇墓文的思想刺激了五斗米道的发生和发展。吴荣曾也认为"镇墓文中的某些迷信内容，在后来的道教中也能见到"⑧。并且认为早期道教和巫术之间关系密切。刘昭瑞⑨最早系统的研究解注文，认为"考古发现的解注文，又应是广泛流行于

---

① 索安著，赵宏勃译：《从墓葬的葬仪文书看汉代宗教的轨迹》，《法国汉学》第 7 辑，中华书局 2002 年版，第 120 页。

② 万方：《古代注（疰）病及禳解治疗考述》，《敦煌研究》1992 年第 4 期。

③ 有关注病的讨论开始的很早，李涛在 1939 年就认为注病为传染病（李涛：《中国结核病史》，《中华医学杂志》1939 年第 2 期），后来的研究也多沿着他的判断开展。具体的研究还有很多，这里就不一一详论，详细的回顾可看陈昊《汉唐间墓葬文书中的注（疰）病书写》，《唐研究》第 12 卷，北京大学出版社 2006 年版，第 281—282 页的论述。

④ 陈昊：《汉唐间墓葬文书中的注（疰）病书写》，《唐研究》第 12 卷，第 303 页。

⑤ Jianmin Li, "Contagion and Its Consequences: The Problem of Death Pollution in Ancient China", Yasou Otsuka, Shizu Sakai & Shigehisa Kuriyama eds, *Medicine and the History of Body*, Tokyo: Ishiyaku Euro America Inc. , 1999.

⑥ 易守菊：《概述解注文中的传染病思想》，《南京中医药大学学报》2001 年第 3 期；易守菊、和中浚：《解注文之"注"与注病——从解注文看古代传染病》，《四川文物》2001 年第 3 期。

⑦ 罗振玉：《罗雪堂先生全集》，台北：文华出版社 1985 年版，第 5232 页。

⑧ 吴荣曾：《镇墓文中所见到的东汉道巫关系》，《文物》1981 年第 3 期，第 62 页。

⑨ 刘昭瑞：《谈考古发现的道教解注文》，《敦煌研究》1991 年第 4 期。

魏晋南北朝时期的道教解注类章表的起源"①。并指出镇墓文中的"重复"思想是《太平经》中最重要的"承负"观念的来源之一②。索安③和倪辅乾（Peter Nickerson）④ 的观点相近，都认为镇墓文显示了汉代有一个介于民间宗教和道教之间的宗教组织形式，后来的道教就是继承它而来。索安依据镇墓文中的"天帝"、"天帝神师"、"天帝教"⑤ 等语，认为可称这个宗教为"天帝教"，而倪辅乾则称其为"原道教"。姜伯勤在广泛的考察敦煌地区出土的镇墓文后，指出："敦煌镇墓文出自方术。但其厌解之术，又为汉魏的道教信仰所吸收。其中青乌子、星官之禁、注等说，均缘出于汉代之方术，亦即史家所称之'方仙道'。"⑥ 饶宗颐⑦则将镇墓文中"汉晋用语"和"晋以后同义语"一起讨论，为我们更好地理解镇墓文打下了基础。连劭名⑧也强调了方术对镇墓文的影响，他还认为佛教思想对镇墓文也可能产生了影响。

第二种观点则认为镇墓文就是道教的遗存物，持这种观点的主要是张勋燎和王育成。张勋燎⑨认为解注文就是天师道的产物。王育成将镇墓文中的"天帝使者"、"天帝神师"与《肥致碑》中的肥致联系起来，称他们为道人。认为"东汉时期，在我国黄河中下游地区和淮河流域，

---

①　刘昭瑞：《谈考古发现的道教解注文》，《敦煌研究》1991 年第 4 期，此据刘昭瑞《考古发现与早期道教研究》，文物出版社 2007 年版，第 37 页。

②　刘昭瑞：《太平经与考古发现的东汉镇墓文》，《世界宗教研究》1992 年 4 期；刘昭瑞：《〈太平经〉"承负说"研究》，《考古发现与早期道教研究》，第 63—98 页。

③　索安著，赵宏勃译：《从墓葬的葬仪文书看汉代宗教的轨迹》，《法国汉学·第七辑》，中华书局 2002 年版。

④　Peter Nickerson. *Taoism，Death，and Bureaucracy in Early Medieval China*，Ph. D. Dissertation. University of California，Berkeley，1996.

⑤　刘昭瑞已经指出"所谓'教'亦是汉代官府文书形式之一"（刘昭瑞：《关于吐鲁番出土随葬衣物疏的几个问题》，《敦煌研究》1993 年第 3 期，第 69 页），索安在此将其理解为宗教之义恐不确。

⑥　姜伯勤：《道释相激：道教在敦煌》，《道家文化研究》第 13 辑，三联书店 1998 年版，第 34 页。

⑦　饶宗颐：《敦煌出土镇墓文所见解除惯语考释》，《敦煌吐鲁番研究》第 3 卷，北京大学出版社 1998 年版。

⑧　连劭名：《汉晋解除文与道家方术》，《华夏考古》1998 年第 4 期。

⑨　张勋燎：《东汉墓葬出土的解注器材料和天师道的起源》，《道家文化研究》第 9 辑，上海古籍出版社 1996 年版；张勋燎、白彬：《中国道教考古》，线装书局 2006 年版。

出现一批自名为天帝使者、天帝神师或其他名称的道人，他们吸收传统文化和黄老之学的部分内容，创立了最早的道教法术、法物、仪式和崇拜对象，以师徒传授的形式组成多个分散的小型道教团体"[①]。此外他还利用镇墓文材料，撰写了一系列关于早期道符的文章[②]。

　　除了镇墓文外，买地券与其他丧葬文书的关系也很密切，比如汉魏时期的衣物疏中就往往反映了和买地券相关的宗教信仰。研究者已经利用它来研究买地券，代表的有白彬[③]和鲁西奇[④]。唐宋以来，四川地区的买地券常和名为"敕告文"、"镇墓真文"、"华盖宫文"的墓葬刻石同出，目前相关的研究还不多，就笔者所见只有霍巍和张勋燎的研究。霍巍[⑤]认为这些墓葬刻石和正一派联系密切。而张勋燎、白彬[⑥]则依据各种道经中的记载认为这"敕告文"和"华盖宫文"是上清派独特的葬法；而各种真文券则是灵宝派思想影响下的产物。而在江西地区的买地券则多和柏人同出，相关的有：韩森[⑦]，张勋燎[⑧]，黄秀颜[⑨]等人的研究。他们大都强调柏人和冢讼之间的关系。在唐宋时期用来镇墓的丧葬文书，除了上文提到的各种镇墓文券外，还有一种常见的镇墓方法即五石镇墓法。它的起源很早，在汉代的镇墓文中我们就发现关于"五石之精"的记载，据刘昭瑞[⑩]的考证主要是起"神药"的作用。而到了唐

　　①　王育成：《东汉天帝使者类道人与道教起源》，《道家文化研究》第 16 辑，三联书店 1999 年版，第 203 页。

　　②　王育成：《东汉道符释例》，《考古学报》1991 年第 1 期；王育成：《文物所见中国古代道符述论》，《道家文化研究》第 9 辑，上海古籍出版社 1996 年版；王育成：《略论考古发现的早期道符》，《考古》1998 年第 1 期。

　　③　白彬：《吴晋南朝买地券、名刺和衣物疏的道教考古研究》，四川大学博士学位论文，2001 年。

　　④　鲁西奇：《六朝买地券丛考》，《文史》2006 年第 2 辑。

　　⑤　霍巍：《谈四川宋墓中的几种道教刻石》，《四川文物》1988 年第 3 期。

　　⑥　张勋燎、白彬：《中国道教考古》，线装书局 2006 年版。

　　⑦　韩森：《宋代的买地券》，邓广铭、漆侠主编《国际宋史研讨会论文选集》，河北大学出版社 1992 年版。

　　⑧　张勋燎：《试论我国南方地区唐宋墓葬出土的道教"柏人俑"和"石真"》，《道家文化研究》第 7 辑，上海古籍出版社 1995 年版。

　　⑨　黄秀颜：《地券与柏人：宋元江西民俗刍探》，《中国文化研究所学报》1997 年第 6 期。

　　⑩　刘昭瑞：《东汉镇墓文中所见"神药及其用途"》，《华学》第 7 辑，中山大学出版社 2005 年版。

代，五石上则开始书写文字，并且我们目前可以确定这上面的文字和道教文献《太上洞玄灵宝灭度五炼生尸妙经》有关。刘卫鹏[①]认为考古发现的五石主要是镇墓之用。而茅甘[②]则认为在唐代五石主要是用来净化尸体，促进转生。而到了宋代又回到镇邪的功能上。加地有定[③]则认为唐代的五石和昆仑思想及升仙有关。

除了一般丧葬文书外，出土文献中还发现了一件和买地券关系密切的文书：《曹元深祭神文》。最早研究这件文书的是郝春文[④]，他认为这件文书是道教信仰的产物。余欣[⑤]则结合了出土镇墓文、买地券材料和《地理新书》中的相关记载，讨论其中的墓葬神煞。认为虽然当时佛道教都有所流行，但是墓葬神祇还是被本土的传统神灵牢牢占据。刘屹则通过将《祭神文》和《地理新书》、张敖《新集吉凶书仪》中相关内容的比较，确定"'祭神文'是一整套复杂多端的丧葬仪式中的一个环节"。[⑥]

虽然买地券研究已经开展了近百年，取得了累累硕果，但是在研究中还存在一定的问题。首先，有些考古工作者对买地券重视不够，很多考古报告中只是报告买地券的纪年部分，而不涉及买地券的其他内容，而且相当多的地券未能发表[⑦]。其次，有关的综合研究还太少，除池田温外还未有人全面考察买地券，而池田温的研究是在 20 世纪 80 年代初完成的，有许多新的材料并没有纳入他的视野。并且一些基础工作也没

---

① 刘卫鹏：《"五石"镇墓说》，《文博》2001 年第 3 期。

② 茅甘著，杨民译：《论唐宋时代的墓葬刻石》，《法国汉学》第 5 辑，中华书局 2000 年版。

③ 加地有定：《中国唐代鎮墓石の研究：死者の再生と崑崙山への昇仙》，（大阪）かんぽうサービス；（大阪）かんぽう，2005。关于这本书的详细介绍，可以参见沈睿文《加地有定〈中國唐代鎮墓石の研究：死者の再生と崑崙山への昇仙〉》，《唐研究》第 12 卷，北京大学出版社 2006 年版。

④ 郝春文：《〈上海博物馆藏敦煌吐鲁番文献〉读后》，《敦煌学辑刊》1994 年第 2 期。

⑤ 余欣：《唐宋敦煌墓葬神煞研究》，《敦煌学辑刊》2003 年第 1 期。

⑥ 刘屹：《上博本〈曹元深祭神文〉的几个问题》，《敦煌学国际研讨会论文集》，北京图书馆出版社 2005 年版，第 159 页。

⑦ 白彬就指出："1949 年以后，仅南京一地六朝墓葬中出土砖质买地券就有 20 方左右，惜文字残断不全，或因锈蚀过甚而模糊不清，发表出来的是少数。"（白彬：《吴晋南朝买地券、名刺和衣物疏的道教考古研究》，四川大学博士学位论文，2001 年，第 6 页注。）

有很好地完成，目前为止还没有一个令人信服的关于买地券的分类。再次，相对于道教方面的研究，有关买地券与民间信仰和丧葬礼俗之间关系的探讨仍很不足，尤其是涉及买地券所反映的深层信仰现象尚无人予以讨论。最后，在讨论买地券时，往往将其和墓葬割裂开来，很少有研究涉及买地券与墓葬之间的关系。

三　研究框架及基本内容

通过以上对于买地券和相关丧葬文书的研究回顾，我们可以发现，过去关于买地券的研究往往集中于它的某一个方面的特质，很难全方位地展示买地券所包含的丰富信息，对于其中可能蕴涵的深层信仰状态更是很少涉及。之所以出现这种情况，主要是由买地券既充当人神之间交易的契约，同时又作为墓葬中的明器这种双重的特性所致。因此我们要进行综合性的讨论，就必须采用新的研究模式。在本书中，我们将买地券视为一个有待解读的文本。一个文本至少要包含以下三个层次的意义。首先，文本是由具有不同来源和意义的词与句子组成的，因此文本的第一重含义就是：这些词句本身以及他们在文本表现出来的意义。其次，任何文本作为一个整体都有一定的含义，使用者在使用任何文本时都有他特定的目的，文本整体的意义就是为了满足这些目的而产生的。最后，任何文本的产生，都与当时社会上流行的诸种观念以及背后的心态存在着密不可分的联系。文本往往在有意无意之间反映了当时各种观念的演变，而这些观念背后又隐藏着人们的各种心态[①]。因此，任何文本都会隐含着当时社会流行的观念和心态的信息，需要我们仔细地去发掘。

基于文本的这三重特性，在本书中我们将分三个部分讨论宋代买地

---

① 心态史是法国年鉴学派开创的历史学分支，自费弗尔、布洛克以来一直是年鉴史学的重要组成部分。但一直以来并没有形成一个关于心态的权威定义。勒高夫讨论心态史的文章即称：《心态：一种模糊的史学》，足见这个问题的复杂性。笔者在此借用芒得鲁的定义，认为心态是人对世界的各种看法。其研究对象则是"历史的个人没有意识到的东西"（勒高夫语），以上的定义参考吕一民《法国心态史学述评》，《史学理论研究》1992 年第 3 期。

券。第一部分分析宋代买地券的词句意义。由于买地券的双重特性，我们先讨论作为明器的买地券的词句意义。从器物的最基本属性谈起，讨论它的材质、形状等方面的特质，再分析作为契约买地券的词句意义，通过对买地券和相关传世文献的解读，分析买地券的基本内容并对其进行分类，再讨论买地券中出现的各种角色的真实含义。

第二部分讨论宋代买地券的整体意义。不论是作为明器还是作为人神之间的契约，当时人都是在丧葬礼仪中使用买地券。因此，讨论买地券的整体意义就是分析买地券在丧葬礼仪中的功能。不过，在丧礼和葬礼中买地券所起的作用并不一致，所以我们将它们分开讨论。首先分析丧礼中买地券的作用。过去有研究者认为买地券和冢讼有关，我们通过对《真诰》、《赤松子章历》等文献材料的分析，并结合四川地区宋墓中出土的华盖宫文券等考古材料，提出了不同的观点。再依据《地理新书》、《大唐开元礼》等文献中的记载，认为宋代买地券在丧礼中是斩草仪的一个重要组成部分，买地券就是亡人和后土所订立的合同。在分析完丧礼之后，我们再讨论墓葬中的买地券的功能。由于宋代墓葬的最大特点是地域特征明显，所以买地券在墓葬中所起的功能比较复杂，在不同墓葬背景下的买地券功能既存在着一定的共性，又带有各自的特性，因此我们分别加以分析。在分析共性时我们主要是根据买地券在墓葬中位置，判定买地券在墓葬中主要起保护亡人的作用。而在讨论特性时，由于材料的限制，我们集中讨论成都地区买地券与墓葬之间的关系。通过对不同类型墓葬和其中买地券的分析，我们发现人们在使用地券时往往依据自身的信仰倾向对地券的内容加以改造。

第三部分讨论宋代买地券所包含的各种观念以及背后所隐藏的人的心态。在讨论买地券的词句和整体意义时，我们发现宋代买地券相对之前的买地券，出现了一些新的特征。而通过对其他相关文献的分析，我们认为这些特征反映了唐宋之际特定信仰观念的变化，主要包括：土地信仰的转变、鬼观的演变以及人神关系的变化。这些变化都是以加强人的地位为特征，在土地信仰方面是从畏惧过去严厉的土地神灵，转向崇拜新的和善的土地神灵；在鬼观上则是人们对鬼的恐惧逐渐减少，并慢慢地将祖先和一般的亡魂区分开来；而在人神关系上，则是在特定的场景中强调人神之间的互相需求，进而实现人神之间地位上的平等。这些观念变化的背后，则是隐含着人们对自身价值理解的心态转变，人们越来越强调自身价值相对外在世界的重要性。

第一章

买地券的外形特性与内容考证

第一节　买地券的外形特性

解读任何文本都必须从它的词句入手，如果我们不理解词句的基本意义时，就不可能理解文本的意义。买地券虽然是一种特殊的文本形式，但也需要从理解词句意义开始理解它。由于买地券的双重特性，作为明器和契约时的词句意义并不相同。作为明器时，它的词句意义主要表现在器物的外形、材质上；而作为契约时，它的词句意义主要表现在地券的基本内容和其中出现的角色上。以下的两章，就是对宋代买地券词句意义的一个基本的介绍。下面就根据笔者目前所收集的材料，简要地说明一下作为明器的宋代买地券在材质、形状和书写方式上的特质。

宋代买地券所采用的材质有石质、陶质、铁质、砖质、木质，其中以石质、砖质为主。不过当时规范的买地券应该是铁质，《地理新书》中要求的就是"用铁为地券"①，一般民众也是认可这种规范的。甚至当人们由于种种原因不能实现材质的要求时，还要通过文字来达到相似的效果。四川仁寿县出土的宝庆元年（1226）陈氏中娘买地券就是石质的，但券文中却提到"铁券亡人陈氏收执"②。之所以要求铁质，可能主要是为了保证买地券的坚固，进而促进合同的牢固。但是铁质的买地券的数量相比石质和砖质的并不多，就连周必大、宋京这些官员的买地

---

① 王洙：《地理新书》，第112页。
② 详见附录四川66。

券都没有采用铁质。主要原因可能是铁质的比较容易锈蚀，以致券文不清①，人们可能担心这些锈蚀地券会失去合同的效力，所以采用坚固程度和铁质相差无几的石质和砖质地券。

除了石质和铁质之外，木质地券虽然目前发现不多，但在当时可能非常流行，周密在《癸辛杂识》中即已经提到"今人造墓，必用买地券，以梓木为之。"② 池田温曾指出木质地券的使用上可能有地域的特色③，不过从目前发现的材料看，地域特征应该不是十分明显，因为木质买地券在东南和西北地区都有不少的发现。

除了以上那些已知的材质外，不能忽视的是当时应该广泛使用过纸质买地券，只不过限于保存条件，今天并不能被我们发现。之所以这么说，是由于唐宋之际的丧葬改革促进了纸明器的兴起④，很多明器都改为纸质，买地券自然也不会例外，早在唐代吐鲁番地区就出现了纸质买地券⑤。而且在后世，纸质买地券也广泛得到使用，四川地区甚至发现过用来印刷纸质买地券的木版⑥。

笔者目前收集到宋代买地券共 199 块⑦，其中知道形状信息的有 187 块，其中又以方形⑧为主，目前所见有 153 块。为何当时的地券以方形为主，我们在相关文献和考古材料中并没有找到直接的答案。不过根据买地券的材质与功能，我们认为之所以主要采用方形，一方面可能出于制作方便的考虑，因为不论采用何种材料制作买地券，方形都是最

---

① 我们在很多墓葬都发现过那种基本不可辨认的铁质买地券，如江苏镇江周瑀墓出土的地券就锈蚀严重。（镇江市博物馆、金坛县文化馆：《江苏金坛南宋周瑀墓发掘简报》，《文物》1977 年第 7 期。）

② 周密：《癸辛杂识》，第 277 页。

③ 池田温发现木质买地在江南地区比较集中，但是他不能确定是地域传统还是发现偶然性的结果。（池田温：《中国历代墓券略考》，《东洋文化研究所纪要》第 86 号，1981 年，第 203 页。）

④ 关于唐宋时期丧葬制度的改革的讨论可以参见齐东方《唐代的丧葬观念习俗与礼仪制度》，《考古学报》2006 年第 1 期。

⑤ 唐至德二年（757）张公地券就是纸质的。（国家文物局古文献研究室等编：《吐鲁番出土文书》第九册，文物出版社 1990 年版，第 254—256 页。）

⑥ 台静农：《记四川江津县地券》，《台静农论文集》，第 400 页。

⑦ 宋代买地券详细的分布情况请参见附图一。

⑧ 本书中提到的方形买地券，除非特别说明，指的是正方形和长方形买地券的统称。

为简单、方便的；另一方面则是由于买地券一般被视为人与神灵之间签订的合同①，而这种人神之间的合同在形制上，势必会向人们使用的普通合同学习。而当时民间流行的各种合同，由于基本上都书写在纸上，所以形状大体上也多为方形。因此，大多数的买地券也被做成了方形。除方形之外，比较常见还有碑形买地券，目前所见有 10 块。之所以会出现碑形买地券，主要是因为以下两个原因：一是部分买地券可能出于经济或方便的考虑，书写在墓志背面。代表的有嘉泰四年（1204）周必大地券②，而墓志很多都是碑形的；一是少数文化程度不高的买地券的使用者和制造者，将买地券和墓志混淆，将买地券直接理解为墓志。江西瑞昌出土的庆元五年（1199）万三十买地券（参见附图二）上就额题"墓致"二字③。这些文化水平上相对差的制造者和使用者，将买地券按照墓志的方式制成碑形，也并不令人奇怪。还有少部分地券的形状比较独特，如宝庆元年（1225）陈氏中娘地券④呈八棱柱形、宣和六年（1124）黄念（廿）四郎地券⑤呈八卦形（参见附图三）。根据我们对这些买地券券文的解读，发现这些地券的内容和所在地域的普通地券基本一致。这些特殊形制的出现和买地券本身并没有关联，而是可能受了其他思想的影响，八棱柱形地券就可能受到了墓幢⑥的影响。

买地券主要有三种书写方式：一种是从右向左或从左向右竖书；一种是单行正书双行反书；还有一种是依据地券的形状来螺旋书写；这种比较罕见。之所以会出现各种不同的书写方式，尤其是后面两种比较独特的书写方式，主要是为了照顾神明特殊的阅读习惯。正如韩森所指出的"人们相信是神明发明了汉字，所以，给神明的那份契约可以用汉字书写。神明虽然可以读汉字，但他们会按不同的顺序来

---

① 关于宋代买地券功能的详细分析，可以参见第三章第二节的详细论述。

② 详见附录江西 32。

③ 详见附录江西 27。

④ 详见附录四川 66。

⑤ 详见附录四川 33。

⑥ 墓幢的形状就以八角形为主，而且在洛阳出土的唐贞元九年墓幢中就有一面刻着买地记。（刘淑芬：《灭罪与度亡：佛顶尊胜陀罗尼经幢之研究》，上海古籍出版社 2008 年版，第 131 页。）

读，因为'阴间诸事，均按另一种方式运行'。"① 不过韩森认为神灵
一定是"从左向右"读的，这一点可能并不正确，因为我们已经发现
很多亡人也是使用从左向右书写的地券，其数量和从右向左的相当。
而且在四川蒲江县出土的熙宁五年（1072）王□湜夫妻合葬墓中，出
土的了夫妻两方各自的买地券，他们的书写方式就各不相同，妻子的
从右向左书，而丈夫的则从左向右书②，就此我们基本可以确认这两
种书写方式区别不大。最后通过比较，我们发现特定的书写方式和特
定地券之间并无确定的联系。

　　综上所述，宋代买地券在材质、形状和书写方式这些特性上，有着
一定的差别。但是我们基本已经确定这些差别和买地券本身的特性基本
无关，并且也不能确定它们和各个类别买地券之间的联系。在这些方面
的一些独特表现，很有可能是其他思想影响的结果，和买地券并无直接
的联系。

第二节　买地券的内容考证和分类

　　以上简要地介绍了买地券的外形特质，下面我们再来分析作为人神
之间契约的买地券的基本内容。虽然买地券可以被视为一种契约，但是
由于立约的双方是人与神，所以地券中的交易是虚拟的。契约所必须涉
及的标的物等内容，也多是虚设。而且由于涉及人、神、鬼三者之间的
关系，地券中还有相当的内容是一般契约所没有的。因此在介绍地券的
基本内容时，我们并不把它当作契约③来介绍。而是借鉴普罗普分析俄
罗斯民间神奇故事时采用的方法，分功能④和连接部分两个方面来介绍

---

　　① 韩森：《传统中国日常生活中的协商》，第 169—170 页。
　　② 陈显双、廖启清：《四川蒲江县五星镇宋墓清理记》，《考古与文物》1986 年第 3 期。
　　③ 对买地券契约方面内容的详细介绍可以参见张传玺《买地券文广例》，《契约史买地券
研究》，中华书局 2008 年版。
　　④ 功能指的是从其对于行动过程意义角度定义的角色行为。（普罗普著，贾放译：《故事
形态学》，中华书局 2006 年版，第 18 页。）在本章中使用的功能一词，除非予以说明均是在指
普罗普意义上的功能。

买地券的基本内容。

一

依据普罗普的定义，功能可以理解为有特定意义的角色行为。下面我们就基于人、神、鬼在买地券中的种种行为，将买地券的功能分为十三类，分别加以介绍。其中和人相关的功能有六类，分别为：占卜相地、用钱买地、亡人收财、自由活动、何者制造与人神联系。下面一一加以介绍。

第一类占卜相地，主要指人们通过卜筮选择好的墓地和时日下葬。在买地券中一般表现形式①是：只记述占卜相地此事而不涉及占卜人和占卜过程，如嘉祐七年（1062）田府君地券即曰："卜筮叶从，相地咸吉。"② 有的买地券则会提及占卜人的姓名，如嘉泰三年（1203）温氏九孺人地券即曰："谨请白鹤仙人相地，青乌子择吉凶。"③ 个别的买地券中也会提及在吉日斩草和动土，如宝祐二年（1254）张重四地券即曰："今卜此吉日动土斩草。"④

第二类用钱买地，主要指生人或者亡人使用大量银钱和其他财物，从神灵和现世人手中购买土地。当时几乎所有的买地券都是从神灵处买地，主要的区别只是买主出现与否，一部分买地券不出现买主，直接用钱买地，如元丰八年（1085）蔡八郎买地券即曰："仅用钱九万九千九百九十九贯，五色采□，买得周公山土名下园地一六安葬"⑤；另一部分地券中则出现卖主，如开宝四年（971）魏训买地券即曰："殁故亡人魏训，今用钱九十九千九佰九十九贯文，于东王公、西王母边，买得前行墓田一段，周流一顷。"⑥ 只有朱进、王信父母、陶美地券略有不同，绍兴九年（1139）朱进地券是先提到从活人处买地再向神灵买地，写

---

① 为了分类的明晰，必须将买地券中对各种功能和连接部分的表述，简单地罗列出来。由于各种原因，同一种功能和连接部分在不同的地券中表现方式可能存在着一定的差别。但是限于篇幅，我们在此只介绍各种功能比较主要的表现方式以及有一定特色的表现方式。

② 详见附录四川6。

③ 详见附录江西31。

④ 详见附录江西44。

⑤ 详见附录江西8。

⑥ 详见附录四川1。

作："于令远社赵元处，村南买到白地十亩。内卓新門四□葬五父。前用钱一万九千九伯（佰）九十文，就皇天父、后土母、社稷十二边，买得前墓田，周流一顷。"①

买地券中用来买地的财物多种多样，钱财的数目也有多有少，可为何常见的钱数就是99999贯文，人们甚至要将阳间的金钱折算成这个数字的冥币用来买地②。首先这个钱数在阴间可以算作是一笔巨款。当时人贿赂阴间的官吏，以顶替他人的功名，才需要3万贯钱③。用这么多钱买地，足可见买地者的诚意。之所以使用99999贯这么具体的钱数来买地，可能和九这个数字本身的特性有关。有研究者认为主要是因为九代表着光明，可以驱除阴间的黑暗④。既然是使用冥币购买，理论上讲人们可以将钱数写得无比巨大，今天市面上冥币就十分巨大，笔者甚至见过面值80亿元的冥币（参见附图四）。不过地券中用来买地的冥钱却从来没有超过10万，之所以没有出现99万贯甚至更多冥钱的情况，可能与当时人对10万这个数字的理解有关。唐代就有官员感慨过"钱至十万，可以通神"⑤，当时人可能认为10万贯钱已经不是普通人可以提

---

① 详见附录陕西2。

② 明道三年（1034）陶美地券即曰："买到阳曲县武台乡孟村百姓刘密地二亩，准作价钱一十二贯伍佰文币陌，其地阳间并无差税，阴司东王公、西王母。贯折分（钱）九万九千九百九十九贯九文。"详见附录山西2。

③ 《续玄怪录》卷二《李岳州》："俄而里门开，众竞出，客独附俊马曰：'少故，愿请少间。'俊下路听之，曰：'某乃冥史之送进士名者，君非其徒耶？'俊曰：'然。'曰：'送堂之榜在此，可自寻之。'因出视。俊无名，垂泣曰：'苦心笔砚，二十余年，借计而历试者亦十年；心破魂断，以望斯举，今复无名，岂不终无成乎？'曰：'君之成名在十年之外，禄位甚盛。今欲求之，亦非难，但于本禄耗半，且多屯剥，才获一郡，如何？'俊曰：'所求者名，名得足矣。'客曰：'能行少赂于冥吏，即于此取其同姓者去其名而自书其名，可乎？'俊曰：'几赂可？'曰：'阴钱三万贯。某感恩而以诚告，其钱非某敢取，将遗牍吏。来日午时送可也。'"（（唐）李复言撰，程毅中点校：《续玄怪录》，中华书局2006年版，第157—158页。）

④ 韩森：《传统中国日常生活中的协商》，第157页。

⑤ 《幽闲鼓吹》："相国张延赏将判度支，知有一大狱，颇有冤滥，每甚扼腕。及判使，即召狱吏严诫之，且曰：'此狱已久，旬日须了。'明旦视事，案上有一小帖子，曰：'钱三万贯，乞不问此狱。'公大怒，更促之。明日帖子复来，曰：'钱五万贯。'公益怒，命两日须毕。明日复见帖子曰：'钱十万贯。'公曰：'钱至十万，可通神矣。无不可回之事，吾惧及祸，不得不止。'"（（唐）张固：《幽闲鼓吹》，《唐五代笔记小说大观》，上海古籍出版社2000年版，第1454页。）

供的，所以只能尽可能地接近这个数目，而不能超越它。

第三类亡人收财，主要指亡人接收土地和地中的财物以及地券。在交付钱财之后，亡人自然就享有了对墓地及墓中财物的控制权。地券中往往要求将墓地内一切财物都交予亡人，熙宁五年（1072）史氏地券即曰："一买之后，以山为界，以海为边，悉属亡人。"① 有时还要将地中的先亡之人变为奴婢，政和八年（1118）吴谨地券即曰："四方先有住者，大者为邻里，小者为奴婢。"② 还有的地券强调亡人的财物不得被侵夺。嘉定十六年（1223）董士和、任氏大卯地券即曰："亡人随身棺椁衣服，大力鬼不得侵占。"③

第四类自由活动，主要指死后亡人的自由不受限制。当时人普遍相信，在死后世界中存在着各种神灵，对亡人进行管理，限制他们的各项行为④。所以买地券中就要求这些神灵，不要限制亡人的往来自由。宣和三年（1121）张公地券即曰："地中□吏，皇神后土，土公土母，土家子孙，左右邻里，地中□府，将军社稷，见亡人过往，不得妄有勘责侵夺。"⑤

第五类何者制造，主要指活人参与造墓与书写地券。因为买地券处理的是人、神、鬼三者之间的关系，神和鬼都具有很强的威胁能力。而动土和订约都可以被理解为对神鬼的冒犯。因此大多数地券中都不直接书写现世中造墓和制造地券人的名字。一般提到墓葬修造者时都只提到是工匠所为，如绍兴三年（1133）刘三十八郎地券即曰："工匠修营安厝。"⑥ 只有少数地券会提到现世制造者的名字，一般出现的也只是死者后代的名字，如绍兴二十五年（1155）程氏六娘子地券即曰："孝男宋钦铸立石。"⑦ 另外还会一些地券中，出现丧葬从业者的名字。如宣和六年（1124）闾氏十八娘地券即曰："宣和元年袁家烧造地券一福

---

① 详见附录四川 12。
② 详见附录江西 14。
③ 详见附录四川 63。
④ 沈宗宪：《宋代民间的幽冥世界观》，台北：商鼎文化出版社 1993 年版。
⑤ 详见附录江西 15。
⑥ 详见附录江西 17。
⑦ 详见附录四川 41。

了"①，这显然是丧葬从业者特意制造的标记。

第六类人神联系，主要指人和神之间的各种交通方式，包括告知神灵、取信神灵与祭祀神灵。买地券重要的功能之一是处理人神之间的关系。在地券中人们首先要和神灵取得联系，通常采用昭告的形式，如绍熙元年（1190）胡氏地券即曰："谨衔哀昭告于兹山之神。"② 在契约签订时，有时人们还要向神保证守信，以此让神灵放心；如嘉泰四年（1204）周必大地券即曰："山灵地神，实闻此言。谓予不信，有如皦日。"③ 最后，为了酬谢神灵满足人们的要求，还许诺要为其举行祭祀。如宝庆三年（1227）王德秀地券即曰："以利子孙，则春秋祭祀，神亦与飨之。"④

值得注意的是这里直接发生联系的神明往往是那些纯地方性神灵⑤，如本里灵槎山之东黄家旧宅园之神⑥、曲水溪山神⑦等。这些地方性神灵之所以会在地券中兴起，主要是人们在神灵选择上坚持唯灵是从⑧原则的结果。当时人们已不再关心所信奉的神灵的位阶，而是关注它灵验与否。人们甚至对高阶的神灵是否真的能保护个人，都持有一定的怀疑。《夷坚志》中就载有这样一个故事，家中虽然供有真武和佛这样显

---

① 详见附录四川 34。

② 详见附录江西 23。

③ 详见附录江西 32。

④ 详见附录江西 36。

⑤ 宋代的地方性神灵除了各个地方的境神外，还存在那些跨区域的地域性神灵，他们在当时民众的信仰活动中起到了重要的作用。（关于宋代区域性神灵信仰的基本情况可以参见韩森《变迁之神》与皮庆生《宋代民众祠神信仰研究》两书中的相关讨论。）但是不论是流传在四川地区的梓潼神，还是在东南地区广泛流传的五通、仰山、张王等神，目前发现的宋代地券中都没有提到他们，笔者认为这些神灵之所以没有出现在地券中，可能与他们的神职有关。因为他们的主要管辖领域都不涉及冥府之事，所以不出现在地券中也就十分正常。

⑥ 详见附录江西 33。

⑦ 详见附录江西 35。

⑧ 韩森通过对《夷坚志》等材料的分析，认为"世俗民众视灵验与否来选择宗教人士与神祇，他们根据自己对人性的认识，来理解神的行为"（韩森：《变迁之神》，包伟民译《变迁之神》，浙江人民出版社 1999 年版，第 72 页），韩明士也认为人们是根据灵验程度来选择所要祈求的神祇。（韩明士：《道与庶道》，第 23 页。）

赫的神祇，鬼却能十分轻易地进入家宅①。既然这些大神不一定能够给人带来安全，人们去寻找和日常生活更为密切的地方神灵的帮助，也就不足为奇。一些研究者认为宋代地方性神灵的兴起，主要是由于地方上有权势的家族由于种种原因，被京师所排挤回到地方，形成新的地方精英有关②。这种观点目前看来可能还存在一定的缺陷，主要是有关那些权势家族是否将注意力转向地方，现在有了不同的看法③。关于这个问题还需要作进一步的探讨。

相比在买地券中出现的人和鬼，买地券中的神灵最为多样化，而且不同的神灵往往承担不同的功能。在此我们依据神灵以及他们的作为，将与神灵相关的功能分为五类，分别为：神仙招魂、神灵安坟、神仙收纳、神仙作保与神明惩凶，下面一一加以介绍④。

第一类神仙招魂，主要指神灵召唤人们去往彼岸。这里主要有两种情况，一种是承继汉代泰山主死的观念⑤，由泰山招引亡人前往，如嘉祐二年（1057）陈氏六娘地券即曰："忽被太山敕召灵魂"⑥；另一种则受到道教观念的影响，指出人们前往彼岸，往往是由于饮用神仙所赐的

---

① 《夷坚乙志》卷八《秀州司录厅》："公曰：'吾事真武甚灵，又有佛像及土地灶神之属，汝安得辄至？'曰：'佛是善神，不管闲事。真圣每夜被发杖剑，飞行屋上，我谨避之耳。宅后土地，不甚振职。唯宅前小庙，每见辄戒责。适入厨中，司命问何处去？答曰：'闲行'。叱曰：'不得作过。'曰：'不敢。'遂得至此。'"（宋）洪迈撰，何卓点校：《夷坚志》，中华书局1991年版，第250页。

② 韩森：《变迁之神》，第166页。这一看法是受到郝若贝和韩明士观点的影响。郝若贝在论及唐宋转型时，率先提出精英地方化，是唐宋转型的一个重要表现。（Robert M. Hartwell, Demographic, Political, and Social Transformations of China. 750 – 1550. *Harvard Journal of Asiatic Studies*, 42.2, 1982.）而韩明士则通过抚州的材料，论证抚州地区精英的地方化倾向。（Robert Hymes, *Statesmen and Gentlemen: The Elite of Fu-chou, Chiang-hsi, in Northen and Southren Sung*, Cambridge: Cambridge Unversity Press, 1986.）

③ 包伟民：《精英们"地方化"了吗？——试论韩明士〈政治家与绅士〉与地方史研究方法》，《唐研究》第11卷，北京大学出版社2005年版。

④ 在第一章中我们在介绍各个神明时，多少都已经涉及他们的行为，在此出于分析的方便，我们还简要地说明一下神明的功能，在说明的过程中难免有些内容和前面的部分有些重合，还望各位读者见谅。

⑤ 关于泰山主死观念的详细论说，可以参看余英时著，侯旭东等译《东汉生死观》，上海古籍出版社2005年版，第90—91页。

⑥ 详见附录江西四。

美酒①。如大中祥符四年（1011）李大郎地券就提到："暂往南山看花，遇见仙人，赐酒一杯，迷而不返，命入黄泉。"② 这里一般不会提到神仙的名字，如有提及也是西王母、太山和玉女这样的道教色彩比较浓厚的神灵。不过有些地券可能是受到了佛教的影响，里面涉及的神灵直接变为了佛祖。如元祐七年（1092）梁大郎地券即曰："为佛探（采）花，阻天雾露，迷荒不返，因兹命终。"③

第二类神灵安坟，主要指那些墓葬神仙们通过各种方式，保证墓葬及墓葬周围的安宁。为了方便丧葬仪式的举行和亡人在死后世界活动的自由，首先要保证墓葬附近的安全和通畅。如嘉祐七年（1062）田府君地券即曰："丘丞墓伯，封步界畔。道路将军，整齐阡陌。"④ 还有的地券强调由神灵来确保墓葬本身的安宁。如崇宁四年（1105）李宣义地券即曰："朱雀在前，玄武在后，青龙蟠于左，白虎踞于右。镇守方宫，神灵拥护。"⑤

第三类神仙收纳，主要指神灵收领亡人用来购买土地的各种财物。由于买地券假设从神灵处买地，所以券文中一般都会有一个神灵收纳钱物的环节。大部分买地券出于对神灵的尊重，在交付时并不提及神灵的姓名。如宣和七年（1125）宋京地券即曰："财地交相分付。"⑥ 部分买地券则使用通称指代神灵，如开宝四年（971）魏训地券即曰："即日钱财分付天地神明了。"⑦ 只有少数买地券交代出神灵的姓名。如失纪年的翟三郎地券就提到："今将分付七十二贤，张子高、张坚固、李定度、合林君等，今日分付了，不干亡人之事。"⑧

第四类神仙作保，主要指各种神明在买地券中充当保人或类似的角色。由于买地券中的交易中的卖方往往是各种神明，因此要保证契约的

---

① 关于神仙赐酒观念所包含道教因素的论说，可以参见白彬《吴晋南朝买地券、名刺和衣物疏的道教考古研究》，第74—75页。

② 详见附录江西2。

③ 详见附录安徽1。

④ 详见附录四川6。

⑤ 详见附录江西11。

⑥ 详见附录四川35。

⑦ 详见附录四川1。

⑧ 详见附录江西49。

履行，只有各种神明才可能有资格充当保人。一般有两种情况，一是由各种神灵，尤其是张坚固、李定度这种契约神仙，充当保人，如开宝四年（971）魏训地券即曰："保人：张坚固、李定度；知见人：东王公、西王母。"① 一种是各种具有灵异能力的动物，书读契约，如开宝七年（974）王氏地券即曰："谁为书？水中鱼，谁为读？山中鹿。"② 在一块买地券中有时两种类型同时存在，有时则只涉及一种。在交代了这些保人之后，有些买地券还会交代他们的去向。其中各种神灵一般去往比较偏远的处所，如大中祥符四年（1011）李大郎地券即曰："若要相寻觅，但来东海边。万万九千年。"③ 而动物们则多上山下海，如开宝七年（974）王氏地券即曰："鹿何在？上高山；鱼何在？入黄泉。"④

　　有研究者根据部分地券中提到了"若要相寻觅，但来东海边"之类的文句，认为当时人存在着以东海为死后归处的观念⑤，对此我们有不同的看法。我们认为要在东海相见的并非是那些亡人，而主要是书读契约的神灵。因为在这句之前地券中一般都要交代是何人书写朗读地券并交代他们的去处，通常是假托鹤和鱼来完成这两项工作。根据文意推测，在东海相见的应该是这些鹤和鱼。而且有些地券中还直接将东海和鱼联系起来，湖北英山出土的崇宁二年（1103）延胡地券就称"此是何人书？东海鲤鱼书"⑥。河南登封出土的绍圣四年（1097）李守贵地券则要求"若见读契人，化鱼龙入东海。"⑦ 后蜀广政二十七年（964）徐公地券则提到："书券人：东海童子。书券了，自还东海。"⑧ 可见在东海相见的应该不是亡人而是这些书读契约的神明或动物。而且中国古代一直有"人鬼异路"的思想，虽然在唐宋时期这种思想有所淡化⑨，但

① 详见附录四川 1。
② 详见附录江西 1。
③ 详见附录江西 2。
④ 详见附录江西 1。
⑤ 刘安志：《从泰山到东海——中国中古时期民众冥世观念转变之一个侧面》，《唐研究》第 13 卷，北京大学出版社 2007 年版。
⑥ 详见附录湖北 10。
⑦ 详见附录河南 5。
⑧ 鲁西奇：《隋唐五代买地券丛考》，《文史》2007 年 2 辑，第 153 页。
⑨ 详见第五章第二节的相关论述。

也没有出现人们渴望和亡灵交流的理念。就算亡人死后真的归于东海，人们也不会希望与他们在那里见面的。

我们虽然并不认可人们死后归于东海的观点，但是也并不认为当时人只有一种关于死后世界的认识。《玄怪录》和《夷坚志》中都提到过人死后仍然居住人间的说法[1]，由此可以看出，当时人的观念中确实存在着不止一种的死后世界观。

买地券中虽然提到的在东海相见，但实际上想表达的意思却是不要相见之意。这一点我们从地券中交代的动物去处便可以看出：鹤一般都是要飞上天；鱼则要入深泉；鹿则上高山。强调都是书读之后一走了之，丝毫没有再相见之意。有些地券中就把这种不愿相见的精神发挥到了极致，如神宗元丰八年（1085）马氏四娘地券直接就提到："若要相见，直待海变桑田。"[2] 之所以强调不要会面，可能是那些实际上书写和朗读买地券的丧葬从业者的要求。因为买地券要处理的是人、神、鬼三者之间的关系，不管是神还是鬼对活人都还是存在着一定的威胁。所以这些买地券实际书写者，就假托鹤、鱼之名来隐藏自身。并且让它远去，以使这些神鬼无法寻觅。

之所以强调要在东海相见，则是受了吐鲁番出土早期衣物疏的影响。阿斯塔那 170 号墓出土的高昌章和十三年（543）的"孝姿随葬衣物疏"就提到："时人张坚固、季（李）定度，若欲求海东头，若欲觅海东辟（壁）。"[3] 吐鲁番地区距离任何大海都是十分遥远，这里提到海东相寻，应该暗含有不要相见之意。买地券中的东海就是承继了衣物疏中海东之意。唐宋时中原人也认为东海是极远之地，唐代就有将有过错的恶鬼流放到东海的说法[4]，而宋代就有道士在提到自己游历之广时，说道："吾尝东至于海，西至流沙，南穷岭峤，北抵大漠，四走天下，

---

① 详见第五章第二节的相关论述。

② 详见附录江苏 2。

③ 国家文物局古文献研究室等编：《吐鲁番出土文书》壹（图录本），文物出版社 1992 年版，第 143 页。

④ 《玄怪录》卷九《齐饶州》："王责曰：'何故枉杀平人？'将军曰：'自居此室已数百岁，而齐氏擅穸，再宥不移，忿而杀之，罪当万死。'王判曰：'明晦异路，理不相干。久幽之鬼，横占人室，不相自省，仍杀无辜，可决一百，配流东海之南。'"〔（唐）牛僧孺撰，程毅中点校：《玄怪录》，中华书局 2006 年版，第 87 页。〕

求所谓贵人,以验吾术,了不可得,岂意今日贵人尽在座中!"① 可见当时人认为东面最远即是大海。因此买地券中屡屡出现"若要相寻觅,但来东海边",应该暗含了不要相见之意。

第五类神明惩凶,主要指神灵为了保护亡人的安宁以及契约的履行,实施各种惩罚行为。首先需要惩处的对象是各种邪灵和冒犯者,这些由一般的神灵就可以执行。如熙宁五年(1072)史氏地券即曰:"若辄忓犯诃禁之者,将军亭长发赴河伯水官。"② 一旦契约不能很好地得以施行,主管的神灵也被要求承担责任,如靖康元年(1126)蔡氏小九娘子地券即曰:"若违此约,地府主吏,自当其祸。"③ 有些地券中还借助至上神力量,以极其严厉的手段惩罚各种冒犯的神灵与鬼怪。如嘉泰三年(1203)温氏九孺人地券即曰:"若违此约,故有干犯,仰将军令长执此契券收付,大上案前处斩。"④

相对人和神来说,鬼在买地券中的功能就比较单一:不扰亡人即可。而在这种情况下对不同的鬼怪处置方式也并不相同,对待自然精灵和恶鬼的态度是坚决的驱逐,如姚晖地券即曰:"邪精故炁,不得妄有干犯。"⑤ 对待各种神灵有时也毫不客气,如江府君地券即曰:"所有本处山神土地,一切神杀(煞),侧域冢穴。邪精故炁,各不在争占之限。"⑥ 而对待先死的人的魂灵则只要求他们远去即可,如蔡氏小九娘子地券即曰:"先有居者,回避万里。"⑦

二

以上简单地介绍了买地券中的诸种功能,下面我们转而介绍买地券中出现的各种连接成分。这些连接部分在买地券中的作用,虽然没有各个功能项大,但是没有它们,券文是不可能成立的;不了解它们,我们

---

① (宋)王铚撰,朱杰人点校:《默记》,中华书局1981年版,第32页。
② 详见附录四川12。
③ 详见附录四川36。
④ 详见附录江西31。
⑤ 详见附录江西25。
⑥ 详见附录江西7。
⑦ 详见附录四川36。

也是不可能真正理解买地券的。在此我们根据内容的不同，将连接部分分为八类，分别为：地券名称、生效时间、墓地状况、亡人情况、埋葬情况、契约情况、内外吉祥与律令，下面一一加以介绍。

地券名称主要指使用者对它的定名，一般称为某某地券或某某契。如嘉定十七年（1224）杨氏地券即曰："杨氏相地券"①。有的买地券则称之为合同，如开宝四年（971）魏训地券即曰："亡人魏训合同契"②。其他的称呼还有：墓致、状记、碑记、地契等，限于篇幅，在此就不一一举例说明。

生效时间主要指买地券开始发生作用的时间。买地券虽然是人神之间的契约，但是它也需要记下一个具体时间，作为契约开始的标志。不过不同的买地券，所选择的时间也有不同。一般的地券都选择下葬时间作为契约开始的时间，如元祐七年（1092）梁大郎地券即曰："今于当年九月辛巳朔初四日甲申，吉日良辰，安葬于讫。"③ 有的则将日期定在斩草仪之后，如金卫绍王大安元年（1209）郭裕地券即曰："维大安元年岁次己巳十一月辛卯朔十八日戌时，破土择草。"④

墓地状况主要指墓地的位置、墓地的范围、墓地的方位以及周围的形势。在买地券中一般都会标明墓地所在的小地名，如嘉祐七年（1062）田府君地券即曰："宜于此灵泉县强宗乡之原安厝。"⑤ 而墓地范围往往是标明四至，不过这个时期的买地券中的四至几乎没有为现实地理边界的。目前只是发现天圣三年（1025）陈僧义女地券中提到："东西南北各有廿步属亡人"⑥，使用纯现实边界。一般的地券都是将四神作为四至的边界，如嘉祐七年（1062）田府君地券即曰："其界东至青龙，西至白虎，南至朱雀，北至神武，中方勾陈，分掌四域。"⑦ 有的还要提到上下两至成为六至，如元丰五年（1082）王二十三郎地券即

---

① 详见附录四川 31。
② 详见附录四川 1。
③ 详见附录安徽 1。
④ 详见附录山西 5。
⑤ 详见附录四川 6。
⑥ 详见附录江西 3。
⑦ 详见附录四川 6。

曰："东至甲乙青龙之下，南至丙丁朱雀之下，西至庚辛白虎之下，北至壬癸玄武之下，上至青云，下至黄泉。四畔□之所□，尽熟（属）亡人所管。"① 由于风水思想的影响，买地券中往往要标明墓地的方位和周围的形势，一般用八卦和天干地支表示方位，如淳熙十五年（1188）曾三十七地券即曰："买得艮山行龙震山落穴作庚向阴地一穴"②。对于墓地周围的形势则强调墓地有山水相伴，如嘉定四年（1211）周氏地券即曰："前有方池，水光如镜。横小洲以为案，隔案之外，复有槎溪港。弓城之水左右，山势回环拥顾。"③

　　亡人情况主要指亡人的生前居处、年龄和死后的去处。一般将亡人的生前住址写到最小的行政单位，如开宝四年（971）魏训地券即曰："今有邛州蒲江县蒲山乡归化里，殁故亡人魏训。"④ 之所以要如此详细地标明地址，是为了防止阴间的官吏，有意无意地错引活人去往地府。当时的笔记小说中就经常提到这样的事件，《酉阳杂俎》中就提到过用地府官吏同姓之人代死的故事⑤。人们对于地府官吏的疏漏又毫无办法，只能尽可能地标明自己的详细住址，以防成为替死之人。

　　有些地券受了佛教的影响则使用"南赡部州"这样的佛教地理词汇，如熙宁八年（1075）江府君地券即曰："维南赡部洲大宋国吉州卢陵县城外雍和坊万岁巷"⑥。地券中也会记载亡人的行年，如嘉祐二年（1057）陈氏六娘地券即曰："殁故亡人陈氏六娘，行年七十八岁，命归黄泉。"⑦ 既然提到了生前的居所，很自然的地券中也会提到亡人死后的去处。大部分地券都认为人死后居住在墓葬中，如嘉祐七年（1062）

---

① 详见附录湖北 6。

② 详见附录江西 22。

③ 详见附录江西 33。

④ 详见附录四川 1。

⑤ 《酉阳杂俎》：董进朝，元和中入军。初在军时，宿直城东楼上。一夕月明，忽见四人着黄从东来，聚立城下，说己姓名，状若追捕，因相语曰："董进朝常持《金刚经》，以一分功德祝庇冥司，我辈久蒙其惠，如何杀之？须枉命相代，若此人他去，我等无所赖矣。"其一人云："董进朝对门有一人，同姓同年，寿限相埒，可以代矣。"因忽不见，进朝惊异之。及明，已闻对门复魂声。问其故，死者父母云："子昨宵暴卒。"进朝感泣说之，因为殡葬，供养其父母。[（唐）段成式：《酉阳杂俎》续集卷七，《唐五代笔记小说大观》，第 770 页。]

⑥ 详见附录江西 7。

⑦ 详见附录江西 4。

田府君地券即曰：“生居城邑，死安宅兆。”① 有些地券则继承传统的死亡观念，认为人死后要去往蒿里或黄泉，如失纪年的潘五娘地券即曰：“三魂归黄泉蒿里所在。”② 比较有趣的是，有些地券中还会感慨人生的无常，如嘉祐二年（1057）陈氏六娘地券即曰：“青青松竹，尚□枯荣。人非王乔，宁无凋落？”③

埋葬情况主要指买地券所在墓葬涉及的迁葬、合葬等特殊丧葬情况。如宝庆三年（1227）王德秀地券即曰：“晟等谨遵治命，奉先考之柩而合葬焉。”④

契约情况主要是指采用各种信物来确定契约的成立以及对契约的约束作用。一般是使用牲牢等祭祀物品来确认契约，如宣和七年（1125）宋京地券即曰：“今以牲牢酒饭，百味香新，共为信契。”⑤ 在契约成立后，人们还要强调它的凭证作用，以防契约各方反悔，如元符二年（1099）王宗奉父母地券即曰：“故立券文照对为凭。”⑥ 有时人们还希望契约能够确保墓葬的平安，如宣和六年（1124）间氏十八娘地券即曰：“地券一通永镇墓。”⑦

内外吉祥主要是指人们希望在埋葬之后，亡人和活人都可以吉祥平安。一般的地券只是简单地描述一下这个状态，如绍兴二十五年（1155）程氏六娘子地券即曰：“内外存亡各安泰。”⑧ 有的地券甚至强调埋葬后，活人可以获得丰厚的物质报偿，如嘉泰三年（1203）温氏九孺人地券即曰：“子口卯酉，官禄长久。寅申己亥，资财不退。辰戌丑未，君家富贵。男女昌炽，年登百岁。”⑨

律令主要是指在买地券结尾处为了确保地券的各项职能得以全面的执行，而书写的各种带有宗教意味的律令。一般写作某某女青律令，如

---

① 详见附录四川 6。
② 详见附录湖北 17。
③ 详见附录江西 4。
④ 详见附录江西 36。
⑤ 详见附录四川 35。
⑥ 详见附录陕西 1。
⑦ 详见附录四川 34。
⑧ 详见附录四川 41。
⑨ 详见附录江西 31。

崇宁二年（1103）张氏二娘地券"急急如五帝使者女青律令"①，有的地券则简写为"急急如律令"②。

　　除了以上列举的这些连接部分外，买地券中还常常出现诸如家庭情况和古代典故这类比较少见且不带有信仰特色的连接内容。它们的存在对买地券的文章没有太大影响，也不反映特别的宗教信仰，因此与本文的研究关联不大。在分类和考证时将其视为杂项，不再加以分析。

三

　　宋代买地券数量众多，分布地域也非常广泛，由于各地习俗的差异和使用者不同的信仰偏好等因素，买地券在内容上存在很大差异。这就促使我们在分析宋代买地券时必须对其进行分类。作为一种明器，买地券可以依据考古学的原则对它进行分类，但是由于它在外形特征上变化很小③，因此我们无法采用考古类型学的方法对其分类。只能依据买地券文本内容的不同进行区分，由于买地券主要处理的人、神、鬼三者之间的关系，因此我们依据，人、神、鬼在买地券中的不同的行为表现，也即依据买地券所包含的功能的不同④，对其分类。通过对宋代买地券功能的简要分析，我们将其分为七大类，下面分别加以介绍。

　　A型地券在结构上最为简单，只包含一项功能项即占卜相地，而且地券中几乎不涉及任何神灵，只是通过四神表示方位。可以归入这一类的地券共发现6块⑤，皆出土于四川成都，代表的是吕忠庆地券，其内容如下：

　　　　［大］［宋］嘉定四年大（太）岁辛未二□□寅朔二十五日戊寅。故吕忠庆地券。生居城邑，死安宅兆。卜筮叶从。相地□吉。

---

　　①　详见附录湖北9。
　　②　详见附录四川1。
　　③　买地券外形特征的具体情况，请参见本章第一节的相关介绍。
　　④　这里所谓的功能不同主要指两个方面：一是包含功能项多寡的区分，只含有一个功能项和含有八个功能项的地券肯定是不能划为一类的。一是功能项本身意义的不同，不同的功能项往往带有不同的信仰意味，我们就是要通过分类把这种信仰意味表达出来。
　　⑤　分别为：吕忠庆地券、张氏地券、喻仲安地券、唐□□地券、张氏三娘地券与刘□熙地券。

宜于［此］成都县延福乡福地之原安厝。其界左至青龙，右至白虎，前至朱雀，后至玄武，中方勾陈，分掌四域。存亡安吉。①

B型地券结构上也非常简单，只包含三个功能项：占卜相地、用钱买地与神仙作保。但是连接部分却非常复杂，而且一些表述也与常见的不同。可以归入这一类的地券只有3块②，且都出土在贵州。以王兴地券为代表，其内容如下：

> 维皇宋太岁庚寅十月初十己巳未朔越八丙寅年，□□夔州路南平军□川城曰锦堡实粉栅，（即？）有阳道弟子王兴、李八娘夫妇□。兴系辛丑，本命八月初一日，行年五十一岁。切念人生□世，难克无常，□□生气之□，禀五行循环之德，今则运逢八卦，二命相生；谨依先贤秘要，踏相山陵福胜之本旁西山乾戌之原，建立寿堂二所。己丁于亥岁七月初四日辛巳，谨备大钱也阡（？）九万九百九十九贯文，在于皇天父、后土母土岗地骨□□十二时辰边贴买到吉穴二所。四至界畔，东至青龙，南至朱雀，西至白虎，北至玄武，上至皇天，下至黄泉，周流己□，□立誓约，具立契券，断以石人能语，石马能行，石契□，相始相呼，仰依此誓，寿保千春。建造之后，寿同彭祖，愿如年百，□子千孙，富若石崇堆金壁。天地昭彰，日月鉴照，神灵共知，次愿山水□□，福禄增高，急急如盟文。③

C型地券的结构也不复杂，一般只包括人神联系、神明惩凶与不扰亡人三个功能项。这类买地券的特征在于，非常强调人神之间的交通。在券文开始处要将情况告知与神，在券文结束的地方则会向神许诺按时

---

① 详见附录四川58。
② 分别为王兴地券、李八娘地券和黎氏二地券，其中黎氏二地券的功能与前两者基本一致，但是连接内容则要简单很多。
③ 详见附录贵州1。

祭祀。可以归入这一类的地券共有 7 块①，皆出土于江西。以郑静阅地券为代表，其内容如下：

> 维皇宋淳祐庚戌九月朔越十有九日壬午，孤子郑文达、文端、文昌，谨奉先考君静阅居士灵柩，窆于同里檀溪边朴木边。用昭告于兹山之神曰：山圩水国，隐者终乎。生以徜徉朴木边，一泓澄清，群峰耸奇。先君乃得寄傲此境，结屋于肖爽处，鸥鹭赏心，虎豹远迹。越十年，堕云山游已遍之笔，终于正寝，停柩已三阅秋风。一生林壑兴想幽冥间，终始在焉。议卜佳城，未有不曰宜于此者。有龙腾综自西兑，起伏六七里，下枕溪流，坐乾向巽，峰峦后先，水挹贪狼，泓停卯甲，迤逦归丑艮东流，皆协吉卜也。先君魂魄衣冠，万古安之。若夫扞不若，呵禁不祥，惟尔神之力是赖。庆流后裔，扶植道德，门而广大焉。春秋祭祀与飨。谨券。②

D 型地券相对于以上三类型结构相对复杂，一般包括五到六个功能项。包括用钱买地、神仙招魂、神灵安坟、神仙收纳、神仙作保、不扰亡人等。这类地券的特征在于保留六朝隋唐买地券的部分传统，主要是留下了神仙招魂的功能，以及在买地券中说明是书读契人或动物的去向。在此我们又根据是否提到神仙招魂，将 D 型地券分为两个亚型。D1 型地券涉及神仙招魂，可以归入此类型的地券共 9 块③，其中江西出土 5 块，湖北出土 3 块，安徽 1 块；以蔡八郎地券为代表，其内容如下：

> 南赡部洲大宋国江州德化县甘泉乡高平社西山保。殁故亡人蔡八郎，甲子年行陆拾贰岁，不幸命终，元丰八年十月廿三日甲申身亡。仙人饮酒，命归蒿里安葬。仅用钱九万九千九百九十九

---

① 分别为胡氏地券、李氏地券、周氏地券、杨氏地券、王德秀地券、郑静阅地券和余六贡士地券。

② 详见附录江西 41。

③ 江西出土的有：王氏地券、李大郎地券、蔡八郎地券、张愈地券与胡氏二娘地券；湖北出土的有：王二十三郎地券、邓七郎地券与潘五娘地券；安徽出土的有梁大郎地券。

贯，五色采□，买得周公山土名下园地一六安葬。东止甲〔乙〕
青龙，南至丙丁朱雀，西止庚辛白虎，北至壬癸玄武。内
□□□，丘城（丞）墓伯，冢土下二千石禄，道路□□□□，千
秋万岁，用无殃祸。地中有堂，先居者□□□□余里，不得呵禁
亡人。知见人同亡人酒脯百味香食，共为信契。不令干犯者，葬
已后房。□□人内外安□□□，永无殃咎。急急如律令。槎仙人
书契，此石道士充保。元丰八年乙丑岁十月廿五日。孤孝男蔡继
诊，女子蔡四娘。①

D2 型则不涉及神仙招魂，可以归入此类型的地券共 12 块，分布地
域较广，其中江西出土 5 块，四川出土 4 块，河南、江苏和湖北各出土
2 块，陕西出土 1 块②；以魏训地券为代表，其内容如下：

　　维开宝肆年岁次辛未十二月癸亥朔十日壬申，今有邛州蒲江
县蒲山乡归化里，殁故亡人魏训，今用钱九十（万）九千九佰九
十九贯文，于东王公、西王母边，买得前行墓田一段，周流一
顷。下东至青龙，西至白虎，南至朱雀，北至玄武，上至青天，
下至黄泉，四至分明。即日钱财分付天地神明了。保人：张坚
固、李定度；知见人：东王公、西王母。书契上天上飞鸟，读契
人是江中鱼。书契得了鸟飞上天，读契了鱼归大海。急急如律
令。亡人魏训合同契。③

E 型地券的结构与 D 型类似，主要的特点在于强调亡人对各种财物
的领有，在此我们又依据所强调的财物不同将其分为两个亚型，E1 型

---

① 详见附录江西 8。
② 江西出土的有：陈僧义女地券、陈氏六娘地券、曹十四娘地券、吴谨地券与温氏九孺
人地券；四川出土的有：魏训地券、黄念（廿）四郎地券、阎氏十八娘地券与王仁明地券；河
南出土的有：赵荣地券与李守贵地券；湖北出土的有：郭五娘地券与胡氏地券；江苏出土的
有：马氏四娘地券与陈氏二孺人地券；陕西出土的有：朱进地券。
③ 详见附录四川 1。

强调的是墓地内财物的收领，可以归入这一类的买地券共 4 块①，皆出土于四川，其中以魏忻地券为代表，其内容如下：

> 维元符元年太岁戊寅九月甲子朔二十七日壬申，今有大宋剑南西川成都府下邛州蒲江县蒲川乡归化里，殁故亡人魏忻，生虚（处）乡邑，死安宅兆。龟筮协从，相地袭吉。宜于当里买田，置造墓宅一所。东至青龙，西接白虎，南连朱雀，北极玄武，上至苍天，下至黄泉。一买之后，以山为界，以海为边，悉属亡人。丘承墓陌，整齐阡陌。千秋万岁。若辄忓犯何（诃）禁之者，将军停（亭）掌（长）发赴河伯水官。今以三牲酒礼，用表丹诚。奉太上老君急急如律令。②

E2 型则强调亡人自身的衣物不被侵夺，可以归入这一类的买地券共 4 块，其中四川出土 3 块，江西出土 1 块③；以苟氏二娘地券为代表，其内容如下：

> 唯大宋嘉定十六年太岁癸未十月庚午朔二十八日丁酉，直剑南西川成都府灵泉县石泉乡义会里，殁故［苟］氏二娘。存日使钱万万九千九百九十九贯文□，买得东山之丁卯穴一所。具立肆至如后：东至青龙，西至白虎，南至朱雀，北至玄武，上至苍天，下至黄泉。即日交钱付［毕］。见［身］人：张坚固、李定度、石功曹、金主簿。亡人随身［棺］椁［衣］服，大力鬼不得侵占。④

F 型地券以《地理新书》中记载的买地券⑤为蓝本，涉及的功能项

---

① 分别为：史氏地券、王□湜地券、魏忻地券与何□地券。
② 详见附录四川 25。
③ 四川出土的有：孟氏三娘子地券、苟氏二娘地券与董士和、任氏大卯地券；江西出土的有：彭氏念一娘地券。
④ 详见附录四川 64。
⑤ 王洙：《地理新书》，第 112—113 页。

包括：占卜相地、用钱买地、何者制造、神灵安坟、神仙收纳、神仙作保、神明惩凶与不扰亡人，结构最为复杂，流传也最为广泛。不过人们在使用过程中，也依据不同的需要对其加以增删，形成了4种亚型地券，下面依据功能项的多寡分别加以介绍，F1型地券最为简单，券文中一般只涉及3个功能项，而且皆从上文提及的8个功能项中选取，可以归入这一类的买地券共7块，其中四川出土2块，陕西、河南、甘肃、江苏与福建各出土1块①；以吕亨文氏顺娘地券为代表，其内容如下：

> 大宋淳熙九岁岁次壬寅，十二月丁酉朔，初四日庚子。故父吕亨、母文氏顺娘地券。生居城邑，死安宅兆。卜筮叶从。相地大吉。宜于此成都县延福乡福地之原安厝。其界左至青龙，右至白虎，前至朱雀，后至玄武，中方勾陈，分掌四域。丘丞墓伯，封步界畔。道路将军，整齐阡陌。千秋百载，永保元吉。故炁邪精，不得忏犯。②

F2型地券比F1型地券略为复杂，券文中一般涉及5或6个功能项，也是从那8个功能项中选取，值得注意的是，F2型地券中最经常忽略的功能项为何者制造，与其相关的连接部分也很少看到。可以归入这一类的买地券共28块，其中四川出土12块，江西出土9块，河南出土两块、内蒙、甘肃、山西、山东与福建各出土1块③；以赵德成地券为代表，其内容如下：

---

① 四川出土的有：程文贤地券与吕亨文氏顺娘地券；福建出土的有：郭三郎、太孺聂十五娘地券；河南出土的有：胡进地券；甘肃出土的有：刘△劣地券；江苏出土的有：孙四娘子地券；陕西出土的有：王宗奉父母地券。

② 详见附录四川48。

③ 四川出土的有：田府君地券、赵德成地券、刘起地券、宋燧地券、杨氏地券、蔡氏小九娘子地券、卫氏地券、程氏六娘子地券、任氏五娘喻氏六小娘地券、陈氏中娘地券、曹氏地券与谢定地券；江西出土的有：袁八郎地券、江府君地券、李宣义地券、曾三十七地券、姚晖地券、万三十地券、万三十七郎邵氏令五娘地券、叶九地券与查曾九地券；河南出土的有：王典地券和刘真地券；内蒙古出土的有：邢禹地券；甘肃出土的有：杨知璠地券；山西出土的有：张□地券；山东出土的有：邓文贵地券；福建出土的有：黄氏地券。

　　维元丰四年岁次辛酉，九月甲申朔，十三日丙申。郎（即）有殁故赵德成地券。生居人世，死安宅地。卜筮叶从，相地咸吉。宜于此广都县政路乡福地之原安厝。谨使信钱九千（万）九万（千）九佰九十文买地，其地东至甲乙青龙，西至庚辛白虎，南连至丙丁朱雀，北至壬癸真武，中方戊己勾陈，分掌四域，封步界畔。道路将军，整齐阡陌。千秋万岁，地下佰鬼，不得侵夺。有知见人：岁主吏，自当其契，然后存亡。急急如女青律令。①

　　F3 型地券是基本依据《地理新书》中的蓝本，制作的买地券其内容和文献中的记载基本一致。可以归入这一类的买地券共 26 块，其中江西出土 9 块，河南出土 4 块，湖北和甘肃各出土 3 块，四川出土 2 块，陕西、山西、广西、江苏与福建各出土 1 块②；以孙大郎地券为代表，其内容如下：

　　维大宋岁次戊子大观二年十月初三日殁故孙大郎卒，以次年十一月二十日苤葬，龟筮协从，相比袭吉，宜于抚州金镱县归政乡周坊源鹧鸪岭安厝宅兆。谨用钱九万九千九百九十九贯文，兼五彩信币，买地一段，东西一百步，南北一百步，东至青龙，西至白虎，南至朱雀，北至真武。内方勾陈，分掌四域，丘丞墓伯，分步界畔，道路将军，齐整阡陌，千秋万岁，永无殃咎。若辄干犯诃禁者，将军亭长收复河伯。今以牲牢酒饭，百味香新，共为信契，财地交相分付，工匠修营安厝，已后永保休吉。知见人，岁月主；保人：今日直符。故气邪精，不得忏怪，先有居

---

　　①　详见附录四川 15。
　　②　江西出土的有：胡三郎地券、孙大郎地券、徐氏地券、刘三十八郎地券、秦秘校地券、朱济南地券、李氏地券、吴氏地券与黄氏地券；河南出土的有：钱择地券、张外翁外婆地券、董贵地券与赵通地券；湖北出土的有：张氏二娘地券、杜氏一娘地券与蒋氏孺人地券；甘肃出土的有：郭氏地券、曹铁驴地券与缺名地券；四川出土的有：杜光世地券与宋京地券；山西出土的有郭裕地券；广西出土的有：易氏五娘地券；陕西出土的有：潘顺地券；福建出土的有：蔡氏地券；江苏出土的有：张氏地券。

者，永避万里。若违此约，地府主吏自当其祸，主人存亡悉皆安吉。急急如太上律令。①

F4 型地券是目前所见结构复杂的买地券，它不仅涉及上面提到的 8 个功能项，还加入了取信于神的内容，并且有些功能项如不扰亡人，在地券中以不同的形式反复出现。值得注意的是，这种买地券相对于其他地券在表达上要典雅得多，显示出使用者具备较高的文化水平。可以归入这一类的买地券共 5 块，皆出土于江西②，以周必大地券为代表，其内容如下：

> 青乌子曰：按鬼律云，葬不斩草买地立券，谓之盗葬。乃作券文曰：维皇宋嘉泰四年岁在甲子十一月己未朔十四日壬申吉，孤哀子周纶，伏为先考少傅大观文益国公赠太师，生于靖康丙午七月十五日，薨于今年十月初一日。卜以是冬十二年丙申而安厝之。龟筮协从，厥州惟吉。维厥县庐陵乡曰儒林原曰斗岗，以西兊山甲卯向为之宅兆。谨以冥货极九阳之数，币帛依五方三色，就于后土阴官鬻地一区。东止青龙，西抵白虎，南极朱雀，北拒玄武。内方勾陈，分治五土。彼疆此界，有截其所。神禹所步，竖亥所度。丘丞墓伯，禁切呵护。驱彼冈象，投畀凶虎。弗迷兽异，莫予敢侮。千龄亿年，永无灾苦。敢有干犯，神弗置汝幽堂，亭长收付地下，主者必罚无赦。乃命子墨客卿为真真宅。天光下临，帝德上载。藏神合朔，神迎鬼避。涂车刍灵，是为器使。夔灵魑魅，莫能逢迍。妥亡佑存，妄有不祥。子子孙孙，克炽克昌。山灵地神，实闻此言。谓予不信，有如曒日。梅仙真时在旁知。急急如太上女青诏书律令。敕，急急如律令。敕，太上灵符，镇安幽宅；神魂有归，子孙永吉；邪精斥逐，蛇鼠徙迹。③

---

① 详见附录江西 12。
② 分别为：周必大地券、舒氏地券、曾氏太君地券、张重四地券与王百四地券。
③ 详见附录江西 32。

G 型地券主要指那些在功能上或行文上与一般地券不大相同的地券，几乎每一块异型地券都和其他地券在内容上存在着一定的区别。但是我们还是可以他们所强调内容的不同，将其分为三个亚型，G1型地券共发现 3 块，最大的特点是地券内容上带有很强的现世土地契约的特征。台湾金门出土的黄氏六十三娘地券就几乎重现了当时土地交易的情景①，而山西太原出土的陶美地券与王信父母地券则将现世中买地的价格和墓地真实的大小记录下来②。

G2 型地券共发现 3 块，最大的特点是在神明上和一般的买地券区别并不是很大，但是却会涉及一些独到的神灵。江西德兴出土张公地券云："何人裁衣，云中织女。谁为修棺，洛阳□师。"③ 云中织女和洛阳□师都只是在张公地券中才出现的神仙，而且《太平广记》和《夷坚志》等笔记小说中也没有发现它们的踪迹。极有可能是张公地券的制造者自己发明的神灵。而江西瑞昌出土的翟三郎地券中不仅出现了非常独特的神灵④，而且对于神灵的理解也不同于当时一般的看法。翟三郎地券中提到过"三灵、七耀、鹰鸟不得共相呼夺"。从文句上看三灵、七耀和鹰鸟都应当是恶神的代表。而一般的文献中提到的七耀就是日月和五星的合称⑤，很显然地券中的七耀应该不是这个意思。出现这种情况可能是由于制造者文化水平不高，误将平时接触过的神灵都写入地券中造成的。而和翟三郎同在瑞昌的李孺人齐氏地券中则提到："上按二十八宿之周旋，下三十八将之郓赌。"⑥ 二十八宿人们都很熟悉，可"下

---

①　黄氏六十三娘地券："情愿托徐家西北地主牙人，就张坚固、李定度请买。二面商量价值。冥财玖阡佰玖拾玖贯〔文〕、其钱系张坚固、李定度亲手领讫。其地并还黄氏六十三娘管占安葬。作为伍者所查、□系二比情愿，日后各无休悔。□□字乙本，还钱主收执为照者。"（详见附录台湾 1）

②　王信父母地券："立契买到地一亩二分。置围两座，各长十一步，各阔九步。准作价钱九贯文。"（详见附录山西一），陶美地券："买到阳曲县武台乡孟（盈）村百姓刘密地/二亩，准作价钱一十二贯伍佰文币陌。"（详见附录山西 2）

③　详见附录江西 15。

④　翟三郎地券："今将分付七十二贤，张子高、张坚固、李定度、合林君等。"（详见附录江西 49）其中七十二贤、张子高、合林君这几个神仙目前只是见于翟三郎地券中。

⑤　《经典释文》卷二十二《春秋谷梁音义》："七耀，日月五星，本又作曜。"［（唐）陆明德撰，黄焯断句：《经典释文》，中华书局 1983 年版，第 325 页。]

⑥　详见附录江西 40。

三十八将"就已经不在一般的神谱中，尤其让人不解的是"郓赌"应作何解。如果这不是当地的俗语，那么也一定是人们有意无意制造神灵的产物。

G3 型地券共发现两块，这一类型的地券在功能和一般的地券差异明显。最突出的代表是四川巴中出土的九天玄女地券，这块地券甚至不是为亡人准备的，而是为活人提前购买墓地而制作的[①]。在宋代的买地券中，目前只发现了这样一例活人为自己做的买地券。而四川简阳出土的邓荣仲地券则提到"灵骨归化，仙化成人"[②]，显现出了明显的尸解观念。买地券的使用者，应该都相信人死后要到坟墓中居住，否则就没有买地的必要。邓荣仲地券中地券的其他内容和一般的地券并无二致，可以表明地券制造者和使用者应该也是接受一般观念的。而当时升仙观念早已不再流行[③]，之所以还要在买地券中，特意加入升仙观念。我们认为主要是由于长期以来中国境内始终并存着多种不同思想来源的死后世界观念，普通人面对这种情况确无法作出准确的判断。出于保险起见，人们在丧葬活动中最好的选择就是尽可能地应对不同的死后世界。因此才会在买地券中加入升仙的理念。那些三教遗物共出的墓葬，也可能就是由于类似的目的而建造的。

通过上面的分类，我们可以发现，买地券文本虽然存在一种官方范本。不过在宋代丧葬礼仪的相关实践过程中，官方范本并没有成为绝对的主流。虽然使用这一类型的买地券的人数最多，分布也最为广泛；但是人们并不是被动地接受这种地券，他们往往根据自己的需要对它作了适当的简化和扩充，形成了我们见到的 F1、2、4 三种亚型地券。并且在不同的地区，人们往往会发展出符合自身需要的买地券类型，而官方类型的存在对他们并没有本质的影响。A、B、C、D、E 其他类型地券

---

① 嘉定十年（1217）九天玄女买地券："进士李潜，同妻室梦氏六娘，先于今年八月内，买到此丁山之下，寿堂基址二段。今以嘉定十年十二月初五日，下席兴工。切恐此地山神龙神曾未得知，地下百龟（鬼），妄生信亡，故立此券，以为永久之凭者。"（详见附录四川 61）

② 详见附录四川 69。

③ 鲍吾刚就指出在公元 1000 年以前，中国人所理解的理想世界主要在彼世，而 1000 年以后则转向尘世。参见鲍吾刚著，严蓓雯等译《中国人的幸福观》，江苏人民出版社 2004 年版。

的广泛使用正说明了这一点。甚至使用者本人也可能基于各种原因，制造出非常独特的地券，以满足个人的需求，我们发现的 G 型买地券就是这方面的代表。买地券的这种情况，提醒我们一种民间信仰可以在全国范围内广泛流传，并出现一种主流的表述模式。不过与此同时，这种信仰也会在各个不同的地方催生出不同的地方模式，甚至出现基于个人的独特模式。最值得的注意的是，在同一个地区大致相同的时段内，这三种模式完全可以同时并存，并且互不干扰。

第二章

角色考证

在第一章中笔者已经对买地券的基本内容作了简要的介绍，不过由于买地券是一种自汉代以来就一直被人们广为使用的明器。因此，在宋代买地券出现的各种角色，绝大部分都不是宋代才出现的，往往都有着复杂的渊源。本章即是对这些出现在买地券中不同角色的简要介绍。需要说明的是在介绍这些角色时，将采用系列图像[①]的方式，并不只是介绍他们在宋代买地券中的形象，而是将这些角色在不同时期和不同情境下的形象尽可能的展现清楚。只有这样，我们才可能了解它们在宋代买地券中形象的独特意义。

买地券中主要包括人、神、鬼三种角色，由于自身的特性以及买地券功能的限制，它们的形象有很大的差异。其中人的形象最为简单，我们虽然能从买地券中发现一个个具体的人，但是其个人经历的特质却从不表现出来。观察者只能通过有限的记载，去复原他们的部分社会身份。而神的形象则最为复杂，这主要是由于在买地券中神承担的任务最为繁多，所以不同领域的神灵就纷纷出现在买地券中。加之中国人对于神的态度一直是来者不拒[②]，因此在买地券中既有商周时期就出现的

[①]　系列图像指一个特定时空环境下，观察者所能见到的所有图像，或者是某一类图像在时代推移中所发生的变化。参见伯克（Peter Burke）《图像证史》，北京大学出版社 2008 年版，第 269 页。本书所指的系列图像，主要是指同一形象在不同时期的变化。

[②]　柳存仁在讨论五代到宋三清名称时曾戏言："恐怕我们的历史性的包袱真的很重，不同时代、不同来源、不同背景的偶像，只要是有人提过名字的，一个也舍不得扔下。我们和我们的神都生怕得罪人。"（柳存仁：《五代到南宋时期道教的斋醮》，《和风堂文集》，上海古籍出版社 1991 年版，第 768 页。）

各种神祇,也有在宋代才出现的一些地方性神灵。这就使买地券中的神灵形象更加驳杂。鬼作为买地券中的负面性存在,就像人们日常生活中人们对于负面人物的看法一样,有着强烈的脸谱化的倾向;在买地券中人们多是用泛指来指涉各种鬼怪,很少告诉我们他们具体的形象。下面我们就分别介绍在买地券中出现各种人、神、鬼的具体形象。

第一节　人

正如上文所述,买地券中人的形象最为简单,我们只能通过买地券去了解他们的社会身份。地券中主要揭示了人的以下三种社会身份:性别、社会阶层和年龄。下面我们就来分析一下[①],宋代买地券的使用者,在这三个方面所表现出的特质。

首先我们观察一下使用者的性别分布,目前我们发现的宋代买地券中共有 171 块地券透露了使用者的性别信息,涉及 185 位使用者(有些地券使用者不止一位,包括夫妻共同使用和祖先共同使用两种情况),其中包括 102 个男性,83 个女性,男性的数量比女性略多。但是不同区域的男女比差距比较大。其中河南地区买地券涉及的 17 位使用者中,男性竟然占了 14 个;福建地区买地券涉及的 5 位使用者,居然有 4 个是女性。不过在出土买地券最多的四川和江西地区,我们发现买地券使用者的性别之间差异并不大。江西地区的 49 位使用者中,男性有 29 位,女性有 20 位;而在四川地区的 66 位使用者中,有 35 位男性,31 位女性。这就使我们有理由怀疑,性别的地区差异可能只是基于考古发现偶然性的一种现象。一旦以后相关地区买地券发现的数量有所增加的话,相信两性在使用买地券之间会愈发趋近。

周密曾说过使用买地券是"村巫风俗如此,殊为可笑"[②]。意指买

---

① 以下的讨论和数据均据附录续表整理。
② 周密:《癸辛杂识》,第 277 页。

地券多为社会下层所用。通过分析买地券使用者的个人信息，我们基本认可了周密的判断。虽然买地券的使用者中出现过周必大这样显赫的官员，但是在买地券使用者中社会高阶层人士的比例非常之低。目前所见 185 个的买地券使用者中，有明确的社会地位的只有10 人。而这其中还包括 3 个低级官吏、两个秀才和 1 个太学生。这些人的社会地位也就仅仅比平民高一些罢了。而剩下的 175 人则是那些只能用郎和娘的名称来指代自己的普通的庶人。不过从墓葬的规格①和随葬品上看，买地券的使用者还不致划入贫民的阶层。由此，我们猜想买地券在宋代可能主要是一种"中产阶级"的用具吧。

　　由于地券内容的不同，有相当一部分地券中并没有提供使用者的死亡年龄。在我们观察的这 185 个使用者，我们只发现了其中 48 人的年龄，而且透露年龄的地券还多集中在江西、湖北地区。这就使我们分析的效度大大降低。尽管如此，现有买地券中揭示的死亡年龄信息，仍给我们带来了很多有益的启示。首先我们发现，使用买地券都是成人，目前所见使用者中年龄最小的是福建福州的黄氏，她去世时年仅 17 岁。按现在的说法还没有成年。不过在当时她已经嫁作人妇，是一个地地道道的成年人。其次，买地券使用者年龄普遍偏大，我们目前发现 40 岁以下的使用者只有 4 人，40 至 50 岁之间的使用者有 9人，50 至 60 岁之间的使用者有 11 人，60 岁到 70 岁之间的有 14 人，70 岁以上的有 10 人。60 岁以上去世的买地券的使用者占到了总数的一半强，70 岁以上去世的则占了几乎四分之一。其中年龄最大的江西清江李氏，在去世时已经有 86 岁的高龄。我们不能不佩服这些地券

---

　　①　由于种种原因，宋代墓葬在规格上差异不大。从目前对于南方地区宋墓的研究中可以发现，不同阶层在墓葬规格上区别并不是很大，有的富人的墓葬的规模甚至可以超过宗室，所以我们很难通过墓葬规格来直接判断墓主人的身份。不过，绝大部分富人和官员都不会采用土坑墓，主要采用的还是砖石室墓，这与买地券的出土情况基本类似，因此我们断定买地券使用者大部分应该不是贫民。关于南方地区的宋墓规格的讨论，可以参见吴敬《南方地区宋代墓葬的区域性及相关问题研究》，吉林大学博士学位论文，2008 年，第 180—186页。

使用者的高寿。可惜的是我们并不了解宋代人的预期寿命，也就无法判断买地券中所显现的高龄现象究竟是当时人生命状态的自然显现，还是人们更倾向于由老年人来使用地券。

通过对以上三个方面社会身份的考察，我们可以发现，宋代买地券中所表现出人的形象，就是一个普通的平民形象，不过这位平民可能略显老气。人们并没有因为要在买地券中去面对各种鬼神，而对他们的形象加以修饰。这显示出了他们那充分的自信。

第二节　神

正如上文所述，买地券中出现的神的数量众多，所承担的任务也各不相同。在此，我们依据神灵们在买地券中所担当的角色的不同[①]，将其分为4类，分别为：卖主、中间人、墓葬神仙和裁决人。下面分类加以说明。

一

买地券最主要的功能是从神灵手中获得土地，因此最重要的神明就是那些充当卖主的神仙。在宋代买地券中最常见的卖主，有皇天父[②]、后土母[③]、各种社神与社稷十二神等神祇，下面就分别予以说明。

---

　　①　有些神灵在不同的地券中会充当不同的角色，如西王母在有些地券中充当见证人的角色，在另一些地券中则充当卖主的角色。简洁起见，在本书中对每一个神灵只考证一次，这些承担不同功能的神灵只选取其常见的功能加以考证。

　　②　皇天父在宋代买地券中主要是作为后土母的陪衬出现，所以在本书中只考证后土母，而不考察皇天父。

　　③　由于买地券中后土母的出现，代表了中国土地信仰的重大转变。必须与宋代之前买地券进行，对比才能表现出它的特质。因此我们将关于后土的讨论在第五章第一节中展开，在此就不赘述。

社^①神

　　宋代买地券中多次提到各种社神，包括邑社主^②、社邑主^③、社稷主^④、社公^⑤、社郎^⑥等。这些神明都和中国古代有关社的崇拜和基层社会组织有关，下面就根据他们的意义不同，分别加以简要的考证。

　　1. 邑社主

　　社邑^⑦或邑社一般指的是中国唐代以来出现的一种基层组织形式，它和先秦以来的社有密不可分的关系。相对于之前具有官方色彩的里社，社邑主要承继先秦以来私社的传统^⑧。社邑一般具有两种类型，一种是和各种佛教活动有关的社团，另一种则是人们基于日常经济和生活目的结成互助社团，其中主要的互助行为就是帮助成员举行各种丧葬活动。据传王梵志所书的《遥看世间人》一诗中即语："遥看世间人，村

　　① 中国古代的社一般有两种含义，一是作为土地崇拜的社，一是作为基层社会组织的社。这两种社的演变都异常复杂，限于能力和篇幅，本书只讨论和宋代买地券相关的社的诸种含义。有关社详细的论说可以参看陈梦家《高谋郊社祖庙通考》，《清华学报》1937年第12卷3期；凌纯声《中国古代社之源流》，《民族学研究所集刊》1964年第17期；宁可《述"社邑"》，《北京师范学院学报》1985年第1期；杜正乾《中国古代土地信仰研究》，四川大学博士论文，2005年等文。

　　② 如淳熙十五年（1188）曾三十七地券就提到："就于皇天父邑社主边，买得艮山，行龙震山落穴作庚向阴地一穴。"，详见附录江西22。

　　③ 如庆元三年（1197）姚晖地券即云："备致钱禾五绿利仪镇信就于本县东新乐乡五十五都地名长塘岗之源，皇天后地社邑主边，收买南山癸向兼子阴地一穴，将充宅北。"详见附录江西25。

　　④ 如淳祐十二年（1252）查曾九地券即曰："殁故查公曾九朝奉，用钱九万九千九百九十九贯九百九十九文，就皇天父台土母社稷主立契。"详见附录江西42。

　　⑤ 如嘉祐三年（1058）曹十四娘地券就提到："谨求山王、里社、社公、土地、篙芋一人，老亡人谨将钱银三万三千三佰九十九贯九文九分，将买黄龙崖地一坟。"详见附录江西5。

　　⑥ 如元祐元年（1086）赵荣地券即提到："今对皇天父、后土母，社郎等，今用大（钱）九万九千九佰九十九贯九十九文，买得此处墓地一段。"详见附录河南4。

　　⑦ 有关社邑性质及其功能的论述，本书主要参考宁可与谢和耐的观点。（宁可上揭文，谢和耐著、耿昇译《中国五—十世纪的寺院经济》，甘肃人民出版社1987年版，第311—333页。）国内外有关社邑及社邑文书的研究很多，简要概述可以参加郝春文《敦煌写本社邑文书研究述评（1938—2006）》，《二十世纪的敦煌学》，上海古籍出版社2006年版。

　　⑧ 关于先秦自秦汉私社情况的介绍，可以参见杨华《战国秦汉时期的里社与私社》，《天津师范大学学报》2006年第1期。

坊安社邑，一家有死生，合村相就泣。"①

不过买地券中提及的社邑，应该不是指各种私社，而是指人们居住的里社。当时有些村庄就直接以某某社为名②，而在买地券中也多用社来表示村级行政单位，如景定二年（1261）吴氏地券即云："江州瑞昌县金城乡三村社接泥中保。"③ 而且从买地券的内容上看，社邑主或者是邑社主还是充当土地卖方的角色。能够拥有土地产权的那自然只能是当地一般的行政单位，而不大可能是各种民众自发结成的私社，那么社邑主应该就是指当地一般的土地神。

2. 社公

社公最初是普通人对于社神的一种称呼，许慎著的《五经异义》中就提到"谨按《春秋》称公社，今人谓社神为社公"④。东汉时，社公就被人们视为很小的神仙，当时著名的术士费长房就被认为可以控制社公⑤。至迟到六朝时，人们就开始相信特定人死后可能会成为社公，《幽明录》中就提到一般道士死后会成为社公⑥。当时人们相信，社公的职能主要是处理和社有关的事情。如果触犯社或者是砍伐社树，就需要召请社公以求原谅及许可⑦。当时人已经为社公营建家庭，《幽明录》

---

① （唐）王梵志著，项楚校注：《王梵志诗校注》，上海古籍出版社 1991 年版，第 11 页。

② 宁可：《述"社邑"》，第 15 页；梁建国：《宋代乡村区划研究》，河南大学硕士论文，2004 年，第 45 页。

③ 详见附录江西 47。

④ （汉）郑玄：《驳五经异议》，《四库全书》第 182 册，第 305 页。

⑤ 《后汉书》卷八十二下《方术列传下》："遂能医疗众病，鞭笞百鬼及驱使社公。"[（南朝宋）范晔：《后汉书》，中华书局 1965 年版，第 2744 页。]

⑥ 《幽明录》："许攸梦乌衣吏奉漆案，案上有六封文书。拜跪曰：'府君当为北斗君，明年七月。'复有一案，四封文书云：'陈康为主簿。'觉后，康至，曰：'今来当谒。'攸闻益惧，问康曰：'我作道师死，不过作社公。今日得北斗，主簿余为忝矣！'明年七月，二人同日而死。"[（南朝宋）刘义庆：《幽明录》，《汉魏六朝笔记小说观》，上海古籍出版社 1999 年版，第 729—730 页。]《搜神记》所载胡母班故事中也提到，泰山府君让其死去的父亲去做社公。[（晋）干宝撰，李剑国辑校：《新辑搜神记》，中华书局 2007 年版，第 99 页。]

⑦ 《无上秘要》卷二十五《三皇天文大字》："第二一十八字召社公，若家有犯社者、若他家有（犯）社者、若欲移社树、若伐社树，此法着纸上西向。须臾，社公来救之，即吉。"（《道藏》第 25 册，上海书店、文物出版社、天津古籍出版社 1994 年版，第 74 页。）

中即提到社公的儿子社郎为妹妹做媒的故事①。虽然已经是儿女双全，但是这个时期文献中，并没有直接涉及社公的配偶。不过到了宋代就出现了社母的说法②，而且当时对地方上土地神进行册封时，也要给予他的配偶以封号。比如著名的皮场土地，他的妻子就被封为"灵婉嘉德夫人"③。从上面对社公和社郎的考证中，我们可以发现他们一直是被人们当作一般的土地神来看待，并没有特别的敬重。

3. 社稷主

社稷主在文献中一般指国君，《老子》中即提到："故圣人云：'受国之垢是谓社稷主；受国不详，是谓天下王。'"④《韩非子》中也说："令荆人得收亡国，聚散民，立社稷主，置宗庙，令率天下西面以与秦为难。"⑤ 这种用法一直延续到后世，到了唐代宋璟就用真社稷主来指称玄宗⑥，为其接掌天下声辩。买地券中提到的社稷主显然不是这种意思，通过和其他地券的比较，我们可以判定社稷主应该和社公、社邑主一样指的是基层社会中的社神。地券中写作社稷主可能与书写者文化程度不高有关。

值得注意的是，目前发现的宋之前买地券中没有出现过任何与社有关的神灵，而在宋代买地券中社神的表现形式却如此多种多样。这并不

---

① 《幽明录》："甄冲，字叔让，中山人，为云社令，来至惠怀县。忽有一人来通云：'社郎须臾便至。'年少，容貌美净。既坐，寒温云：'大人见使，贪慕高援，欲以妹与君婚，故来宣此意。'甄愕然曰：'仆长大，且已有家，何缘此理？'社郎复云：'仆妹年少，且令色少双，必欲得佳对，云何见拒？'甄曰：'仆老翁，见有妇，岂容违越？'相与反覆数过，甄殊无动意。社郎有恚色，云：'大人当自来，恐不得违尔。'既去，便见两岸上有人，著帻，捉马鞭，罗列相随，行从甚多。社公寻至。"（刘义庆：《幽明录》，第 730 页。）

② 《岁时广记》卷十四《降社雨》："社公社母不食旧水，故社日必有雨，谓之社翁雨。陆龟蒙诗云：几点社翁雨，一番花信风。又云社日雨，社公以之沐发。"（〔宋〕陈元靓：《岁时广记》，丛书集成初编本。）

③ 《梦粱录》卷十四《东都随朝祠》："神在东京显仁坊，名曰皮场土地祠。政和年间赐庙额，封王爵。中兴，随朝至杭，累加号曰明灵昭惠慈佑王，神纪封：'灵婉嘉德夫人'、'灵淑嘉靖夫人'。"〔（宋）吴自牧：《梦粱录》，浙江人民出版社 1980 年版，第 129—130 页。〕

④ 朱谦之撰：《老子校释》，中华书局 1984 年版，第 302 页。

⑤ （清）王先慎撰，钟哲点校：《韩非子集解》，中华书局 1998 年版，第 6 页。

⑥ 《大唐新语》："宋璟昌言曰：'太子有大功于天下，真社稷主，安敢妄有异议！'"〔（唐）刘肃：《大唐新语》，《唐五代笔记小说大观》，上海古籍出版社 2000 年版，第 214 页。〕

表明当时人们对社的崇拜有所加强①，而可能和当时土地信仰的转变有关，人们越来越强调积极的土地崇拜②，作为和日常生活紧密相连的各个地方性的土地神，自然也会受到人们的青睐。

社稷十二神

宋代买地券中提到过在社稷十二神处买地③。社稷的意义我们都十分清楚，可十二神为何，还需要做进一步的考察。中国古代以 12 为"天之大数"④，在礼制上一般以 12 为最，人们也普遍认为 12 是一个神圣数字⑤，因此中国有众多以 12 为名的神灵。笔者就发现有 4 种来历不同的十二神，下面分别加以介绍。

1. 十二生肖

最为人所知的十二神，应为十二生肖。文献中最早关于十二生肖的记载见于《论衡》⑥，其中所提及的十二生肖，已经和今天所见的完全一致。清代学者赵翼就依据《论衡》中的记载，认为十二生肖起源于东汉⑦。民国以来，一些西方学者则认为十二生肖与古巴比伦的黄道十二宫有关，是巴比伦的天文知识经由印度传到中国所致⑧。不过随着睡虎

---

① 宋代以来民间对社的祭祀和崇拜，已经和之前对社崇拜有很大区别，当时人更重视社的娱乐作用。关于宋代在社举行的各种娱乐和酬神活动的详细情况，可以参见皮庆生《"祠赛社会"——以祠神信仰为中心的宗教集会》，《宋代祠神信仰研究》，上海古籍出版社 2008 年版。

② 关于中国土地信仰的转变详细的介绍，请参见第五章第一节的相关内容。

③ 宣和六年（1124）黄念（廿）四地券即云："就□皇天父、后土母、社稷十二神，购得墓□□所，周流一顷。"详见附录四川 33。

④ 《左传·哀公七年》："周之王也，制礼，上物不过十二，以为天之大数也。"（杨伯峻编著：《春秋左传注》，中华书局 1990 年版，第 1641 页。）

⑤ 有关中国古代人对十二这个数字看法的详细论说，可以参见张政烺《"十又二公"及其相关问题》，《张政烺文史论集》，中华书局 2004 年，第 796—802 页。

⑥ 《论衡·物势》："寅，木也，其禽虎也。戌，土也，其禽犬也。丑、未，亦土也，丑禽牛，未禽羊也。""亥，水也，其禽豕也。巳，火也，其禽蛇也。子亦水也，其禽鼠也。午亦火也，其禽马也。"（黄晖撰：《论衡校释》，中华书局 1990 年版，第 148 页）；《论衡·言毒》："辰为龙，巳为蛇，辰、巳之位在东南。"（黄晖撰：《论衡校释》，第 957 页。）

⑦ （清）赵翼：《陔余丛考》，中华书局 1963 年版，第 728—729 页。

⑧ 西方关于十二生肖观点的详细论说，可以参看林梅村《漫话十二生肖（上）》，《瞭望》1990 年第 34 期。关于中国古代天文学和域外天文学的复杂关系，可以参见江晓原《天学真原》，辽宁教育出版社 2007 年版，第 227—315 页。

地和放马滩两地秦简《日书》的出土，我们可以将十二生肖在中国出现的年代，至少提前到战国末年。不过《日书》中的十二生肖是用来记日并和取名有关①，与后世的用法并不相同。并且日书中生肖的名称也和后来的十二生肖有一定的区别，详细的差别请参看下表：

日书生肖与十二生肖对照表②

地支	子	丑	寅	卯	辰	巳	午	未	申	酉	戌	亥
十二生肖	鼠	牛	虎	羊	龙	蛇	马	羊	猴	鸡	狗	猪
放马滩秦简	鼠	牛	虎	羊	虫	鸡	马	羊	猴	鸡	犬	豕
睡虎地秦简	鼠	牛	虎	羊		虫	鹿	马	环	水	老羊	豕

至迟到南北朝时期，十二生肖已被视为人们的属相，《周书》卷十一《宇文护传》中载有宇文护的母亲写给他的一封信，其中即提到："昔在武川镇生汝兄弟，大者属鼠，次者属兔，汝身属蛇。"③ 到了唐代，十二生肖除了作为人的属相外，还被视作家神。《太平广记》中就记载了这样的一个故事：

> 唐太宗以美人赐赵国公长孙无忌，有殊宠。忽遇狐媚。其狐自称王八。身长八尺余，恒在美人所。美人见无忌，辄持长刀研刺。太宗闻其事，诏诸术士。前后数四，不能却。后术者言："相州崔参军能愈此疾。"始崔在州，恒谓其像云："诏书见召，不日当至。"数日敕至，崔便上道。王八悲泣，谓美人曰："崔参军不久将至，为之奈何？"其发后止宿之处，辄具以白。及崔将达京师，狐便遁

　① 有关《日书》中生肖性质的详细讨论，参见李零《中国方术考》，东方出版社 2000 年版，第 216—228 页。

　② 参见刘国忠《试论十二生肖与三十六禽》，《清华大学学报》1999 年第 1 期，第 13 页，并修改其中的错误。表名为笔者所加，并将云梦秦简改称为睡虎地秦简。

　③ （唐）令狐德棻等：《周书》，中华书局 1971 年版，第 169—170 页。

去。既至,敕诣无忌家。时太宗亦幸其第。崔设案几,坐书一符。
太宗与无忌俱在其后。顷之,宅内井、灶、门、厕、十二辰等数十
辈,或长或短,状貌奇怪,悉至庭下。崔呵曰:"诸君等为贵官家
神,职任不小,何故令媚狐入宅?"神等前白云:"是天狐,力不能
制,非受赂也。"崔令捉狐去。少顷复来,各著刀箭,云:"适已苦
战被伤,终不可得。"言毕散去。①

　　在这样的一个人妖争斗故事中,十二辰(十二生肖)与灶神等神明
一起被视为家神,并承担着保护家宅的任务,可惜的是故事中这些家神
既不能防止妖狐作祟,面对法力高强的术士也只能唯诺从事。可见当时
人并不把它们视为强力的神祇,不过由于它们担负着守护家宅的责任,
因此在作为阴宅的墓葬中可以经常见到他们的身影。

　　目前发现墓葬中最早的十二生肖形象,是山西太原北齐武平元年
(570)娄叡墓墓室上栏所绘的十二生肖动物图②。在北朝的其他墓葬
中,我们也发现了生肖俑和生肖铜镜。不过在北朝时期,墓葬中的生肖
形象还不是非常常见,分布的地域范围也比较狭窄,仅见于晋、鲁、豫
地区。而到了唐代,墓葬中的十二生肖形象得到了极大的发展。十二生
肖形象几乎已经遍布全国,表现的形式也多种多样。并且墓葬中十二生
肖形象,这时也被正式纳入国家的礼制中。《唐会要》卷三十八《葬》
载:"(元和)六年十二月,条流文武官及庶人丧葬,三品以上明器九十
事,四神、十二时在内。"③ 其中的"十二时",应该就是指十二生肖
俑。五代④和宋⑤均承唐制,要求品官在墓葬中随葬十二生肖俑,我们

　　① (宋)李昉等编:《太平广记》,中华书局1961年版,第3657页。
　　② 山西考古研究所、太原市文物管理委员会:《太原市北齐娄睿墓发掘简报》,《文物》
1983年第10期。
　　③ (宋)王溥撰:《唐会要》卷三十八《葬》,中华书局1955年版,第813页。
　　④ 《五代会要·丧葬》:"五品至六品升朝官","明器三十事,四神、十二时在内。""七
品八品升朝官","明器二十事,以瓦木为之,四神、十二时在内"。[(宋)王溥编:《五代会
要》,上海古籍出版社1978年版,第142—143页。]
　　⑤ 《宋史》卷一百二十四《礼志二十七·凶礼三》:"入坟有当圹、当野、祖思、祖明、
地轴、十二时神、志石、券石、铁券各一。"[(元)脱脱:《宋史》,中华书局1977年版,第
2910页。]

在当时的墓葬中也多有发现①。可见在唐宋时期，十二生肖在丧葬中还是有其独特地位的。

2. 傩戏十二兽②

傩是中国古代驱鬼的仪式，早期的傩只是使用方相氏驱鬼。而到了汉代宫廷的傩仪增加了甲作、胇胃、雄伯、腾简、揽诸、伯奇、强梁、祖明、委随、错断、穷奇、腾根十二兽③与方相氏一起驱鬼。十二兽在傩仪中一直延续到宋代④，之后随着蒙元入主中国，官方的傩仪就停止了。虽然在民间还有施行，但是依据现有材料我们很难判断，民间举行的傩戏中是否还有十二兽的存在。不过据张政烺的考证，十二兽在宋代的丧礼中就已经演变成12个手持武器的白衣女郎。明代人更是据此制造了杨家将中12寡妇征西的故事⑤。

3. 式盘十二神与十二将

式是中国古代用来占验时日的工具⑥，式有很多种类，包括九宫、太一、遁甲和六壬等类别。其中最常见的是六壬式，其上往往使用十二

_____

① 有关十二生肖考古材料的基本情况及其演变特点，可以参见唐静《考古材料中十二生肖形象的类型与演变》，吉林大学硕士学位论文，2007 年。

② 张政烺和林梅村皆认为，傩仪中的十二兽就是十二生肖。（张政烺：《"十二寡妇征西"及其相关问题：〈柳如是别传〉下册题记》，《张政烺文史论集》，中华书局 2004 年版，第 773 页；林梅村：《漫话十二生肖（下）》，《瞭望》1990 年第 35 期，第 36 页。）对此，笔者有不同的看法。因为傩戏十二兽不论从名称上看还是从功能上看，都很难和十二生肖等同起来。故此在本书中将它们分开讨论。

③ 《后汉书·礼仪志》："先腊一日，大傩，谓之逐疫。其仪：选中黄门子弟年十岁以上、十二以下，百二十人为侲子。皆赤帻皂制，执大鼗。方相氏黄金四目，蒙熊皮，玄衣朱裳，执戈扬盾。十二兽有衣毛角。中黄门行之，冗从仆射将之，以逐恶鬼于禁中。夜漏上水，朝臣会，侍中、尚书、御史、谒者、虎贲、羽林郎将执事，皆赤帻陛卫，乘舆御前殿。黄门令奏曰：'侲子备，请逐疫。'于是中黄门倡，侲子和，曰：'甲作食歹凶，胇胃食虎，雄伯食魅，腾简食不详，揽诸食咎，伯奇食梦，强梁、祖明共食磔死寄生，委随食观，错断食巨、穷奇、腾根共食盅。凡使十二神追恶凶，赫女躯，拉女干，节解女肉，抽女肺肠。女不急去，后者为粮！'"（范晔：《后汉书》，第 3127—3128 页。）

④ 从汉代到宋代傩仪发展的概要性论述，参见孙作云《中国傩戏史》，《孙作云文集第四卷：美术考古与民俗研究》，河南大学出版社 2003 年版，第 380—401 页。

⑤ 张政烺：《"十二寡妇征西"及其相关问题：〈柳如是别传〉下册题记》，《张政烺文史论集》，中华书局 2004 年版。

⑥ 关于式的详细论述可以参见李零《式与中国宇宙模式》，《中国方术考》，东方出版社 2000 年版，第 89—176 页。

神或十二将来表示时间。十二神包括：神后、大吉、功曹、大冲、天刚、太一、胜先、小吉、传送、从魁、河魁、徵明①，表示月建；十二将包括：天一、腾蛇、朱雀、六合、勾陈、青龙、天后、太阴、玄武、太常、白虎、天空②，表示行年③。目前发现最早的实物式是安徽阜阳双古堆汉墓出土的漆木式④，是西汉文帝时遗物。不过据学者的考证⑤，式发明和使用的年代可能远远早于西汉，从安徽凌家滩新石器时代墓葬出土的玉片⑥看，甚至可以将式观念的渊源追溯到新石器时代。既然式出现的年代可能如此之早，式上十二神出现的年代也不会很晚，目前确认最早和六壬十二神相关的材料是战国时期楚帛书上的十二神⑦。

　　六壬十二神至迟在汉代就已经出现，《汉书·艺文志》中提到五行家的著作中就有："《转位十二神》"⑧，这里的转位十二神，很可能就是六壬十二神。当时其他文献中也明确地提及了十二神和十二将。《论衡·难岁》中即云："或（式）上十二神，登明、从魁之辈，工伎家谓

---

　　①　《五行大义》卷五《论诸神》："六壬所使十二神者，神后主子，水神；大吉主丑，土神；功曹主寅，木神；大〔冲〕主卯，木神；天刚主辰，土神；太一主巳，火神。胜先主午，火神；小吉主未，土神；传送主申，金神；从魁主酉，金神；河魁主戌，土神；〔徵〕明主亥，水神。"〔（隋）萧吉著，钱杭点校：《五行大义》，上海书店出版社 2001 年版，第 121 页。〕本书所征引的各种文献中出现的各种符号，除非特别说明，均按照原文直录。

　　②　《五行大义》卷五《论诸神》："又十二将者，天一土将，前一〔腾〕蛇火将，前二朱雀火将，前三六合木将，前四勾陈土将，前五青龙木将，后一天后水将，后二太阴金将，后三玄武水将，后四太常土将，后五白虎金将，后六天空土将。"（萧吉：《五行大义》，第 122 页。）

　　③　十二神和十二将功能的详细解说参见李零《中国方术考》，第 123—125 页。

　　④　安徽省文物工作队、阜阳地区博物馆、阜阳县文化局：《阜阳双古堆西汉汝阴侯墓发掘简报》，《文物》1978 年第 8 期。

　　⑤　关于汉代之前式使用的情况与相关观念的起源，请参见李零《中国方术考》，第 110—112 页。

　　⑥　安徽省文物考古研究所：《安徽含山凌家滩新石器时代墓地发掘简报》，《文物》1989 年第 4 期；陈久金、张敬国：《含山出土玉片图形试考》，《文物》1989 年第 4 期。

　　⑦　李学勤和李零都认为，楚帛书上的十二神可能与六壬十二神有关。（李学勤：《再论帛书十二神》，《湖南考古辑刊》第 4 辑，岳麓书社 1987 年版；李零：《中国方术考》，第 190—196 页。）安志敏与陈公柔则认为帛书十二神与"大傩"的十二兽有关。他们之所以这样认为主要是因为将帛书视为保护死者的巫术性随葬品。（安志敏、陈公柔：《长沙战国缯书及其有关问题》，《文物》1963 年第 9 期，第 57—58 页。）而学界现在一般都认为，楚帛书与古代月令一类的文献近似，故本书从李学勤与李零的观点。

　　⑧　（汉）班固：《汉书》，中华书局 1962 年版，第 1768 页。

之皆天神也，常立子、丑之位，俱有冲抵之气。"① 《淮南子·天文训》也提到："凡徙诸神，朱鸟在太阴前一，勾陈在后三，玄武在前五，白虎在后六。"② 虽然这些文献中提到十二将的名称和位置与后来文献中的记载有所不同，但是两者之间还是存在明显的承继关系。除文献记载外，在汉代墓葬中还出土过六壬式的实物③。到了隋代，随着《五行大义》这种权威性著作的出现，六壬十二神和十二将的名称就正式地确定下来，之后就没有特别的改变。

4. 宅中十二神

《论衡》中除了提到十二生肖和式盘十二神外，还提及当时人相信在住宅中有 12 位主神，青龙、白虎都在其中④。不过这种思想，相对于上两种思想影响要小得多，目前笔者只是在《论衡》中发现了这种思想，其他的文献中皆不见记载。其衰落的原因，还有待进一步的考察。

从上文的考证中，我们可以发现文献中提到的十二神都没有和社稷发生联系的记载，因此社稷十二神究竟指哪 12 位神仙，从文献上很难确定，幸而贵州出土的李八娘地券中提到"在于皇天父、后土绩土岗地骨、社稷十二时辰边贴买到吉穴二所"⑤。据此我们可以断定社稷十二神就是指十二生肖。可惜的是从目前的材料中，我们还不知道十二生肖究竟是如何与社稷联系在一起。

宋代之前的买地券也屡有提及十二神，不过并不是充当卖主的角色。目前所见最早提及十二神的地券，是长沙出土的刘宋元嘉十年（433）的徐副地券。其中提到："宋元嘉十年太岁癸酉十一月丙申朔廿七日壬戌辰时。新出太上老君符敕：天一地二，孟仲四季，黄神后土，土皇土祖，土营土府，土文土武，土墓上、墓下、墓右、墓中央

---

① 黄晖：《论衡校释》，第 1021—1023 页。

② 刘文典撰，冯逸、乔华点校：《淮南鸿烈集解》，中华书局 1997 年版，第 121 页。

③ 关于考古发现式盘的详细介绍，可以参见严敦杰《式盘综述》，《考古学报》1985 年第 4 期。

④ 《论衡·解除》："且夫所除，宅中客鬼也。宅中主神有十二焉，青龙、白虎列十二位。"（黄晖：《论衡校释》，第 1043 页。）

⑤ 详见附录贵州 2。

五墓主者，丘丞墓伯，冢中二千石，左右冢侯，丘墓史掾，营土将军，土中督邮，安都丞，武夷王，道上游逻将军，道左将军，道右将军，三道将军，蒿里父老，都集伯仗，营域亭部，墓门亭长，天罡、太一、登明、功曹、传送随斗十二神等。"① 其中的十二神是作为墓葬神仙的一种出现的，而且这里的十二神是六壬十二神，与十二生肖并无关联。其他六朝买地券中出现的十二神也和徐副地券中情况基本一致，直到五代后期的买地券才出现了宋代买地券意义中的十二神②。究竟是何种因素导致了买地券中十二神的变化，还有待我们进一步的考察。

通过以上的分析和第五章中的相关讨论，可以发现在宋代买地券中充当卖主的神灵，主要还是那些代表土地信仰的神灵，而且都可以被视为属于民间信仰的神灵。买地券最基本的特征人神之间的土地买卖，并没有发生改变。所不同的是人们对于各种土地神灵的理解，随着时代的发展产生了一定的变化，宋代买地券中出现的各种土地神灵相对于之前买地券出现的土公、土伯要和蔼可亲的多③。

二

契约在订立的过程中一般不会只有定契双方的参与，通常还需要第三方的加入，充当中间人④的角色，确保契约得以顺利执行。一般的中间人在契约的签订过程中主要履行两个责任：一是由他们书写契约，一是作为保人、见人来保证契约的公正和施行的顺利。买地券作为人神之间的契约，自然也不例外。除了买卖双方的人神之外，也需要其他力量的介入。而能够为人神之间的交易作证的，从理论上讲也只能是神灵。

<hr>

① 王育成：《徐副地券中天师道史料考释》，《考古》1993年第6期，第572页。

② 四川蒲江县出土的后蜀广政二十五年（962）李才买地券提到："就于黄天父、伯土母、十二神边买得前件墓田，周流一顷。"（龙腾、李平：《蒲江发现后蜀李才和北宋魏晋买地券》，《四川文物》1990年第2期，第43页。）

③ 关于土地神灵形象的转变，请参见第五章第一节的相关论述。

④ 本书所指的中间人包括地券中涉及的保人、见人和书契人等。之所以不作详细的区分，主要是考虑到这些角色的作用虽略有不同，不过都是作为第三方来监督契约执行。并且充当这些角色的神祇，往往都是可以互换的，在甲地券中充当保人的神明，在乙地券中也许就会充当书契人。为论述的方便起见也不适宜作详细的区分。

在宋代买地券中充当中间人的神灵很多，一般两两共同出现，主要有东王公、西王母；岁月主、今日直符；张坚固、李定度和梅仙真等。下面我们分别加以介绍。

西王母

西王母和东王公①是地券中最早充当中间人的神灵，早在三国时期的地券中他们就开始扮演这样的角色②。而六朝时期其他买地券中，也多以他们为中间人③。到了唐五代时期的买地券中东王公和西王母也继续充当这样的角色④，不过在这一时期，他们已没有张坚固、李定度以及岁月主、今日直符这样的中间人常见。宋代买地券中的西王母也主要是以过去的身份出现，目前所见的买地券中有 14 块以他们为中间人⑤。西王

---

① 由于东王公是为了与西王母匹配而在东汉时期被人们制造出来的神祇，因此我们在本书只考证西王母，不再专门考证东王公。

② 吴黄武六年（227）郑丑买地券即云："知者东王公、西王母。"（程欣人：《武汉出土的两块东吴铅券释文》，《考古》1965 年第 10 期，第 529 页。）

③ 六朝时期以西王母为中间人的买地券还有吴永安五年（262）彭卢买地券、西晋永康元年（300）李达买地券、东晋咸康四年（338）朱曼妻薛氏买地券、东晋泰和元年（366）冯庆买地券、刘宋元嘉九年（432）王佛女买地券。（据鲁西奇《六朝买地券概况》，《六朝买地券丛考》，《文史》2006 年第 2 辑，第 153—154 页整理。）除了充当保人外，西王母还在六朝买地券中以卖地者身份出现过，不过只是在南昌出土的吴黄武四年（225）浩宗买地券充当过这个角色，其中提到："从东王公、西王母，买南昌东郭一丘。"（池田温：《中国历代墓券略考》，《东洋文化研究所纪要》第 86 号，1981 年，第 224 页。）

④ 目前发现的隋唐五代以西王母为中间人的买地券有唐开成二年（837）姚仲然买地券、唐咸通二年（861）王楚中买地券、后蜀广政二十五年（962）李才买地券。西王母充当卖地者的则有十国吴大和三年（931）李赞买地券（据鲁西奇《隋唐五代买地券概况》，《隋唐五代买地券丛考》，《文史》2007 年第 2 辑，第 154—158 页整理。）

⑤ 宋代买地券中以西王母为中间人的有以下这些：政和八年（1118）吴谨买地券（详见附录江西 14）、庆元五年（1199）彭氏念一娘买地券（详见附录江西 29）、开宝四年（971）魏训买地券（详见附录四川 1）、元丰三年（1080）程文贤买地券（详见附录四川 14）、宣和五年（1123）孟氏三娘子买地券（详见附录四川 32）、宣和六年（1124）黄念（廿）四郎买地券（详见附录四川 33）、宣和六年（1124）闾氏十八娘买地券（详见附录四川 34）、宝庆元年（1226）陈氏中娘买地券（详见附录四川 66）、崇宁二年（1103）张氏二娘买地券（详见附录湖北 9）、绍定六年（1233）陈氏二孺人买地券（详见附录江苏 7）、天圣二年（1024）杨知璠买地券（详见附录甘肃 1）、庆历四年（1044）王典买地券（详见附录河南 1）、失纪年不知名买地券（详见附录河南 14）、绍兴九年（1139）朱进买地券（详见附录陕西 2）、失纪年黎氏二买地券（详见附录贵州 3）。以上据本书附录整理。

母之所以能够在这么长的时间内在一直充当中间人的角色，和她自身具有一些特性有关，下面就简要地说明一下，西王母在中国古代的演变情况。

西王母是我国古代最早出现的神灵之一①，卜辞中即有"西母"之语，陈梦家即认为"西母"是西王母的前身②。不过目前还没有足够的证据能确认这个推论③。目前所见的最早的关于西王母形象的文献记载是在《山海经》中，说她生活在昆仑山附近，是一个带有豹尾虎齿的人形怪物④。虽然西王母居住在极西之地的昆仑山，但是依照战国秦汉时期文献的记载，中原的帝王曾经和她多次会面。最有名的当属周穆王，《竹书纪年》载："穆王十七年，王西征昆仑丘，见西王母，其年西王母来朝，宾于朝宫。"⑤ 而《穆天子传》中则比较详尽地描绘了他们相见时的情景。其中提到："西王母又为天子吟曰：'徂彼西土，爰居其野。虎豹为群，于鹊与处。嘉命不迁，我惟帝女。彼何世民，又将去子。吹笙鼓簧，中心翱翔。世民之子，惟天之望。'"⑥ 既然已经是"帝女"，这时西王母的形象应该已和常人没有太大的区别⑦。除了周穆王外，依

---

① 在古代文献中西王母一般有两种指代，一是指神，一是指古国。由于本书主要讨论的是信仰问题，所以有关西王母古国考证就不予涉及。关于西王母国的考证可以参看吕思勉《西王母考》，《吕思勉读史札记》，上海古籍出版社 1982 年版；黄文弼《古西王母国考》，《黄文弼历史考古论集》，文物出版社 1989 年版。

② 陈梦家：《殷墟卜辞综述》，中华书局 2008 年版，第 574 页。

③ 小南一郎即认为："卜辞中所见'西母'的例子并不多，只知道它是享受'燎'祭的具有强烈自然神性格的神，并被当作是与'东母'相对待的神（不见'南母'和'北母'）。如此等等，对于它与后世的西王母是否有直接继承关系，即使可以作出种种判断，但加以确认是有困难的。"（小南一郎著，孙昌武译：《西王母与七夕文化传承》，《中国的神话传说与古小说》，中华书局 2006 年版，第 26—27 页。）

④ 《山海经·从西山经》：又西三百五十里，曰玉山，是西王母所居也。西王母，其状如人，豹尾、虎齿而善啸，蓬发戴胜，是司天之五残。（袁珂校注：《山海经校注》，巴蜀书社 1996 年版，第 59 页。）《海内北经》：西王母梯几而戴胜杖，其南有三青鸟，为西王母取食。在昆仑虚北。（《山海经校注》）又《大荒西经》："有人戴胜，虎齿，有豹尾，穴处，名曰'西王母'。"（《山海经校注》，第 466 页。）

⑤ 范祥雍：《古本竹书纪年辑校订补》，新知识出版社 1956 年版，第 26 页。

⑥ 顾实：《穆天子传西征讲疏》，中国书店 1990 年版，第 159 页。

⑦ 刘昭瑞：《早期道教造像研究》，《考古发现与早期道教研究》，文物出版社 2007 年版，第 182 页。

文献记载西王母还和黄帝①、尧②、舜③和禹④有过各种交往。并且这种交往还有规律可循,早期的文献中往往记载着帝王们去拜会西王母,而晚期的文献则多是记载西王母来中国访问帝王⑤。

帝王们之所以愿意和西王母交往,可能是因为她与不死和升仙信仰有关。《庄子·大宗师》中就提到:"西王母得之,坐乎少广,莫知其始,莫知其终。"⑥而到了汉代人们普遍相信西王母可以长生不死,司马相如在《大人赋》中就提到西王母虽然能够长生不死,但却不是值得羡慕的事⑦。不过当时普通人却不这么想,汉代的铜镜铭文中就经常提到要"寿如东王公西王母"⑧,当时人也相信西王母掌握了不死灵药,

---

① 《瑞应图》:"黄帝时,西王母使使,乘白鹿来献白环之休符,以有金方也。"(李昉等编:《太平御览》,中华书局1960年版,卷906。)

② 《新书·修政语上》:"是故尧教化及雕题、蜀、越,抚交趾,身涉流沙,地封独山,西见王母。"((汉)贾谊撰,阎振益、钟夏校注:《新书校注》,中华书局2000年版,第360页。)

③ 《风俗通义·声音》引《尚书大传》云:"舜之时,西王母来献其白玉琯。"((汉)应劭撰,王利器校注:《风俗通义》,中华书局1981年版,第284页。)

④ 《荀子·大略》:"尧学于君畴,舜学于务成昭,禹学于西王国。"[(清)王先慎撰,沈啸寰、王星贤点校:《荀子集解》,中华书局1988年版,第489页。]小南一郎、巫鸿、王子今等人皆认为西王国应与君畴、成昭对应,应为人名,可能是西王母的误写。(小南一郎:《中国的神话传说与古小说》,第32页;巫鸿著,柳洋、岑河译:《武梁祠:中国古代画像艺术的思想性》,三联书店2006年版,第158页注21;王子今、周苏平:《汉代民间的西王母崇拜》,《世界宗教研究》1999年第2期,第120页。)《论衡·无形》中提到"禹、益见西王母,不言有毛羽"(黄晖:《论衡校注》,第67页。)进一步说明他们观点的正确。

⑤ 小南一郎:《中国的神话传说与古小说》,第32页。

⑥ (清)王先谦撰,沈啸寰点校:《庄子集解》,中华书局1987年版,第60页。这里提到西王母在"少广","少广"一词不见于其他先秦古籍,巫鸿据此认为"少广",可能是庄子想象的产物。(巫鸿:《武梁祠》,第138页。)

⑦ 《史记·司马相如列传》:"吾乃今目睹西王母皓然白首。载胜而穴处兮,亦幸有三足鸟为之使。必长生若此而不死兮,虽济万世不足以喜。"((汉)司马迁:《史记》,中华书局1959年版,第3060页。)

⑧ 汉元兴元年镜的镜铭即云:"元兴元年五月丙午日天大赦,广汉造作尚方明竟,幽湅三商,周传无亟,世得光明,长乐未英,富且昌,宜侯王,命命长,生如石,位至三公,寿如东王父西王母,仙人子,立至公侯。"(李新城:《东汉铜镜铭文的整理与研究》,华东师范大学博士学位论文,2006年,第13页。)涉及西王母的其他汉代镜铭,可以参见王子今、周苏平《汉代民间的西王母崇拜》,《世界宗教研究》1999年第2期,第114—116页。

在《淮南子》中就记载了嫦娥偷食西王母不死药奔月的故事①。

由于西王母和不死、升仙观念有密切联系，而汉代人又普遍渴望长生、升仙②。所以当时人对西王母非常崇拜，当时人们甚至相信西王母可以使人多生子息③。西王母信仰甚至引发过民众的狂热事件，史称"西王母筹"事件。《汉书·五行志》中对这次运动有比较详尽的描述：

> 哀帝建平四年正月，民惊走，持稿或椒一枚，传相付与，曰"行诏筹"。道中相过逢多至千，或被发徒践，或夜析关，或逾墙入，或乘车骑奔驰，以置释传行，经历郡国二十六，至京师。其夏，京师郡国民聚会里巷仟佰，设张博具，歌舞祠西王母。又传书曰："母告百姓，佩此书者不死。不信我言，视门枢下，当有白发。"至秋止。④

到了东汉时期人们基于阴阳的理论，将西王母视为"阴"的代表，发明东王公作为"阳"的代表与其对应⑤。在画像石上也是东汉时期才出现了与西王母对应的东王公形象⑥。

因为后来西王母成为了道教的重要神仙，因此学者们对于汉代西王母信仰和早期道教之间的关系也非常关注。俞伟超依据《太平经》中

---

① 《淮南子·览冥训》："譬若羿请不死之药于西王母，姮娥窃之以奔月。"（刘文典：《淮南鸿烈集解》，第217页。）

② 关于汉代人长生和升仙观念的详细解说，可以参见余英时著，侯旭东译《东汉的生死观》，上海古籍出版社2005年版，第17—49页。

③ 汉代民间对于西王母崇拜的材料集中在《易林》一书，详细的讨论，参见巫鸿《武梁祠》，第147页。

④ （汉）班固：《汉书》，中华书局1962年版，第1476页。对于这次事件的详细介绍可以参见王子今、周苏平《汉代民间的西王母崇拜》；巫鸿：《武梁祠》，第144—147页。

⑤ 巫鸿：《武梁祠》，第128—135页。

⑥ 李凇：《从"永元模式"到"永和模式"——陕北汉代画像石中的西王母图像分期研究》，《考古与文物》2000年第5期。

"使人寿若西王母"① 之句，认为东王公、西王母在早期道教中就已经成为了道教信奉的神仙②。不过张勋燎根据《太平经·解师策书诀第五十》③ 的记载，指出《太平经》中"西王母"并不是一般意义上的女神，而是"西"、"王"、"母"各自成义④。并且《太平经》的作者不可能不知道当时社会上流传着的西王母信仰。详细的解释"使人寿若西王母"，就是为了与一般的民众信仰作出区别。由此可见至少当时太平道还未把西王母作为信仰的神灵。

张勋燎则依据《真诰》中有关入天门揖拜东王公、西王母的记载⑤，认为汉代四川地区墓葬中出土不同类别的西王母图像，属于五斗米道的产物；这些西王母的出现标志了西王母由半人半兽神话传说开始正式演变为道教的女仙⑥。巫鸿也认为四川地区与秘戏图同出的西王母图像与五斗米道有关⑦。笔者对于这种观点有不同的看法。首先，升仙和房中思想在战国秦汉时期一直非常流行，秦始皇和汉武帝都组织过大规模的

---

① 《太平经·师策文》："师曰：'吾字十一明为止，丙午丁巳为祖始。四口治事万物理，子巾用角治其右，潜龙勿用坎为纪。人得见之寿长久，居天地同活而已。治百万人仙可待，善治病者勿欺绐。乐莫乐乎长安市，使人寿若西王母，比若四时周反始，九十字策传方士。'"（王明编：《太平经合校》，中华书局1960年版，第62页。）

② 俞伟超：《东汉佛教图像考》，《先秦两汉考古学论集》，文物出版社1985年版，第161页。

③ 《太平经·解师策诀五十》："'使人寿若西王母'。'使人'者，使帝王有天德好行正文之人也；'若'者，顺也，能大顺行吾书，即天道也，得之者大吉，无有咎也；'西'者，人人栖存真道于胸心也；'王'"者，谓帝王得案行天道者大兴而王也，其治善，乃无上也；'母'者，老寿之证也，神之长也。"（王明：《太平经合校》，第68页。）

④ 张勋燎、白彬：《重庆、甘肃和四川东汉墓出土的几种西王母天门图像材料与道教》，《中国道教考古》，第803页。

⑤ 《真诰》卷五《甄命授第一》："昔汉初有四五小儿，路上画地戏。一儿歌曰："著青裙，入天门，揖金母，拜木公。"到复是隐言也，时人莫知之。唯张子房知之，乃往拜之。此乃东王公之玉童也。所谓金母者，西王母也。木公者，东王公也，仙人拜王公，揖王母。"（吉川忠夫、麦谷邦夫编，朱越利译：《真诰校注》，中国社会科学出版社2006年版，第174页。）

⑥ 张勋燎、白彬：《重庆、甘肃和四川东汉墓出土的几种西王母天门图像材料与道教》，《中国道教考古》，第800页。

⑦ 巫鸿：《地域考古与对"五斗米道"美术传统的重构》，《礼仪中的美术》，三联书店2005年版，第500—503页。

求仙行为;房中术也流传甚早①,《史记》中就已经有了关于房中书的记载②,而马王堆帛书中也包含了部分的房中书。而道教的正式确立,则要比这些观念流传的时间晚得多。我们很难证明这些图像只是与道教中的相关思想有关,而不是代表一般的升仙和房中思想。其次,目前流传下来的五斗米道文献中都没有提到西王母③,我们并没有直接的证据来证实两者之间的联系。而最早记载西王母的道教文献,则都是在六朝时形成的,其中对于西王母的记载可以视为道教吸收早期民间信仰的结果④。再次,这些图像的表现形式和后来道经中的相关记载也多有不同。如《真诰》中提到入天门后要揖拜东王公与西王母,而天门图像上只出现了西王母,东王公则不见踪迹。而按照相关文献中的记载,道教徒在进行房中术时,要依据九宫五行的原则采用男上位女下位的姿势⑤。而四川地区和西王母同出的秘戏图上,则是男女并立的形象。文献中的记载和考古发现的图像之间存在着明显的差异。综上所述,四川

---

① 关于中国房中术的一般性讨论可以参见高罗佩著,李零等译《中国古代房内考》,上海人民出版社 1996 年版。关于马王堆帛书中方术文献的讨论可以参见李零《马王堆房中书研究》,《中国方术考》,东方出版社 2000 年版。

② 《史记·扁鹊仓公列传》:"臣意即避席再拜谒,受其脉书上下经、五色诊、奇咳术、揆度阴阳外变、药论、石神、接阴阳禁书,受读解验之,可一年所。"(司马迁:《史记》,第2796 页。)其中的阴阳禁书就是指房中书。

③ 目前确定在汉代成书的道经中都没有提到作为女神的西王母。只有疑为汉代成书的《老子中经》中将其列为第四神仙,并提到:"西王母者,太阴之元气也。姓自然,字君思。"〔(宋)张君房编,李永晟点校:《云笈七籤》,中华书局 2003 年版,第 420 页。〕不过对于《老子中经》的成书年代学界有非常不同的观点。施舟人和刘永明认为成书于汉代。(施舟人:《〈老子中经〉初探》,《道家文化研究·第 16 辑》,三联书店 1999 年版;刘永明:《〈老子中经〉形成于汉代考》,《兰州大学学报》2006 年第 4 期。)《道藏提要》则认为成书于魏晋间。(任继愈主编:《道藏提要》,中国社会科学出版社 2005 年版,第 565 页。)朱越利认为成书于唐代(朱越利:《道藏分类解题》,华夏出版社 1996 年版,第 279 页),《道教大辞典》则认为成书在北宋之前。(闵智亭、李养正主编:《道教大辞典》,华夏出版社 1994 年版。)由于目前学界对《老子中经》的成书时代没有一个确定的观点,本书就不利用《老子中经》中的记载来说明道教与西王母信仰的关系。

④ 六朝时期道教与民间信仰的关系可以参见石泰安著,吕鹏志译《二至七世纪的道教和民间宗教》,《法国汉学》第 7 辑,中华书局 2002 年版。

⑤ 葛兆光:《〈上清黄书过度仪〉的文献学研究》,《屈服史及其他:六朝隋唐道教的思想史研究》,三联书店 2003 年版,第 79—80 页。

地区发现的这些西王母图像更应被视为道教西王母观念的渊源之一，而非五斗米道的产物。

在汉代西王母既然是一个如此重要的神灵，那么她的影响力就不仅仅在文献中，而且广泛地进入了当时的墓葬领域。墓葬中西王母的形象往往见于画像石以及墓室壁画上，在四川地区还出土了大量以西王母为主要造型的摇钱树①。西王母的表现形式往往因载体、地域和时代的不同，而有所区别。鲁惟一（Michael Loewe）就总结了以下十个图像特征作为西王母及其仙界的代表，包括：一、西王母头上所戴之胜，二、龙虎座，三、捣药之玉兔，四、神龟，五、三足乌，六、执兵器之侍卫，七、祈福者，八、九尾狐，九、六博戏，十、昆仑山②。

一般认为年代最早的西王母图像，出现在洛阳卜千秋墓室的天井壁画上③。西王母图像在汉代不同时期的表现形式上，存在着一定的区别。西汉后期和东汉初期多为侧面像，而到了东汉中期和晚期则主要为正面像④。学界一般认为西王母正面图像的出现，并不是中国本土的产物而是受到了异域艺术风格的影响。巫鸿即认为采用正面构图的西王母形象是受到了印度佛教艺术的影响⑤。而李淞和周静则认为是中亚的双

---

① 有关西王母的考古材料的详细解说，可以参见周静《西王母考古资料的发现和研究》，四川大学硕士学位论文，1996 年。

② Michael Loewe. *Ways to Paradise*：*The Chinese Quest for Immortality*. London：George Allen & Unwin, 1979, p. 103. 关于西王母正在汉代的图像表现还可以参看李淞《论汉代艺术中的西王母图像》，湖南教育出版社 2000 年版。

③ 洛阳博物馆：《洛阳西汉卜千秋壁画墓发掘简报》，《文物》1977 年第 6 期。孙作云最早将卜千秋墓室天井壁画和西王母联系起来，他认为跪坐面向墓主夫妇的女子即是西王母的侍女，其怀中所抱的鸟即为三足乌。（孙作云：《洛阳西汉卜千秋壁画墓考释》，《文物》1977 年第 6 期，第 19 页。）曾布川宽发展了孙作云的观点，认为三足乌下面的动物是九尾狐，而这名女子就是西王母本人。（曾布川宽：《昆仑山和升仙图》，《东方学报》1979 年 51 期。）林巳奈夫则根据发式认为抱鸟之人当为男性，是代表的抱鸟之神。（林巳奈夫著，蔡凤书译：《对洛阳卜千秋墓壁画的注释》，《华夏考古》1999 年第 4 期，第 90—92 页。）不过通过对人像面容的观察，我们还是可以发现明显的女性特征。因此本书中还是采用一般的看法，认为卜千秋墓壁画中的女子和西王母有关。

④ 李淞：《论汉代艺术中的西王母图像》，第 38—47 页。

⑤ 巫鸿：《武梁祠》，第 149—151 页。

马女神像影响了西王母的构图形式和形象①。何志国则利用成都地区西汉中晚期墓葬中出土的正面构图西王母造型的陶座，有力地反驳了以上的两种观点，认为四川地区的西王母图像反映的是本地自身的传统②。以上这些学者讨论的都是汉代和西王母有关的各种图像。但是西王母的传说最迟在战国时期就已经出现，理论上讲西王母图像应该有更早的图像来源。这个问题一直被研究者们所忽略，只有刘昭瑞成功地辨识出了甘肃宁县出土的战国铜带饰上的西王母图像③。这不仅解决了早期西王母图像缺失的问题，而且为我们理解中亚的双马女神像和西王母图像之间的关系，提供了新的视角。

虽然汉代西王母信仰和道教的联系不够明晰，但是到了六朝西王母信仰就开始和道教密不可分。除了前文中提及《真诰》中的相关记载外，在多处道经中提到了西王母，而且地位很高④。如托名葛洪所作的《元始上真众仙记》中认为西王母和东王公是创世的元始天王所生⑤。在六朝时期道士们还编撰了和西王母信仰密切相关的《汉武帝内传》⑥。不过道教中对于西王母形象的记载也不是统一的，有些文献中西王母的形象就比较混杂，如《轩辕本纪》中就将《穆天子传》、《山海经》与《庄子》等文献中对于西王母的记载罗列在一起⑦。到了五代时杜光庭则综合之前有关西王母的各种记载为其作传，最终确立道教中西王母的

---

① 李淞：《论汉代艺术中的西王母图像》，第 289 页；周静：《汉晋时期西南地区有关西王母神话考古资料的类型及其特点》，《四川大学考古专业创建四十周年暨冯汉骥百年诞辰纪念文集》，四川大学出版社 2001 年版，第 388—389 页。

② 何志国：《论四川汉代西王母图像的起源》，《中华文化论坛》2007 年第 2 期。

③ 刘昭瑞：《考古发现与早期道教研究》，第 181—182 页。

④ 关于道教文献中西王母的详尽讨论，可以参见卿希泰主编《中国道教（三）》，东方出版中心，1996 年，第 41—47 页。

⑤ 《元始上真众仙记》：“元始君经一劫乃一施太元母，生天皇十三头，治三万六千岁，书为扶桑大帝东王公，号曰元阳父；又生九光玄女，号曰太真西王母，是西汉夫人。”（《道藏》第 3 册，第 269 页。）

⑥ 小南一郎：《〈汉武帝内传〉的形成》，《中国的神话传说与古小说》。

⑦ 《轩辕本纪》：“于时昆仑山北玉山之神人也西王母，太阴之精也，天帝之女也。人身虎首豹尾，蓬头戴胜，颜然白首善啸，石城金台而穴居，坐于少广之山，有三青鸟常取食，此神人西王母也。”（张君房编：《云笈七籤》，第 2176 页。）

形象①。

虽然六朝之后西王母在道教中的地位越来越高，但是在民间，她流行的程度反而有所下降。最明显的表现就是在墓葬中我们已经很难发现西王母的图像②。

西王母最迟到战国时期就已经被中国人所信仰，最初她只是居住在昆仑附近的人形怪物，而到了汉代则演变成一个几乎无所不能的重要神灵，在当时墓葬中也频繁出现。到了六朝时期，道教则正式把她纳入自身的神谱，并赋予很高的地位。但是这种提升并没有使西王母在民间的信仰得以延续。在六朝以后，民间对于西王母的信仰出现了明显的削弱，之所以会发生这种情况，可能一方面是受到同样来自西方的佛教的影响③；另一方面则是因为她地位过于崇高，以至于民众不敢接近所至④。只有地券中西王母作为中间人还在广泛地出现，之所以选用她来充当中间人，可能是考虑到她至高天神的地位。由她和东王公来充当中间人，契约的履行当然能够得到足够的保证。不过在六朝之后相对于张坚固、李定度与岁月主、今日直符，她在买地券中出现的频率要小一些。

---

①　《墉城集仙录》："西王母者，九灵太妙龟山金母也，一号太灵九光龟台金母，亦号曰金母元君，乃西华之至妙洞阴之极尊。在昔道气凝寂，湛体无为，将欲启迪玄功，生化万物，先以东华至真之气，化而生木公焉。木公生于碧海之上，苍灵之墟，以主阳和之气，理于东方，亦号曰王公焉。又以西华至妙之气，化而生金母焉。金母生于神州伊川，厥姓缑氏，生而飞翔，以主阴灵之气，理于西方，亦号王母。"（张君房编：《云笈七籤》，第2527—2528页。）

②　而当时文献却有西王母掌万民之命的说法。["老子云：'万民皆付西王母，唯王、圣人、真人、仙人、道人之命上属九天君耳。'"（晋）张华：《博物志》，《汉魏六朝笔记小说大观》，上海古籍出版社1999年版，第221页。]从文献和考古材料的反差中我们更可以感受到民间西王母信仰的衰落。

③　王子今、周苏平：《汉代民间的西王母崇拜》，《世界宗教研究》1999年第2期，第122页。

④　这种地位崇高的神灵从人类信仰活动中消失的现象是世界宗教的一个普遍现象。埃里亚德就曾指出："我们至少必须提及一个我们看来是极为重要的事实。具有天上结构的众神易于从宗教活动中消失，从人们狂热的崇拜中消失。"（埃里亚德著，王建中译：《神圣与世俗》，华夏出版社2002年版，第66页。）

张坚固、李定度

张坚固和李定度在六朝时期就出现在买地券中，湖北出土的刘宋元嘉十六年（439）简谦买地券中云："时知者张坚固"[①]。六朝时期的买地券中出现的张坚固和李定度都是充当中间人的角色[②]。隋唐五代时期的买地券中张坚固、李定度已经取代了东王公、西王母成为主要的中间人[③]，在这一时期出现了两个新的趋势。一是张坚固、李定度除了充当中间人外，也开始以卖地者的身份在地券中出现，江西出土的唐开成二年的姚仲然买地券云："当地价金银钱九万九千九百九十九文。地主：张坚固。"[④] 一是各种中间人一起联合出现在买地券中，如唐咸通二年（861）王楚中买地券中即提到："东王公、西王母、镇墓神、青龙白虎、前行朱雀、后至玄武、日月星宿为明。永保人：张坚固、李定度。"[⑤]宋代买地券中张坚固和李定度所承担的角色和功能主要承继隋唐五代时

[①]　黄义军、徐劲松、何建萍：《湖北鄂州郭家细湾六朝墓》，《文物》2005 年第 10 期，第 43 页。

[②]　六朝时期以张坚固、李定度为中间人的买地券除简谦买地券外还有：刘宋元嘉十九年（442）妳女买地券、刘宋泰始六年（470）欧阳景熙买地券、南朝齐永明五年（487）秦僧猛买地券、南朝梁天监十八年（519）单华买地券。（据鲁西奇《六朝买地券概况》、《六朝买地券丛考》，《文史》2006 年第 2 辑，第 153—154 页整理。）

[③]　目前所见隋唐五代地券中以张坚固、李定度为中间人的有 10 块，包括以下这些：隋大业六年（610）陶智洪买地券、武周延载元年（694）伍松超买地券、唐元和九年（814）乔进臣买地券、唐咸通二年（861）王楚中买地券、十国吴乾贞二年（928）王府君买地券、十国吴大和三年（931）李赞买地券、十国吴天祚三年（937）赵氏娘子买地券、南唐保大十一年（953）姜氏妹婆买地券、后蜀广政二十五年（962）李才买地券、后蜀广政二十七年（964）徐公买地券。（据鲁西奇《隋唐五代买地券概况》、《隋唐五代买地券丛考》，《文史》2007 年第 2 辑，第 154—158 页整理。）

[④]　陈柏泉：《江西出土墓志选编》，第 549 页。除了姚仲然买地券外，以张坚固为卖地者的隋唐五代买地券还有：唐末陈氏买地券、南汉大宝五年（962）马氏二十娘买地券。（据鲁西奇《隋唐五代买地券概况》、《隋唐五代买地券丛考》，《文史》2007 年第 2 辑，第 154—158 页整理。）

[⑤]　鲁西奇：《隋唐五代买地券丛考》，《文史》2007 年第 2 辑，第 126 页。

期，以中间人①和卖地者②为主。只是在个别的买地券中他们也开始扮演风水神仙的角色，如江西出土的绍定五年（1232）曾氏太君买地券提到："寻山定穴李淳风先生、郭璞仙人、白鹤仙人、张坚固、李定度。"③ 在今天的民间信仰中，也主要是将他们视为"分金仙"④，作为风水神仙来看待。

---

① 目前所见宋代买地券中以张坚固、李定度为中间人的有 27 块，包括以下这些：开宝七年（974）王氏买地券（详见附录江西 1）、嘉祐三年（1058）曹十四娘买地券（详见附录江西 5）、熙宁三年（1070）袁八郎买地券（详见附录江西 6）、元符二年（1099）张愈买地券（详见附录江西 10）、淳熙二年（1175）秦秘校买地券（详见附录江西 19）、庆元四年（1198）朱济南买地券（详见附录江西 26）、嘉泰元年（1201）叶九买地券（详见附录江西 30）、嘉泰三年（1203）温氏九孺人买地券（详见附录江西 31）、景定二年（1261）吴氏买地券（详见附录江西 47）、开宝四年（971）魏训买地券（详见附录四川 1）、乾兴元年（1022）王仁明买地券（详见附录四川 4）、元丰三年（1080）程文贤买地券（详见附录四川 14）、崇宁元年（1102）宋燧买地券（详见附录四川 27）、宣和五年（1123）孟氏三娘子买地（详见附录四川 32）、宣和六年（1124）黄念（廿）四郎买地券（详见附录四川 33）、宣和六年（1124）阃氏十八娘买地券（详见附录四川 34）、嘉定十六年（1223）董士和、任氏大卯买地券（详见附录四川 63）、嘉定十六年（1223）苟氏二娘买地券（详见附录四川 64）、治平二年（1065）郭五娘买地券（详见附录湖北 1）、元丰四年（1081）胡六娘买地券（详见附录湖北 5）、政和四年（1114）胡氏买地券（详见附录湖北 12）、天圣九年（1031）刘△劣买地券（详见附录甘肃 2）、庆历四年（1044）王典买地券（详见附录河南 1）、至和三年（1056）胡进买地券（详见附录河南 2）、元祐元年（1086）赵荣买地券（详见附录河南 4）、绍圣四年（1097）李守贵买地券（详见附录河南 5）、元符二年（1099）王宗奉父母买地券（详见附录陕西 1）。以上据本书附录整理。

② 目前所见宋代买地券中以张坚固、李定度为卖地者的有 9 块，包括以下这些：大中祥符四年（1011）李大郎买地券（详见附录江西 2）、崇宁四年（1105）李宣义买地券（详见附录江西 11）、政和八年（1118）吴谨买地券（详见附录江西 14）、宣和三年（1121）张公买地券（详见附录江西 15）、淳熙十二年（1185）胡氏二娘买地券（详见附录江西 21）、庆元五年（1199）彭氏念一娘买地券（详见附录江西 29）、崇宁四年（1105）何延祚买地券（详见附录湖北 11）、淳祐三年（1243）黄氏买地券（详见附录福建 3）、失纪年黄氏六十三娘买地券（详见附录台湾 1）。以上据本书附录整理。

③ 详见附录江西 38。

④ 闽南地区流行动土祝文中就提到："恭迎过往神明、本山土地、历代地理祖师、张李二分金仙师同临，保佑千祥云集，百煞消藏，施工顺利。"转引自陈进国《信仰、仪式与乡土社会：风水的历史人类学考察》，中国社会科学出版社 2005 年版，第 415 页。

　　虽然张坚固和李定度在买地券中经常出现并充当各种角色，非常
的活跃；但是文献中对这两个神灵几乎没有直接的记载。研究者们则
根据他们名字"坚固"和"定度"，认为他们的功能是强调土地买卖
的可信度和合法性①。这种观点用来说明作为中间人的张坚固和李定
度是有一定道理的，但是并不能解释为何在相当数量的买地券中由他
们尤其是张坚固来充当地主的现象。卖地者作为土地的原来拥有者，
如果再"坚固"的话，那么买地人的权力又将如何保证，这就与人们
使用买地券的目的产生了矛盾。很显然，对于此我们还需要其他的
解释。

　　虽然文献中并没有关于张坚固的直接记载，但是在《酉阳杂俎》中
却记载了张坚为天翁的故事：

　　　　天翁姓张名坚，字刺渴，渔阳人。少不羁，无所拘忌。尝张
　　　罗，得一白雀，爱而养之。梦天刘翁责怒，每欲杀之，白雀辄以报
　　　坚，坚设诸方待之，终莫能害。天翁遂下观之，坚盛设宾主，乃窃
　　　骑天翁车，乘白龙，振策登天。天翁乘余龙追之，不及。坚既到玄
　　　宫，易百官，杜塞北门，封白雀为上卿，侯改白雀之胤不产于下
　　　土。刘翁失治，徘徊五岳作灾。坚患之，以刘翁为泰山太守，主生
　　　死之籍。②

　　并且六朝时期就有古天帝姓张的说法③，根据这些文献的记载，我
们有理由相信在买地券中出现的张坚固，有可能就是天翁张坚的别称。

---

　　①　林忠干：《福建五代至宋代墓葬出土明器神煞考》，《福建文博》1990 年第 1 期；韩
森著，黄士姗译：《中国人是如何皈依佛教的？——吐鲁番墓葬揭示的信仰演变》，《敦煌吐
鲁番研究》第 4 卷；黄景春：《地下神仙张坚固、李定度考述》，《世界宗教研究》2003 年第
1 期。

　　②　（唐）段成式：《酉阳杂俎》，《唐五代笔记小说大观》，上海古籍出版社 2000 年版，第
654—655 页。

　　③　《殷芸小说》卷一："晋咸康中，有士人周谓者，死而复生。言天帝召见，引升殿，仰
视帝，面方一尺，问左右曰：'是古张天帝邪？'答云：'上古天帝，久已圣去，此近曹明帝
也。'"〔（南朝梁）殷芸撰：《殷芸小说》，《汉魏六朝笔记小说大观》，上海古籍出版社 1999 年
版，第 1020 页。〕

因为在六朝买地券中就有"从天买地，从地买宅"的说法①，到了五代宋时买地券中则多次提到从"皇天父、后土母"处买地，可见向天父买地是买地券中的一个通例。而张坚固作为地主出现在买地券中是在唐代，和文献中言及张坚为天翁正好是一个时期，并且目前发现的唐代买地券中并没有直接以天或皇天父为卖地对象的例子②，而之前之后的买地券都涉及了从天父手中买地，因此我们有理由相信，买地券中作为地主的张坚固极有可能被当时人理解为天父。而在六朝时期买地券中出现的作为中间人的张坚固，可能是由于当时张天帝已经被人取代，为了防止他作祟，可能和被他取代的刘天帝一样，被安排处理和冥间有关的事物，为此还略微改变了他的名字，并且为了和他匹配又制造出了李定度这样的神明，一起履行相关的职责。当然这些都只是我们的推断，还有待进一步研究的证实。

岁月主、今日直符

相对于之前提到的东王公、西王母与张坚固、李定度，岁月主和今日直符在买地券中出现的年代要晚，目前发现最早以岁月主和今日直符为中间人的地券是唐大历四年（769）的张无价买地券其中提到："知见人：岁月主者；保人：今日直符。"③ 在此之后的唐五代买地券中就有很多，以他们为中间人④。到了宋代随着《地理新书》中确立的买地券范本中以他们为中间人，所以在宋代买地券中以他们为中间人的比较

---

① 如南京出土的三国吴永安四年（261）大女买地券即称："从天买地，从地买宅，雇钱三百。"（南京市博物馆：《江苏南京市北郊郭家山东吴纪年墓》，《考古》1998年第8期。）

② 参见鲁西奇《隋唐五代买地券概况》、《隋唐五代买地券丛考》，《文史》2007年第2辑。

③ 国家文物局古文献研究室等编：《吐鲁番出土文书》第10册，文物出版社1991年版，第7页。

④ 除张无价买地券外，唐五代买地券以岁月主者和今日直符为中间人的还有：唐大中元年（847）刘元简为亡考买地券、大和六年（934）汲府君买地券、保大四年（946）汤氏县君买地券、后蜀广政十一年（948）张虔钊买地券、保大十年（952）陈氏十一娘买地券、后蜀广政十八年（955）宋琳买地券、后蜀广政二十年（957）□府君买地券。（据鲁西奇《隋唐五代买地券概况》、《隋唐五代买地券丛考》，《文史》2007年第2辑，第154—158页整理。）

多，依目前的材料统计共有 26 块①。

　　相对于前面的两组神仙，岁月主和今日直符最大的特征就是他们的专门性。从目前的材料上看，他们在地券中除了充当中间人外，从不担当其他任何角色。之所以会具有这样的特性，是因为他们的性质相对明确。除《地理新书》中对他们有所记载外，其他文献中几乎不见他们的踪迹，只有少部分道教文献提到今日直符②，指的是天庭中当天当值的官员。既然是普通的官员，也就只能去充当一般的中间人，不能承担其他的责任。

梅仙真

　　以上涉及的三组充当中间人的神灵，在买地券中出现的都比较频繁，分布地域也比较广泛。除了这些常见的中间人外，在宋代买地券中还出现了地方性的中间人，梅仙真就是其中的代表。他只是在江西部分地区的买地券中充当中间人，如嘉泰四年（1204）周必大地券即曰：

---

　　① 目前所见宋代买地券中以岁月主、今日直符为中间人的有以下这些：嘉熙元年（1237）李氏买地券（详见附录江西 39）、熙宁二年（1069）曹氏买地券（详见附录四川 11）、元丰八年（1085）谢定买地券（详见附录四川 16）、崇宁五年（1106）不知名买地券（详见附录四川 29）、宣和七年（1125）宋京买地券（详见附录四川 35）、靖康元年（1126）蔡氏小九娘子买地券（详见附录四川 36）、绍兴二十二年（1152）卫氏买地券（详见附录四川 40）、乾道六年（1170）任氏五娘喻氏六小娘买地券（详见附录四川 46）、庆元元年（1195）杜光世买地券（详见附录四川 52）、失纪年不知名买地券（详见附录四川 74）、治平二年（1065）郭五娘买地券（详见附录湖北 1）、元丰四年（1081）胡六娘买地券（详见附录湖北 5）、崇宁二年（1103）张氏二娘买地券（详见附录湖北 9）、靖康元年（1126）杜氏一娘买地券（详见附录湖北 14）、宝祐四年（1256）任公总管忠训买地券（详见附录湖北 16）、金卫绍王大安元年（1209）郭裕买地券（详见附录山西 5）、金世宗大定十年（1170）郭氏买地券（详见附录甘肃 3）、西夏仁宗乾祐十五年（1185）曹铁驴买地券（详见附录甘肃 4）、西夏仁宗乾祐二十三年（1193）窦依□买地券（详见附录甘肃 5）、元符二年（1099）赵□买地券（详见附录河南 6）金海陵王天德二年（1150）钱择买地券（详见附录河南 10）、金世宗大定二十九年（1189）董贵买地券（详见附录河南 12）、金章宗明昌二年（1191）赵通买地券（详见附录河南 13）、绍兴二十三年（1153）易氏五娘买地券（详见附录广西 1）、绍兴九年（1139）潘顺买地券（详见附录陕西 3）、金世宗大定二十三年（1183）邓文贵买地券（详见附录山东 1）。以上据本书附录整理。

　　② 《云笈七籤》：卷十九《老子中经下·第五十五神仙》："常召今日直符使六丁神守之宿卫。"（张君房编：《云笈七籤》，第 454 页。）

"梅仙真时在旁知"①。梅仙真本名梅福，据《汉书》记载他本是西汉末年的大臣，因不满王莽篡权，所以抛妻弃子前往九江，后修炼成仙②。不过他的事迹一直延续到宋代，当时流传过他用水银炼白银的灵应故事③。甚至发生过梅姓官员认梅福为祖先，而被人嘲笑的事情④。可能正是因为人们对他的崇信，在宋代他被纳入国家祀典。《梅仙观记》和《历代真仙体道通鉴》等书中均载有元丰五年册封他的敕文⑤，到了南宋时期，他又作为相山四仙⑥之一被朝廷再次加封⑦。而梅福出现在地券中，都是在他被敕封以后。之所以选择他为中间人，就是可能考虑到他的官方身份，因为最早用他做中间人的周必大本身就是高官，自然要采用那些在国家祀典中的神灵来充当见证人，以确保契约得以合法以及有效的执行。而由于其显赫的地位和声誉，他所使用的地券作为摹本为人所模范，也是十分正常的。

---

① 详见附录江西 32。除周必大买地券外，以梅仙真为中间人的宋代买地券还有：宝祐二年（1254）张重四买地券（详见附录江西 44）和景定元年（1260）王百四买地券（详见附录江西 46）。

② 详见班固：《汉书》，第 2917—2927 页。

③ 《稽神录》："汝阴人崔景唐家甚富。尝有道士，自言姓梅，来访崔，崔客之数月。景唐市得玉案，将之寿春，以献节度使高审思。谓梅曰：'先生但居此，吾将诣寿春，旬月而还，使儿侄辈奉事，无所忧也。'梅曰：'吾乃寿春人也，将访一亲知，已将还矣，君其先往也。久居于此，思有以奉报。君家有水银乎？'曰：'有。'即以十两奉之。梅乃置鼎中，以水炼之，少久即成白银矣。因此与景唐曰：'以此为路粮。君至寿春，可于城东访吾家也。'即与景唐分路而去。景唐至寿春，即诣城东访梅氏。数日不得。村人皆曰：'此中无梅家，亦无为道士者。唯淮南岳庙中，有梅真君像。得非此耶？'如其言访之，果梅真君矣。自后竟不复遇。"[《稽神录》卷五《梅真君》，《宋元笔记小说大观（一）》，第 197 页。]

④ 淮南庙有八仙公洎梅福等像，守臣或被旨祈焉。邑人说往时有姓梅为守，见庙像泣而祭之，云其祖也。回郡至郯家岭，伶人郯生登岭大痛，守怪问之。对曰："此岭乃祖先之冢也。"守怒杖之。[（宋）王得臣：《麈史》卷下，《宋元笔记小说大观（二）》，上海古籍出版社2001 年版，第 1374 页。]

⑤ 《梅仙观记》："牒奉敕。梅福在汉之际，数以孤远，极言天下之事，其志壮哉！晚而家居，读书养性，卒于遗俗高蹈，世传为仙。今大江之西，实存庙像。祷祠辄应，能泽吾民。有司上闻，是用锡兹显号，光灵不泯，其服朕恩，宜特封寿春真人，牒至。准敕故牒。"（《道藏》第 11 册，第 164 页。）

⑥ 相山四仙分别为：梅福、栾巴、邓子杨和叶法善。

⑦ 《黄氏日钞》卷八十八："四仙：梅仙福、栾仙巴皆汉人，邓仙思瓘、叶仙法善皆唐人。其始封以绍定四年之九月其。加封以端平元年之二月。"[（宋）黄震：《黄氏日钞》，《四库全书》708 册。]

　　从上文中我们对各个充当中间人的神明分析中，我们可以发现有资格充当这种角色的神祇一般有两种：一是神明本身地位显赫，订立契约的人与神不得不遵循他的意见；一是神明处在特定的官僚体系中，或者至少获得官方的认可，那么他们就可以利用天界或现世的官方力量来维护契约。除了这两点特性之外，这里要特别说明的是以上这些充当中间人的神灵，往往带有道教和民间信仰的双重性质，西王母和东王公的双重性质已无须我们多言。就连一直以来被认为是民间信仰代表的张坚固和李定度，也是在简谦买地券和妳女买地券这样明显带有道教性质①的买地券中率先出现，也可能和道教存在着一定的联系。

三

　　买地券是为了向神购买墓地所签订的契约，并且它也是墓葬中的明器。因此，买地券会出现一些和墓葬有关的神明。这种神祇一般来说有两类：一是在墓葬中保护墓主安全和墓葬的神灵，他们自汉代开始就出现各种镇墓文和买地券中。一是那些负责勘察墓地的各种风水神仙，下面就加以简要的介绍。

丘丞墓伯、道路将军

　　丘丞墓伯这样的墓葬神明自汉代起就常常出现在镇墓文和买地券中，汉延光元年（122）镇墓文即云："生人之死易解。生自属长安，死人自属丘丞墓。"② 而在后来的买地券中"丘丞墓伯"也是经常出现，到了宋代由于《地理新书》中买地券范本提到："丘丞墓伯，封部界畔，道路将军，齐整阡陌。"这就更加明确了这些墓葬神明的地位，于是他们在宋代买地券中仍大量的出现。对于丘丞墓伯这类"墓葬神祇"如此强的延续性，余欣认为这表明了"佛教的入侵，道教的确立，改变的只是和地狱、天堂有关的信仰，墓葬领域则基本没有触动，始终为本土神祇所牢牢占据"③。在此，笔者基本上认可他的判断。

---

　　① 关于妳女地券这类地券道教性质的详细论说，可以参见刘昭瑞《妳女地券与早期道教的南传》，《华学》第 2 辑，中山大学出版社 1996 年版等文。

　　② 王育成：《洛阳延光元年朱书陶罐考释》，《中原文物》1993 年第 1 期，第 71 页。

　　③ 余欣：《唐宋敦煌墓葬神煞研究》，《敦煌学辑刊》2003 年第 1 期。

郭璞、李淳风

至迟在汉代中国人就开始相信，一个正确的墓葬位置，不仅可以使先人安宁，还可以给后人带来各种利益，这就是所谓的风水思想。虽然风水思想出现很早，但是由于种种原因，在买地券这种直接和墓地相关的明器中却一直没有得到很好的表现。而到了宋代随着风水思想的发展，风水观念对买地券的影响越来越明显。买地券中除了在对墓地作尽可能详尽的描述外，还出现专门的风水神仙用来相地，以保证墓地的优良。一般都是由历史上比较著名的术士充当这一角色。如撰写了《葬经》，并且多有灵异事迹的郭璞，还有那位据传写过可以推算两千年未来的《推背图》的李淳风，都是人们经常用来比附的对象。如绍定五年（1232）曾氏太君地券提到："寻山定穴李淳风先生、郭璞仙人、白鹤仙人、张坚固、李定度。"①

通过以上简要的论述，我们不难发现不论是传统的主要用来保护墓地的墓葬神祇，还是新兴的用来勘察墓地以求子孙后代富贵的风水神仙，他们往往都是从非常纯粹的民间信仰中衍生出来的神明。由此可见不管在其他方面发生怎样的变化，墓葬领域仍然是民间信仰最坚固的堡垒。

四

契约的执行，除了订约双方同意之外，外部强制力量的介入，也往往是不可避免的。缔约双方需要这种力量来惩罚各种威胁契约以及避免各种潜在的违约行为。买地券作为一种契约自然也需要各种强制力量，和一般的契约不同的是，买地券中可以充当强制力量的只能是各种神明。目前所见执行强制职能的神仙主要有老君、女青和河伯。其中老君的情况早已为人所知，在此就不作专门的介绍。只是简要地说明一下女青和河伯的情况。

---

① 详见附录江西 38。

女青①

女青在地券中出现很早，刘宋元嘉十年（433）徐副买地券中即称"一如太清玄元上三天无极大道太上老君地下女青诏书律令"②，从这时起，在地券中女青就开始和诏书、律令发生密切的联系，相当数量的地券最后都是以某某女青律令结尾。女青之所以和律令诏书这些法律性文件，产生如此大的联系。可能和《女青鬼律》这部书有关，在书中女青就负责掌管律令，来应对各种鬼神。人们希望她在买地券中也能发挥她在《女青鬼律》中的作用，所以就频繁将其与律令结合在一起，功能也不发生任何变化。唯一的变化就是在早期那些道教色彩浓厚的地券中女青往往和太上联系在一起，而到了后期她除了太上外，也常常充当五帝的使者，如景定二年吴氏地券即云："急急如五帝使者女青律令。"③ 这种变化可能是民间信仰有意识地对道教观念吸收和改变的结果。

河伯

河伯在地券中经常充当收压各种威胁亡人力量的角色，很有些现世生活中各种狱官的感觉。如大观三年（1109）孙大郎地券即云："若辄干犯诃禁者，将军亭长收复河伯。"④ 但是河伯作为上古时代就出现的神明，他最初的职责和我们在地券所见的并不相同，这中间存在着复杂的演化关系，下面就简要地介绍一下，河伯信仰变化的历史。

传世文献中最早的关于河伯的记载见于《竹书纪年》，记述的都是河伯和其他的诸侯发生的争斗⑤，顾炎武就据此认为河伯是居住在黄河

---

①　这里只是简要说明一下买地券中女青的职责与变化，关于女青在道教体系中演变的详细情况，请参见黄景春《早期道教神仙女青考》，《中国道教》2003 年第 2 期。

②　王育成：《徐副地券中天师道史料考释》，《考古》1993 年第 6 期，第 572 页。

③　详见附录江西 47。

④　详见附录江西 12。

⑤　《竹书纪年》："（帝芬）十六年，洛伯用与河伯冯夷斗。"又《竹书纪年》："（帝泄）十六年，殷侯微以河伯之师伐有易，杀其君绵臣。"（范祥雍：《古本竹书纪年辑校订补》，新知识出版社 1956 年版。）

上游的国君①。但不知为何，到了春秋战国，河伯在人们心目中就开始转化为水神，《楚辞》②、《庄子》③、《山海经》④ 和《韩非子》⑤ 等书中都提到了河伯或者冯夷。当时人对河伯非常重视，大旱时要向其祈求降雨⑥；在魏国⑦和秦国⑧还有为河伯娶妇的习俗。他们甚至在发誓的时候，都要河伯来见证⑨。不过这个时期，河伯的形象还不清晰，从《庄子》和《楚辞·九歌》中记载的河伯应该是人神，而据《山海经》和《韩非子》中的记载，河伯则可能是人面鱼身。

河伯的形象的确立是在东晋时期，《搜神记》中提到："冯夷，弘农华阴潼乡堤首里人也。服八石，得道水仙，为河伯。"⑩ 最终确立了河伯人神的形象。河伯虽然在春秋战国时期是人们普遍崇信的水神，但是到了六朝以后就逐渐开始不为人所重视，到了宋代，就有学者感慨河伯

① 《日知录》卷二十五《河伯》："是河伯者，国居河上而命之为河伯，如文王之为西伯，而冯夷其名尔。"〔（清）顾炎武著，（清）黄汝成集释：《日知录集释》，上海古籍出版社1985年版，第1847页。〕

② 《楚辞·天问》："帝降夷羿，革孽夏民，胡射夫河伯，而妻彼洛嫔？"〔（宋）洪兴祖撰，白华文等点校：《楚辞补注》，中华书局1983年版，第99页。〕又《楚辞·远游》："使湘灵鼓瑟兮，令海若舞冯夷。"（《楚辞补注》，第173页。）

③ 《庄子·大宗师》："冯夷得之，以游大川。"（王先谦：《庄子集解》，第60页。）

④ 《山海经·海内北经》："从极之渊，深三百仞，维冰夷恒都焉。冰夷人面，乘两龙。"（袁珂：《山海经校注》，第369页。）

⑤ 《韩非子·内储说上》："齐人有谓齐王曰：'河伯，大神也，王何不试与之遇乎？臣请使王遇之。'乃为坛场大水之上，而与王立之焉。有间，大鱼动，因曰：'此河伯。'"（王先慎：《韩非子集解》，第218—219页。）

⑥ 《晏子春秋·谏上第一》："公曰：'不然，吾欲祠河伯可乎？'晏子曰：'不可，河伯以水为国，以鱼鳖为民。天久不雨，泉将下，百川竭；国将亡，民将灭矣。彼独不欲雨乎，祠之何益？'"（吴则虞：《晏子春秋集释》，中华书局1962年版。）

⑦ 《史记·滑稽列传》："豹往到邺，会长老问之民所疾苦。长老曰：'苦为河伯娶妇，以故贫。'"（司马迁：《史记》，第3211页。）

⑧ 《史记·六国年表三》："初以君主妻河。"司马贞《史记集解》曰："君主，犹公主也；妻河，谓嫁之河伯也。"（司马迁：《史记》，第705页。）

⑨ 《史记·晋世家》："文公元年春，秦送重耳至河。咎犯曰：'臣从君周旋天下，过亦多矣！臣犹知之，况于君乎？请从此去矣！'重耳曰：'若反国，所不与子犯共者，河伯视之！'乃投壁河中，以与子犯盟。"（司马迁：《史记》，第1660页。）

⑩ 干宝：《新辑搜神记》，第34页。

的消亡①。而《三教源流搜神大全》中甚至将本应为海神的禺强误识为河伯②，可见河伯后来在民间信仰中影响之弱。

不同于一般认识的河伯，道教文献中的河伯则主要是作为幽冥神仙出现的。在六朝时成书的《灵书紫文》中就提到人的七魄会在特定的时日脱离身体，向"三官河伯"告发人的罪状③。而在酆都山下的八大地狱中就有专门的"河伯狱"④，犯罪的魂灵往往要被关押在其中⑤。比较有趣的是道教中的河伯可能不止一人，《赤松子章历》中就提到了五帝各自都领有自己的河伯⑥。而且河伯一般不单独显示神通，在救治亡灵时，河伯一般还要和那些墓葬神仙合作⑦。由于河伯主要和幽冥世界发生联系，道教徒们相信祈求河伯可以驱逐鬼怪，《千金翼方》中就提到要依靠河伯来驱赶致人疾病的恶鬼⑧，《老子中经》中在讲解完如何利用法器来制服各种邪精之后，特别地交代教徒要将那些收服的邪灵，交

---

① 赵彦卫："《史记·西门豹传》说河伯，而《楚辞》亦有河伯词，则知古祭水神曰河伯。自释氏书入，中土有龙王之说，而河伯无闻矣。"（赵彦卫：《云麓漫钞》，中华书局1996年版，第178页。）

② 宗力、刘群：《中国民间诸神》，河北人民出版社1987年版，第365页。

③ 《灵书紫文·太微灵书紫文制七魄之法》："月朔、月望、月晦夕是此时也，七魄流荡游走秽浊，或交通血食、往鬼来魅，或与死尸共相关人，或淫惑赤子聚奸伐宅，或言人之罪诣三官河伯。"（《道藏》第11册，第383页。）

④ 《四极明科》："山下又有八狱：第一无量狱，第二太真狱，第三玄都狱，第四三十六天大狱，第五天一北狱，第六河伯，第七累劫狱，第八女青狱。"（《道藏》第3册，第416页。）

⑤ 《赤松子章历》卷四《断亡人伏连章》："生人上属皇天，死人下属黄泉。生死异路，不得扰乱。某身又恐，亡253生犯莫大之罪，死有不赦之愆。繫闭在于诸狱，时在河伯之狱、时在女青之狱、时在城隍社庙之中。"（《道藏》第11册，第208页。）

⑥ 《赤松子章历》卷五《拔河章》："又请东方青帝河伯水官、南方赤帝河伯水官、西方白帝河伯水官、北方黑帝河伯水官、中央黄帝河伯水官，各百二十人来下，主为某解拔三河之厄。"（《道藏》第11册，第216页。）

⑦ 《赤松子章历》卷六《为亡人首悔赎罪解谪章》："谨请太玄真符摄下女青诏书，地下二千石，丘丞墓伯，十二冢神，泰山二十四狱，中都大狱，天一北狱，皇天九平狱，天地水三官，河侯河伯，将佐缘吏等，一切放某等魂魄，使还附尸骨，免离囚徒困苦之中，得上属天曹和乐之地，断绝殃注，灭除死籍。"（《道藏》第11册，第226页。）

⑧ 《千金翼方》卷三十："上着年号月朔日。子鬼之乡里姓名年几，从人头数，告五道大神河伯将军，上件鬼某甲等，在我家中作如此罪过，捉获正身，所索之物并已具给，发遣速出去，不得久停，不得久住。急急如律令。"［（唐）孙思邈撰，朱邦贤点校：《千金翼方校注》，上海古籍出版社1999年版。］

予河伯①。可能是由于对于河伯职司认识几乎完全不同，道教文献中河伯的姓名也和一般文献所载不同，《赤松子章历》中称其为"河伯吕公子"②，《女青鬼律》中称其名达③。

最早出现河伯的买地券是广东吴川出土的唐天宝六年（747）陈聪懃地券，其中有"如有干犯诃禁者，将军亭长，收付河［伯］"④之语。这里河伯所起的作用，显然是和道教文献中记载的比较一致，主要是惩治和收服各种鬼怪。后来这种表述被《地理新书》中的买地券范本所吸收，因此后世买地券中提到的河伯，也基本上都是这种用法。值得注意的是，河伯在六朝时期的道教文献中，就屡被提及。但是当时具有明显道教色彩的买地券中，往往只是提到各种墓葬神仙⑤。而没有涉及河伯这样的水官，具体原因还需要进一步的考察。

通过以上分析我们可以发现，在地券中充当裁决者角色的神仙都是道教背景的神仙，之所以会出现这种情况，可能和道教对自身的判断有关。不论是六朝时期道教兴起的故气观念⑥，还是从道教在不同时期编订的各种鬼律；都表明道教始终将自身置于民间信仰之上，并且希望能够对民间信仰进行有效的控制。地券的制造者和使用者很有可能是受到

---

① 《云笈七籤》卷十九《老子中经下·第五十五神仙》："经曰：子欲制百邪百鬼及老精魅，常持符利剑停水瓮上，于中视其形影。凡行出入卒逢非常恠物，于日月光中视其形影，皆可知也。以丹书制百邪符置于瓮水上，邪鬼见之，皆自然消去矣！诸精鬼魅龙蛇虎豹六畜狐狸鱼鳖龟飞鸟麋鹿老木，皆能为精物犯人者，符刻之斩之，付河伯社令。"（张君房编：《云笈七籤》，第 454 页。）

② 《赤松子章历》卷五《生死解殃洗荡宅舍章》："并请敕河伯吕公子、营校尉督、一切水官将吏，更相传送，除解某家内外神真，皆令清净，利佑人口。"（《道藏》第 11 册，第 215 页。）纬书《龙鱼河图》："河伯姓吕名公子，夫人姓冯名夷。"（安居香山、中村璋八辑：《重修纬书集成》，河北人民出版社 1994 年版。）《赤松子章历》中的称呼可能是受了它的影响。

③ 《女青鬼律》："河伯鬼名达，九江鬼名活，三河鬼名建，四渎鬼名候。"（《道藏》第 18 册，第 243 页。）

④ 张均绍：《唐代南巴县令买地券考》，《广东省博物馆馆刊》1988 年第 1 期。

⑤ 如长沙出土的刘宋元嘉十年（433）徐副买地券即称："宋元嘉十年太岁癸酉十一月丙申朔廿七日壬戌辰时。新出太上老君符敕：天一地二，孟仲四季，黄神后土，土皇土祖，土营土府，土文土武，土墓上、墓下、墓右、墓中央五墓主者，丘丞墓伯，冢中二千石，左右冢侯，丘墓史掾，营土将军，土中督邮，安都丞，武夷王，道上游逻将军，道左将军，道右将军，三道将军，蒿里父老，都集伯伥，营域亭部，墓门亭长，天罡、太一、登明、功曹、传送随斗十二神等。"（王育成：《徐副地券中天师道史料考释》，《考古》1993 年第 6 期，第 572 页。）

⑥ 详细的论说参见本章第三节中的相关讨论。

这样道教观念的影响，将裁决和惩罚那些犯规的鬼神的任务交予道教背景的神仙。

第三节   鬼

　　相对于我们已经考察纷繁复杂的神灵世界，买地券中涉及的鬼怪则简单得多，他们甚至没有具体的名称。这也印证了上文中所提及的人们往往把鬼视为陌生人的看法，对人们来说陌生人都是危险的需要驱逐的，但却没有必要知道他们的具体来历。很显然，人们对各种鬼怪也是如此。在宋代买地券中提到的鬼怪有以下这些：故气邪精、魑魅魍魉、罔象、夔灵、牛鬼蛇神、邪精伏藏、左墓右器、地下百鬼、大力鬼、凶恶之神、五方无道鬼神、地下诸神恶鬼、伏尸故气、山中所有诸猛兽等。大部分涉及的鬼怪都没有具体的含义，只是对于各种鬼怪的统称，出现这种情况和宋代人不区分各种鬼怪的具体意义有关①。基于此，在下文的考证中我们也不一一介绍以上的诸种鬼怪，而是选取"故气"、"魑魅魍魉"和"牛鬼蛇神"这三种比较有特点的鬼怪加以简述。

故气

　　故气是一个道教词汇，指各种邪神。六朝时期道士们开始以张道陵接受老君的册封和受法的汉顺帝汉安元年为界，将人类历史分为了"六天"②

---

①　沈宗宪：《宋代民间的幽冥世界观》，台北：商鼎文化出版社 1993 年版，第 19 页。

②　较早涉及"六天"和"故气"意义的有陈国符和石泰安等人。陈国符认为六天之治和六天故气主要是指"邪鬼"、"巫觋旧法"（陈国符：《道藏源流考》，中华书局 1985 年版，第 312、314 页。）石泰安则认为故气暗指淫祠。（石泰安（Rolf A. Stein）：《二至七世纪的道教和民间宗教》，《法国汉学》第 7 辑，第 47—48 页。）比较系统地讨论"六天"思想的有小林正美、王宗昱等人。小林正美通过分析《上清天关三图经》和《真诰》等道教文献，认为"六天"的思想是来源于酆都山鬼神的传说。（小林正美著，李庆译：《刘宋时期天师道"三天思想及其形成"》，《六朝道教史研究》，四川人民出版社 2001 年版，第 475—479 页。）王宗昱则依据《礼记》孔颖达疏等文献，认为"所谓'六天'指的是至少自周代以来的血食牺牲的祭祀制度，而这个制度恰恰是中国官方政治制度乃至意识形态的基础"（王宗昱：《道教的"六天"说》，《道家文化研究》第 16 辑，三联书店 1999 年版，第 27 页）。

和"三天"两个时期①。"六天"时期的重要特征之一就是，各种神鬼接受血祀。而到了三天时期的特征则是"神不饮食，师不受钱"②。道士们就将那些在"三天"时期仍然存在的"六天"时期的鬼神称为"故气"③。并且认为这些鬼神在三天时代的末期的胡作非为，给人们带来很大的灾难。《陆先生道门科略》中就提到："下古委惷，淳浇朴散，三五失统，人鬼错乱，六天故气，称官上号，构合百精及五伤之鬼、败军死将、乱军死兵，男称将军，女称夫人，导从鬼兵，军行师止，游放天地，擅行威福，责人庙舍，求人飨祠，扰乱人民，宰杀三牲，费用万计，倾财竭产，不蒙其佑，反受其患，枉死横夭，不可称数。"④ 虽然张天师确立了三天的新秩序，但是这些故气并没有从世界上彻底消失，还在威胁着人们的安全。因此道教严厉禁止人们祭祀故气⑤。如果继续崇祭"故气"就会招致疾病，《三洞珠囊》中就提到过巫师因为祭祀故气而致病的故事⑥。《赤松子章历》中还有专门的《疾病多怪收捕故气章》⑦。除了涉及疾病外，故气还会影响到修造，必须坚决予以清除。《赤松子章历》卷三《谢土章》中就提到："守宅大神晏子，大戴盖屋三重，绕舍三匝，东西南北、邪精故气及诸祸害，一时消荡。"⑧ 这应该是买地券中要驱逐"故气邪精"的最直接思想渊源。

---

　　① 《三天内解经》："太上以汉顺帝时，选择中使，平正六天之治，分别真伪，显明上三天之气。以汉安元年壬午岁五月一日，老君于蜀郡渠亭山石室中，与道士张道陵，将诣昆仑大治新出太上。太上谓世人不畏真正而畏邪鬼，因自号为新出老君。即拜张为太玄都正一平气三天之师，付张正一明威之道、新出老君之制，罢废六天三道，时事平正三天。"〔（刘宋）徐氏：《三天内解经》，《道藏》第 28 册。〕道教之所以提出要用"三天"取代"六天"，主要是为了和过去的民间信仰划清界限，以达到清整道教的目的。这一时期道教对自身的改造以及对民间信仰的批判的情况，可以参见葛兆光：《从"六天"到"三天"：六朝隋唐道教斋醮仪式的再研究》，《屈服史及其他》，三联书店 2003 年版；王承文《东晋南朝之际道教对民间巫道的批判——以天师道和古灵宝经为中心》，《中山大学学报》2001 年第 4 期。

　　② （南朝宋）陆修静：《陆先生道门科略》，《道藏》第 24 册，第 779 页。

　　③ 《道典论》："太上道君曰：'魔王邪神，皆被废黜，虽得重行，悉名故气。'"（《道藏》第 24 册，第 850 页。）

　　④ 同注①。

　　⑤ 《女青鬼律》："不得祠祭故炁，不得指鬼呼神。"（《道藏》第 18 册，第 249 页。）

　　⑥ 《道藏》第 25 册，第 301 页。

　　⑦ 《道藏》第 11 册，第 176 页。

　　⑧ 同上书，第 200 页。

不过目前发现的六朝时期的买地券中并没有出现故气的记载，目前所见最早提到"故气邪精"的买地券是广东吴川出土的唐天宝六年（747）陈聪愍地券，其中提到："谨直□故气邪精，不得干扰，此地先有恶居者，远避万里。"① 值得注意的是目前发现提到"故气"的地券从内容上看和道教关系不大，而那些明显具有道教特质的买地券中却并未提及"故气"。其中的原因还有待进一步的考察。

魑魅魍魉

魑魅魍魉最初是指在山林河泽中出没的各种神怪。王孙满向楚庄王讲述禹铸九鼎故事时提到："昔夏之方有德也，远方图物，贡金九牧，铸鼎象物，百物而为之备，使民知神、奸。故民入川泽山林，不逢不若。螭魅罔两，莫能逢之。"② 不过魑魅魍魉具体指代的是何种怪物③，王孙满并没有加以申说。不过不同于现在的用法，在上古时期魑魅魍魉都是有具体所指的，下面就分别加以介绍。

魑在早期文献中一般写作螭或离，意义也略有不同。在《说文》中离指山神④；而螭则看做龙的一种⑤。魅⑥《说文》作彪，云："老物精也"⑦。早期的文献中一般魑魅连用，表示山林异气化生的怪物⑧。

魍魉在早期文献中一般写作罔两或蝄蜽，《国语·鲁语下》中记季桓子挖井，挖出状如狗的土羊，求教于孔子。孔子对他的使者解释道：

---

① 张均绍：《唐代南巴县令买地券考》，《广东省博物馆馆刊》1988 年第 1 期。

② 杨伯峻：《春秋左传注》，第 669—671 页。

③ 上古时期关于各种精怪的记载很复杂，各种怪物的名称和特性也有很大不同。详细的介绍可以参见杜正胜：《古代物怪之研究（上）》，《大陆杂志》2002 年第 104 卷 1—3 期。

④ 离：山神，兽也。[（汉）许慎：《说文解字》，中华书局 1963 年版，第 308 页。]

⑤ 螭：若龙而黄，北方谓之地蝼。（许慎：《说文解字》，第 281 页。）

⑥ 相对于其他几种怪物，魅出现的时间最早（卜辞中既有魅的字形），在文献中也最为常见，涉及的问题也比较复杂。幸而林富士已对其作了详细的考证，这里就不赘述，详细的讨论请参见林富士《释"魅"》，《鬼魅神魔——中国通俗文化侧写》，台北：麦田出版社 2005 年版。

⑦ 许慎：《说文解字》，第 188 页。

⑧ 《史记集解》引服虔曰："魑魅，人面兽身，四足，好惑人。山林异气所生。"（《史记》，第 38 页。）《左传·文公十八年》杜预注云："魑魅，山林异气所生，为人害者。"[（清）阮元校刻本《十三经注疏》，中华书局 1980 年版，第 1863 页。]

"以丘之所闻，羊也。丘闻之，木石之怪曰夔、蝄蜽，水之怪曰龙、罔象，土之怪曰坟羊。"① 显然孔子认为魍魉是木石之怪。《说文》中则认为魍魉为山川怪物②。不管是木石之怪还是山川之怪，魍魉都是丧葬中容易遇到的怪物。《周礼》中就提到下葬时方相氏要进入墓中用兵器击打墓室四壁，驱赶方良，郑玄即将方良释为魍魉③。在汉代就有魍魉食亡人肝脑的说法，因此要在墓侧种柏树防御④。除了指山林之怪外，还有人认为魍魉是水怪，而且是人死化生而成。《论衡·订鬼》篇中引述当时人的说法称："颛顼氏有三子，生而亡去为疫鬼：一居江水，是为虐鬼；一居若水，是为魍魉鬼；一居人宫室区隅沤库，善惊人小儿。"⑤ 杜预注魑魅魍魉时，也认为"罔两，水神也"⑥。孔颖达则依据螭魅为山林之神，认为"则罔两宜为川泽之神，故以为水神也"⑦。

虽然人们一直以来都明白魑魅魍魉之间存在着区别，不过三国时期就已经有人用其通称各种鬼怪，当时著名的术士管辂在解释卦象中的凶相时，就认为是魑魅魍魉作祟⑧。后来人也多采用魑魅魍魉来指代各种鬼神，如《北史·西域列传》中提到高昌国和敦煌之间的路上，魑魅魍魉经常出没危害行人⑨。

文献中除了用魑魅魍魉指代鬼怪外，还常常用它来代表异族。《左

---

① 徐元诰撰，王树民、沈长云点校：《国语集解》，中华书局 2002 年版，第 191 页。

② 《说文解字》："蝄蜽，山川之精物也。淮南王说：蝄蜽状如三岁小儿，赤黑色，赤目，长耳，黑发。"（许慎：《说文解字》，第 282 页。）

③ 《周礼·夏官·方相氏》："及墓，入圹，以戈击四隅，殴方良。"郑玄注曰："方良，罔两也。"［（汉）郑玄注，（唐）贾公彦疏：《周礼注疏》，北京大学出版社 1999 年版，第 827 页。］

④ 《风俗通义》："《周礼》：'方相氏，葬日入圹，驱魍象。'魍象好食亡者肝脑，人家不能常令方相立于墓侧以禁御之，而魍象畏虎与柏，故墓前立虎与柏。"［（汉）应劭撰，王利器校注：《风俗通义校注》，中华书局 1981 年版，第 574 页。］

⑤ 黄晖：《论衡校释》，第 935 页。

⑥ 阮元校刻本《十三经注疏》，第 1868 页。

⑦ 同上。

⑧ 《三国志·魏志·管辂传》：辂往见安平太守王基，基令作卦，辂曰："当有贱妇人，生一男儿，堕地便走灶中死。又床上当有一大蛇衔笔，小大共视，须臾去之也。又乌来入室中，与燕共斗，燕死，乌去。有此三怪。"基大惊，问其吉凶。辂曰："直客舍久远，魑魅魍魉为怪耳。"（陈寿：《三国志》，第 813 页。）

⑨ （唐）李延寿：《北史》，中华书局 1974 年版，第 3215 页。

传》中就提到舜辅佐尧将四大凶族流放到边地去抵御“魑魅”①，这里的魑魅就有异族异域之意②。三国时诸葛恪征伐山越成功，旁人就用“藜筱稂莠，化为善草。魑魅魍魉，更成虎士”③之语来形容他的功绩。这里就是用“魑魅魍魉”来代表山越的民众。传说蚩尤也曾经率领魑魅魍魉和黄帝战于冀州④。既然曾经是蚩尤的部下，那么魑魅魍魉的异族身份就得到了进一步的确认。到了后来文人们甚至使用魑魅魍魉来讽刺外国的君主，《古今谭概》中提到明代的状元唐皋出使朝鲜，朝鲜国王出上联云：“琴瑟琵琶，八大王一般头面。”唐皋即对曰：“魑魅魍魉，四小鬼各自肚肠。”⑤

不管是用来指各种鬼怪还是用来指代异族，魑魅魍魉一般都不被视为好的事物。因此，人们也常常用它指代其他坏的事物，早在汉代徐干就用魑魅魍魉来指品行不端的人⑥，也有人用魑魅魍魉表示人们心中所存有不好的想法⑦，不过这种用法并不常见。

虽然魑魅魍魉出现得很早，也一直被人们用来指代各种事物。但是买地券中却很少出现它的身影。目前见到最早提到魑魅魍魉的买地券是嘉泰四年（1204）周必大买地券，其中有“夔灵魑魅，莫能逢旃”⑧。之语，其中的“夔灵”依前文所引《国语》中的记载正好与魍魉同义。

---

① 《左传·文公十八年》：“舜臣尧，宾于四门，流四凶族浑敦、穷奇、梼杌、饕餮，投诸四裔，以御魑魅。”（杨伯峻：《春秋左传注》，第641页。）

② 除了用魑魅魍魉表示异族外，古人也常单独用魑魅来表示异族。详细的讨论参见林富士《释“魅”》，《鬼魅神魔——中国通俗文化侧写》，第110—114页。

③ 陈寿：《三国志》，第1432页。

④ 《轩辕本纪》：“蚩尤率魑魅魍魉，请风伯雨师，从天大风而来。”（张君房：《云笈七籤》，第2172页。）

⑤ （明）冯梦龙著，栾保群点校：《古今谭概》，中华书局2007年版，第373页。

⑥ 《中论》卷下《谴交二十》：“若夫不出户庭，坐于空室之中。虽魑魅魍魉将不吾觌而。况乎贤人乎。”［（汉）徐干：《中论》，《四库全书》，696册，第488页。］

⑦ 《净明忠孝全书》：“先生曰：大凡行法之士，未消得峻责鬼神，且要先净除了自己胸腹间几种魑魅魍魉，则外邪自然息灭矣。所谓魑魅魍魉者，只是十二时中贪财好色、邪僻奸狡、胡思乱量的念头便是也。”（郭武：《〈净明忠孝全书〉点校》，《〈净明忠孝全书〉研究》，中国社会科学出版社2005年版，第365页。）

⑧ 详见附录江西32。

从文句上看，应该是用了《左传》中关于禹铸九鼎的典故①。不过虽然提到了夔灵和魑魅，但是我们不能确认当时人是否对这些鬼怪作细致的区分。因为当时就连士大夫阶层都已不在意"精、怪、魅、魍"等鬼之外非人怪物的分类②。值得注意的是，提到魑魅、魑魅魍魉的买地券皆出土于江西地区③，这是否代表着一种地域传统，有待我们进一步的考察。

牛鬼蛇神

相对于"故气"和"魑魅魍魉"，"牛鬼蛇神"这个词的历史要短得多，意义也没有那么复杂。从现有文献看应该是杜牧发明的这个词，他在给李贺的诗集作序时提到："鲸吠鳌掷、牛鬼蛇神、不足为其虚荒诞幻也。"④表示李贺诗之怪诞。后人也多用牛鬼蛇神来评价文章、书法等艺术作品。如宋濂即认为："牛鬼蛇神、侁诞不经，而弗能宣通者，非文也。"⑤王世贞也说过："然书道止此耳，过则牛鬼蛇神矣。"⑥

除了用在艺术批评上外，牛鬼蛇神也被用来代表各种鬼神。宋代的鲍云龙即认为牛鬼蛇神是人含冤致死而形成的⑦。《长物志》中则提到描画牛鬼蛇神的作品，不管是何人所作，价值都不会太高⑧。其中的牛鬼蛇神也是代表各种一般的鬼神。

买地券券文中牛鬼蛇神非常罕见，目前所见宋代及之前的买地券中，只有嘉定十七年（1224）的杨氏地券提到："牛鬼蛇神，毋得陆梁

---

① 宋人的诗文中比较喜欢援引《左传》中的这个典故，其他的例证可以参见林富士《释"魅"》，《鬼魅神魔——中国通俗文化侧写》，第116页，注㉙。

② 沈宗宪：《宋代民间的幽冥世界观》，第19页。

③ 参见附录江西32、33、35、37、38、43、44、46。

④（唐）杜牧：《樊川文集第十·李贺集序》，上海古籍出版社1978年版。

⑤（明）宋濂：《宋学士文集》卷第五十一《徐教授文集序》，商务印书馆1937年版。

⑥（明）王世贞：《弇州四部稿》卷一百三十二《视京兆李静园亭卷》，《四库全书》第1281册，第195页。

⑦《天原发微》卷五下："人而其死也。或为聪明正直之神，而庙食百世。或冤茹苦而结为牛鬼蛇神。"〔（宋）鲍云龙：《天原发微》，《四库全书》，806册，第285页。〕

⑧《长物志》卷五《书画·书画价》："书画原为雅道，一作牛鬼蛇神，不可诘识。无论古今名手，俱落第二。"〔（明）文震亨：《长物志校注》，江苏科学技术出版社1984年版，第140页。〕

于前后。"① 其中牛鬼蛇神代表的就是一般的鬼神。

以上简单地介绍了三种鬼怪的渊源以及意义的变化,通过分析我们发现这些用以指称鬼怪的词语出现的时间,往往比它在买地券中使用的时间要早得多。而这些鬼怪的意义在当时的社会宗教场景中,虽然经历了一些变化却一直存在。但在买地券和其他墓葬文书中却很少发现,直到唐宋时期,这些鬼怪才在买地券中广泛出现。之所以如此,是因为在唐宋时期,人们对于鬼尤其是家鬼与人之间的关系,有了新的认识。详细的解说请参看第五章第二节的相关讨论。

---

① 参见附录江西 35。

第 三 章

丧葬礼仪中的买地券

通过以上两章的论述，我们已经了解买地券中所包含的词句的基本意义，下面两个章节，我们将主要讨论买地券的整体意义，即回答买地券对于其使用者究竟意味着什么这样一个问题。要回答它，我们一方面要对买地券自身有所了解，另一方面则要将其还原到它的具体使用环境中去分析，也就是回到宋代丧葬实践中去分析它的意义。虽然丧礼与葬礼联系密切，但还是存在着一定的差异，所以我们将它们分开加以讨论。在第四章主要讨论丧礼中的买地券，而第五章则主要考察墓葬中的买地券。

第一节 "冢讼"考辩

关于买地券在丧葬实践中的功能，以往的研究讨论的不多。大部分研究关注的是买地券反映的土地买卖状况，或者是其中所反映的宗教思想。很少有人将其视为一个整体，放入到丧葬实践中去讨论。只有韩森认为买地券是为了防止"冢讼"而被埋入墓葬的[①]。这种观点很有启发性，但是她对"冢讼"的意义在理解上有一定的偏差。为了更好地说明

[①] 韩森：《宋代的买地券》，邓广铭、漆侠主编《国际宋史研讨会论文选集》，河北大学出版社 1992 年版。

买地券的功能，我们在此必须首先讨论一下"冢讼"①的内涵及其流变，并分析它在墓葬中的物质表现。

一

要了解一个概念的真实含义，我们必须回到它最初出现的语境中去讨论。"冢讼"自然也不例外，"冢讼"一词目前最早见于《真诰》一书②，因此，我们就从《真诰》中的相关记载谈起。

《真诰》中关于"冢讼"的记载很多，这里限于篇幅不作全面介绍③，只是根据导致冢讼的不同原因分别举例说明：第一种是自己的祖先生前为恶害人，受害人死后在冥间发起诉讼，而使生人遭受"冢讼"，《真诰》卷四《运象篇第四》云：

> 又许朝斩李玘之头，以代蔡扶之级；又走斩射潘纂等，支解铃下曹表等，水沉汤云之尸，火烧徐昂之骸，绞杀桓整，刳割振唅，

---

① 目前专门讨论"冢讼"的文章还不多。目前只有萧登福对《真诰》中的相关记载作了系统的梳理。（萧登福：《陶弘景〈真诰〉中所见修真治病药方及冢讼鬼注说》，《六朝道教上清派研究》，台北：文津出版社2005年版。）还有一些学者在其他研究中涉及了"冢讼"，如丸山宏以《大冢讼章》为核心考察了上章的仪式。（丸山宏著，张泽洪译：《正一道的上章仪礼——以〈冢讼章〉为中心》，《宗教学研究》1992年1—2期。）张勋燎、陈昊则将"冢讼"和解注结合起来讨论。[张勋燎、白彬：《中国道教考古》，线装书局2006年版，第15页；陈昊：《汉唐之间墓葬文书中的注（疰）病书写》，第293页；《唐研究》第12卷，北京大学出版社2006年版，第267—304页。]由于研究的相对不足，人们对"冢讼"思想的根源，以及其与相关宗教概念的关系一直缺乏清晰的认识，笔者希望在前人研究的基础上，通过对相关文献和考古学材料的解读来理清这一概念的内涵及渊源。

② "冢讼"这一词汇目前主要见于各道经，其中《真诰》和《赤松子章历》为早，《赤松子章历》一书大约在六朝时期成书，并被认为吸收了部分汉代道教的观念。但是其中直接关于"冢讼"的《又大冢讼章》中提到"起自茅山七真许长史，云：'欲上升为上三世，被冤家映讼。有西灵夫人告，令求道官拜奏冢讼章，以解洗冤债。'"（《道藏》第11册，第219页。）而西灵夫人和许长史则是在《真诰》之后进入道经系统的，因此《真诰》中的记载应早于《赤松子章历》。丸山宏也认为现在我们所见的《大冢讼章》有在六朝后添加内容的可能。丸山宏上揭文，第57页。

③ 详细的介绍可参见萧登福《陶弘景〈真诰〉中所见修真治病药方及冢讼鬼注说》一文。

酷害虐暴刑四十有三。张皇讼冤，事在天帝，祸戾山积，善功无一。①

《真诰》卷七《甄命授第三》亦云：

> 许朝者，暴杀新野郡功曹张焕之，又枉煞求龙马。此人皆看寻际会，比告诉水官，水官逼许斗，使还其丘坟，伺察家门当衰之子，欲以塞对解逼，示彼讼者耳。是斗亡月亡日其应至矣。君自受命，当能治灭万鬼，罗制千神，且欲视君之用手耳。欲令无他者，宜以此日诣斗墓，叱摄焕等，制敕左官，使更求考代，震灭争源也。可勿宣此，当言我假威于君矣，不知君宜往试摄灭之耳。灭鬼之迹，事中蹔应尔。
>
> 六月十六日夜，小君授书此。（此令杨君为史家摄遏冢讼也。许朝先为南阳郡，故得杀新野人。而此三人事不出周鲂诘先生中，当是四十三条限也。斗为仙品，而犹被水官之逼者，是丧服中殃气尚相关涉故也。）②

这里主要论述了许朝乱杀无辜，而水官则逼迫许斗寻"家门当衰之子"来遭受"冢讼"，据《真诰》卷二十《翼真检第二》中"真胄世谱"的记载：许朝为许长史之叔，而许斗为长史之妻，虎牙则为长史之子。一次"冢讼"却牵扯到了三代人，可见其影响之大。之所以通过许斗来施行"冢讼"，主要是由于她死亡的月份和日子正好合适，而且在丧服期间受到"殃气"影响的缘故。

第二种是家中去世的祖先由于对家事的不满，或是希望利用后人来代替自己在冥间受苦，而造成的"冢讼"。下面就是要利用后人代替自己受苦，而发动"冢讼"的一个例子，《真诰》卷七《甄命授第三》云：

---

① 吉川忠夫、麦谷邦夫编，朱越利译：《真诰校注》，中国社会科学出版社 2006 年版，第 145—146 页。

② 同上书，第 230 页。

　　七月二十七日禺中，许主簿①、华侯当入静中。尔时无复所有，为防未然耳。

　　近不得以疾笃告者，我慎法之故。且世人知未病之困，必泄三官之禁，则累加漏身，增瘵绝疾，今何乃用忧之甚耶？名身谁亲？盖宜思之。

　　纵令以小代大，[如]（于）父何如？大小俱来，于母何如？衰自己身，讼自家人耳。三官自有成事，忧悗亦无所解。自非齐达于内外者，将不得惧悸。

　　今月六日是赤孙②绝日，先处事耳。今虽停放，无所复畏。然四帅逆已关之于都禁，至日为能遣尸杀使者看望之，虽弗复虑矣。至日父母将入静中，静中疾发，亦无苦也。我其日亦当视汝。

　　右三事小茅君说。

　　八月六日，父母将赤子入静烧香，北向陈乞于二君。尔时自当有所见。所见万无所苦也。其日中时，当有前日碧衣介华袴人，来在静前立徘徊者，小君也，可就请乞也。

　　八月六日中，当有一人着平上帻，多髭须长长尔，着紫皮袴褶，将黄娥来，此人是鬼帅王延也。延自为人作益，为将娥见人耳。娥其日或当被缚。华书吏③其日当内井上助主人耳。日中当来，须臾去也。故宜力上《风注冢讼章》于却气毒之来往也。三过如此，考者匿矣。夫散翳布考，皆因人之不陈，疾者惧焉，则精胎内战，是故疢痾流发，非唯一身而已。今所以令上章者，亦以遏虎牙之盈缩耳。

　　范中侯所道如此。

　　许厚当谢诡南真夫人吏兵，告大章如此。

　　右小君。

　　以小代大，复请何为？当启太上停之，何如？

---

　　① 《真诰》卷二十《翼真检第二》："许主簿者，牙位也。"（《真诰校注》，第593页。）许主簿即指许虎牙。

　　② 赤孙，虎牙子也。

　　③ 华书吏，许虎牙妻华子容之弟。《真诰》卷二十《翼真检第二》："华新妇者，牙妻也。似云名厚，即所谓许厚。华侯、华书吏者，牙妇弟也。"（《真诰校注》，第593页。）

右小君。

牙亦尔耶，勿悆悆。演小子耳，许牙何豫乎？焉敢复相追尔。

娥与厚有水火之书。吾近承南真命，推缚尽执也。小鬼头不制服，岂足忧？亦许长史用心之所克也。

右小君。①

以上是通过两次降神活动，详细地描述了许虎牙一家是如何发现并防止一次"冢讼"的。这次"冢讼"是他的姑姑黄娥和姑丈黄演针对他们一家三口的，目的是"以小代大"。先是在七月二十七日的降神活动中，小君降下神谕，声称将在下月六日发生针对许虎牙之子赤孙的"冢讼"，不过已经没有大的危害。但是当天"遣尸杀使者看望之"，所以仍要在"静中"躲避。到了六号那一天，许虎牙夫妇带着孩子烧香祈祷。到了中午先是小君出现，接着鬼帅王延带着许虎牙的姑姑黄娥前来。在这时需要上《风注冢讼章》，然后小君向太上请求阻止"以小代大"的行为，进而阻止黄娥和黄演对虎牙父母的"冢讼"。

下面是家中死去的祖先，因对家事不满而导致"冢讼"的例子：

许厚自是其丈人所责，责亦至也。责不以家事往来之宾经意，意亦当得之也。云何每尔？此自家长之教忌，不豫我也。重谢斗，当必释耳。

范帅顷者以其不诡，乃欲不复豫事，我不听之，今无为也。诡当一须疾愈送。

斗恒渴而饮不可饮，食多困故而不可食。子妇不经心，亦不可不令知。死丈人之责耶，故宜以家事为勤。为尔不已，或能致之于丈人宇下受教耶。

八月二日夜，小君授书此，使示斧。②

这是一次危害不大的"冢讼"，是许斗因为对许厚不修家事并且祭

---

① 《真诰校注》，第235—237页。
② 同上书，第237页。

祀不勤的不满,发动的针对许厚的"冢讼"。不过只是对她小加惩戒而已,只要她对家事负责,即可以解除"冢讼"。不过耐人寻味的是这不是小君直接下给许虎牙夫妇的神谕,而是降给他的兄弟许玉斧的。不排除家庭内部利用这种方式来调节矛盾的可能。

第三种是由于坟墓位置不良,而造成的"冢讼",《真诰》卷十《协昌期第二》云:

> 墓之东北为征绝命,西北为九厄,此皆冢讼之凶地。若见亡者于其间,益其验也。①

以上是《真诰》中记载的三种不同类型的"冢讼"。通过以上的分析,我们可以发现"冢讼"主要是亡人因为种种原因,在冥界发动的针对生人的各种诉讼。"冢讼"发生后会使生人得病,其目的要么是惩罚仇人的后代,要么是让后人代替自己承受苦难。可以说"冢讼"是一种基于先人的行为,而给后人带来不幸的一种惩罚。

二

在考察"冢讼"的内涵时有一种观点必须加以辨明,有研究者认为鬼注、墓注和"冢讼"是同一的②。对此笔者有不同的看法,我们认为"冢讼"和各种注之间还是存在相当大的区别,"冢讼"更应该被视为产生注病的原因之一。下面是笔者关于这个问题的分析。

要真正了解两者之间的联系,必须先了解"注"的含义,再结合"冢讼"的含义来分析。文献中最早提到"注"是《神农本草经》中的"鬼注"。郑玄在注《周礼·天官·疡医》"疡医掌肿疡、溃疡、金疡、折疡之祝药劀杀之齐"一句时指出:"祝当为注,读如注病之注,声之误也"③,就明确指出注是一种疾病。刘熙在《释名·释疾病》中又解

---

① 《真诰校注》,第325页。

② 张勋燎、白彬:《中国道教考古》,第15页;萧登福:《陶弘景〈真诰〉中所见修真治病药方及冢讼鬼注说》,《六朝道教上清派研究》,台北:文津出版社2005年版,第675页。

③ (清)孙诒让:《周礼正义》,中华书局1987年版,第334页。

释到："注病，一人死，一人复得，气相灌注也"①，提出了注病的特征即"一人死，一人复得"，相当于现代医学中所谓的流行病②。

最早详细解释尸注和鬼注的文献则是晋葛洪撰著，南朝梁陶弘景增补的《肘后备急方》，该书卷一《治尸注鬼注方第七》云：

> 尸注鬼注病者，葛云：即是五尸之中尸注又挟诸鬼邪为害也……死后复传之旁人，乃至灭门。觉知此候者，便宜急治之。③

明确地指出了尸注和鬼注是因鬼怪作祟所致，并且在病人死亡时还会传染他人。两位撰者都是著名的高道，陶弘景还是《真诰》的整理者，但他们并没有把尸注、鬼注和"冢讼"结合起来。通过以上的分析我们可以发现文献中的注，尤其是尸注和鬼注一般被视为具有传染性的疾病。

而如上文所述，"冢讼"则是由于种种原因引起的死人对生人的诉讼。虽然它会导致疾病，也往往是注病④，但注病更应被视为"冢讼"的一种惩罚措施。如《太上玄灵北斗本命延生经注》中提到："传尸之病，又曰尸注，流注而不绝，至于灭门；又谓之冢讼征呼。速宜修善，依法解除矣。"⑤ 同书又提到："冢者，先亡坟墓。征呼者，因阴司考谪，乃追及生人。复连者，先亡传尸，连累生人。"⑥ 这里所谓"冢讼征呼"就是指"冢讼"后通过尸注将生人征呼到冥界，"冢讼"在此被

---

① （汉）刘熙著，毕沅疏证，王先谦补：《释名疏证补》，中华书局 2008 年版，第 275 页。

② 大部分研究者都注意到了这一点，比较有代表的有王利器《肘后方的贡献》，《成都大学学报》1989 年第 3 期；刘昭瑞《谈考古发现的道教注解文》，第 51—57 页；万方《古代注（疰）病及禳解治疗考述》，《敦煌研究》1992 年第 4 期，等等。

③ （晋）葛洪：《肘后备急方》，《四库全书》第 734 册，台北：台湾商务印书馆 1986 年版，第 375—376 页。

④ 有时也不一定是注病，上文提到的《真诰》中因为墓地不良导致的冢讼，引发的就是"风病"。"风病"大概相关于现代医学中的半身不遂。而《诸病源候总论》中提到的风注，据刘昭瑞的分析其与麻风病症状类似（刘昭瑞：《考古发现与早期道教研究》，第 24 页），和这里的风疾显然不同。

⑤ 《道藏》第 17 册，第 71 页。

⑥ 同上书，第 74—75 页。

视为造成"尸注"的原因。《赤松子章历》卷五《大冢讼章》则指出:
"预是前八十一讼之事件,百万种种之考注。"① 可见"冢讼"会导致数
量极其巨大的各种注。另一方面《赤松子章历》中有专门解除"冢讼"
的《大冢讼章》、《又大冢讼章》,还有解除注和复连的《断绝复连章》,
两者的内容有相当大的区别。如果"冢讼"和注两者一致的话,就没有
必要有两种不一样的章本。

道经记载的注名和冢讼名更是大相径庭。下面是《又大冢讼章》中
关于各种"冢讼"名称的记载:

> 今于三官九府之中或有溺死之讼,烧死之讼……次求恩赦之
> 讼,求还家之讼,求人代之讼,求回逭之讼,如此等讼。②

而《太上洞神洞源神咒治病口章》中载注名则如下:

> 五方注鬼:东方青注、南方赤注、西方白注、北方黑注、中央
> 黄注、朝死之注……姓名相收之注、目色相当之注、姓复相取
> 之注。③

两者之间的差异一目了然,因此从文献记载中我们很难将"冢讼"
和注等同起来。

除了文献材料中提到各种"注"外,在汉魏六朝时期的考古材料
中,我们还发现了大量的解注器。这些解注器上书写的镇墓文提到的
"注",与文献中记载的"注"并不相同,但是仍不能将其与"冢讼"等
同起来。下面我们就考察一下这些相关的出土材料,作进一步的论证。
在汉代出土的镇墓文中"注"并不是主要内容,目下所见只有四件直接
提到了"注"④。其中提到的"注"有"死人精注"、"尸注"等,依刘

---

① 《道藏》第 11 册,第 218 页。
② 同上书,第 219—220 页。
③ 《道藏》第 32 册,第 727 页。
④ 关于这几件器物的详细情况可参见刘昭瑞《考古发现与早期道教研究》,第 12—15
页。

昭瑞的解释应是不同的注病，并且可以和《太平经》中的相关观念对应①。应和六朝时期才出现的"冢讼"观念并不一致。

而到了南北朝时期敦煌地区解注器的内容，与当时道经中关于"注"的记载更是有很大区别。如敦煌祁家湾出土的西凉镇墓文云：

> 建初五年闰月七日辛卯，敦煌郡敦煌县都乡里民画虏奴之身死，音死具时，适值八魁九坎。厌解天注、地［注］、岁注、月注、日注、时注，生死异路，千秋万岁，不得相注件，便利生人，急急如律令。②

其中提到的"天、地、人、鬼注"依连劭名的观点，应该和"式"的信仰有关③。而八魁、九坎、岁注、月注、日注、时注也应和数术有关，而与道教关系不甚密切。姜伯勤认为这些镇墓文和方术与方仙道有关应属卓见④。

不论是汉魏时期中原的镇墓文还是十六国时期敦煌的解注器，其中提到的"注名"大都和道经中提到的"注名"差距很大，和各种冢讼之名更无相合之处。另一方面防止"冢讼"，主要是靠上章和特殊的墓葬刻石（详见下文），并没有这些解注器的记载。就算是将相关的"章文"刻在器物上，目前发现的镇墓文的内容，也没有任何"章文"可以比拟。刘昭瑞认为"考古发现的解注文，又应是广泛流行于魏晋南北朝时期的道教解注类章表的起源"⑤应更接近于历史本相。综上所述这些镇墓文中提到的诸种"注"应该也与"冢讼"关系不大。

此外目前香港还在施行的《先天斛食济炼幽科仪》中，将人生的冤对概括为十种，即所谓"十伤"，包括：杀伤、自缢、溺水、药死、产

---

① 刘昭瑞：《考古发现与早期道教研究》，第 24—25 页。

② 戴春阳、张珑：《敦煌祁家湾——西晋十六国发掘简报》，文物出版社 1994 年版，第 118 页。释文参见姜伯勤《道释相激：道教在敦煌》，《道家文化研究》第 13 辑，三联书店 1998 年版，第 37—38 页。

③ 连劭名：《汉晋解除文与道家方术》，《华夏考古》1998 年第 4 期，第 78 页。

④ 姜伯勤：《道释相激：道教在敦煌》，《道家文化研究》第 13 辑，第 40 页。

⑤ 刘昭瑞：《考古发现与早期道教研究》，第 37 页。

死、伏连、冢讼、狱死、邪妖、积生等①。其中"伏连"（即尸注）和"冢讼"是并列的两种冤对，可见两者直到现在，它们在道教体系中还是存在一定的区别。

三

一种观念的产生必然会受到其他观念的影响，要想更好地理解某种观念，就必须了解影响它产生的各种思想。"冢讼"也不例外，下面就简要地分析一下，促使其产生的诸种思想。

"冢讼"的一个很重要的思想核心：是人们相信死人会报复活人。这种观念并不是在六朝时期才出现，早在春秋时期它就已经非常发达。当时人们甚至用它来解释鬼的产生。子产在论"伯有之鬼"的产生时，就指出有受冤屈而死的人容易成为鬼：

> 及子产适晋，赵景子问焉，曰："伯有犹能为鬼乎?"子产曰："能。人生始化曰魄，既生魄，阳曰魂。用物精多，则魂魄强，是以有精爽至于神明。匹夫匹妇强死，其魂魄犹能凭依于人，以为淫厉，况良霄，我先君穆公之胄，子良之孙，子耳之子，敝邑之卿，从政三世矣。郑虽无腆，抑谚曰：'蕞尔国'，而三世执其政柄，其用物也弘矣，其取精也多矣，其族又大，所凭厚矣，而强死，能为鬼，不亦宜乎!"②

当时的文献中还记载了很多死人报复活人的故事，《左传》中就曾多次提及。下面是其中的一个比较具有代表性的范例：

> 晋侯梦大厉，被发及地，搏膺而踊，曰："杀余孙，不义。余得请於帝矣!"坏大门及寝门而入。公惧，入于室。又坏户。……将食，张，如厕，陷而卒。小臣有晨梦负公以登天，及日中，负晋

---

① 陈耀庭：《道教礼仪》，宗教文化出版社 2005 年版，第 146 页。
② 杨伯峻：《春秋左传注》，第 1292—1293 页。

侯出诸厕。遂以为殉。①

一国的国君，都被鬼魂报复至死，可见这种报复的威力有多大。这种人鬼报复的观念，很快就发展出了人死后通过冥间诉讼来报复仇人的思想。当时甚至有人以此来威胁敌人，以致敌人射箭不准，最后落车被杀：

> 范氏之徒在台后，栾氏乘公门。宣子谓鞅曰："矢及君屋，死之！"鞅用剑以帅卒，栾氏退，摄车从之。遇栾乐，曰："乐免之。死，将讼女于天！"乐射之，不中；又注，则乘槐本而覆。或以戟钩之，断肘而死。②

从这个故事中，我们可以看出当时人普遍相信存在冥间诉讼，并且非常畏惧它带来的惩罚。

墨子也利用各种人鬼报复的事例，来说明鬼的存在③。当时的人为了对付鬼的侵害，也发明了诸种方法，在睡虎地秦简《日书》中就有专门的《诘》篇用来防鬼。而到六朝时这种观点就更加发达，当时的笔记小说也留下了很多这方面的记载，并且其中相当多的事例都是通过冥间的诉讼来报复生人的。《幽明录》中就记载了这样的故事：

> 会稽郡吏鄞县薛重，得假还家。夜，户闭，闻妻床上有丈夫鼾声。唤妻，妻从床上出，未及开户，重持刀便逆问妻曰："醉人是谁？"妻大惊愕，因苦自申明，实无人意。重家唯有一户，搜索，了无所见，见一大蛇，隐在床脚，酒臭，重便斩蛇寸断，掷于后沟。经数日，而妇死，又数日，而重卒。经三日复生，说始死时，有神人将重到一官府，见官寮，问："何以杀人？"重曰："实不曾行凶。"曰："寸断掷在后沟，此是何物？"重曰："此是蛇，非人。"

---

① 杨伯峻：《春秋左传注》，第849—850页。

② 同上书，第1076页。

③ 参见《墨子·明鬼》篇，值得注意的是其中人鬼报复大多是鬼在现世直接报复人类，不见通过天或者上帝间接报复的例子。

府君愕然而悟曰："我常用为神，而敢淫人妇，又妄讼人；敕左右召来！"吏卒乃领一人来，着平巾帻，具诘其淫妻之过，将付狱。重乃令人送还。①

这个故事中蛇妖都利用这种方式来报复生人，不过"府君"最终还是明察秋毫，没有冤枉无辜。而一般的亡魂更是积极地采用这种复仇的方式，下面是其中的一个例子：

魏夏侯玄，字太初，以当时才望，为司马景王所忌而杀之。玄宗族为之设祭，见玄来灵座，脱头置其旁，悉敛果肉食物以纳头，既而还自安颈而言曰："吾得诉于上帝矣，司马子元无嗣也。"既而景王薨，遂无子。文王封次子攸为齐王，继景王后，攸薨。攸子冏嗣立，又被杀。及永嘉之乱，有巫见宣王泣云："我国倾覆，正由曹爽、夏侯玄二人，诉冤得申故也。"②

在夏侯玄的故事中，这种报复的威力已经达到了极致，以至于国家都要因此覆灭。

当时的人，因为普遍相信死后可以报复仇人，也相信存在着冥界的审判。因此在因冤屈而亡之时，他们往往会要求将纸、笔、墨埋入墓中，准备到冥间书写状纸，来告发仇人，往往仇人们也都以伏诛收场。下面的故事就提到了这方面的事情：

北齐阳翟太守张善，苛酷贪叨，恶声流布。兰台遣御史魏辉俊，就郡治之，赃贿狼藉，罪当合死。善于狱中，使人通诉，反诬辉俊为纳民财，枉见推缚。文宣帝大怒，以为法司阿曲，必须穷正，令尚书令左丞卢斐复验之。斐遂希旨，成辉俊罪状，奏报，于州斩决。辉俊遗语令史曰："我之情理，是君所见，今日之事，可复如之。当办纸百番，笔二管，墨一绽，以随吾尸，若有灵祇，必

---

① 刘义庆：《幽明录》，《汉魏六朝笔记小说大观》，第728页。
② 李昉等编：《太平广记》，第833—834页。

望报卢。"令史哀悼，为之殡敛，并备纸笔。十五日，善得病，唯云叩头，旬日而死。才两月，卢斐坐讥驳魏史，为魏收奏，文宣帝鸩杀之。①

出土材料中也有类似的文本，不过它不是到了地府再书写状纸，而是将状纸直接埋入墓中，显然这是在追求更直接的效果。以下是吐鲁番出土的相关文书：

> 缘禾二年十月廿七日，高昌郡高宁县都乡安邑里民赵货辞：行年卅，以立身不越王法，今横为叔琳见状枉死，即就后世，衔恨入土。皇天后土，当明照查；盐罗大王，平等之主，愿加威神，召琳夫妻及男女子孙检校。冀蒙列理，辞具。货母子白大公、己父，明为了理，莫爱岁月。②

不仅要求惩罚当事人，而且希望他的家人也要受到惩处，可见仇恨之深。这些人鬼报复的事件，在六朝及以后由于佛教思想的影响，人们往往将其称为"冤报"③，将其视为报应的一种。

"冢讼"的第二种思想渊源是相信祖先的过错由后人来承担，这一点在《真诰》中就已经有所表现，大部分提到的"冢讼"都和先人有关。其他道经提到"冢讼"时也往往提到先人的责任，如《赤松子章历》卷五《又大冢讼章》云：

> 起自茅山七真许长史，云：欲上升，为上三世被冤家殃讼。有西灵夫人告，令求道官拜奏冢讼章，以解洗冤责。④

---

① 李昉：《太平广记》，第 838—839 页。

② 荣新江、李肖、孟宪实主编：《新获吐鲁番出土文献》，中华书局 2008 年版，第 171 页。关于这件文书详细的考证参见游自勇：《吐鲁番新出〈冥诉文书〉与中古前期的冥界观念》，《中华文史论丛》2007 年第 88 辑，第 32—33 页。

③ 颜之推就曾写过《还冤记》一书，《太平广记》中在报应类中也有专门的"冤报"小类，专门记录人鬼报复的故事。

④ 《道藏》第 11 册，第 219 页。

这些文献都明确地指出了祖先的过错和现世中后代的联系，一般都要追溯到前几代的祖先。这种思想应是承袭《太平经》中的承负思想①。《太平经》中认为承负就是"夫先人但为小小误失道，行有之耳，不足以罪也。后生人者承负之，畜积为过也"②。而且人的寿命也要受到承负的限制，冥界的官员要计算承负来相应地减少寿命，《太平经》中即云："太阴法曹，计所承负，除算减年，算尽之后，召地阴神，并召土府，收取形骸，考其魂神。"③

"冢讼"思想的第三个思想渊源是相信墓地位置不良会影响生人，这是风水思想的典型观点。在汉代人们已经相信墓地风水的好坏，对人的命运有至关重要的影响。而到了三国时就有了和《真诰》中非常接近的风水观念。当时著名的术士管辂在看到毋丘俭祖墓时就称："玄武藏头，苍龙无足，白虎衔尸，朱雀悲哭，四危以备，法当灭族。"④ 这和《真诰》中的风水思想⑤有明显的类似之处。后来人们也相信风水不好，是导致"冢讼"的原因之一。《赤松子章历》卷五《大冢讼章》中即云："若某家祖曾已来先亡后死，男女大小，凡葬埋所在，有犯十二月建，破王耗八将六对，伤绝禁忌，音向不正，哺次不得，左前右后伏尸，故伤妨害男女位座。"⑥ 其中提到的"月建"、"八将六对"、"音向不正"等概念均和风水思想有关。

通过考察"冢讼"的含义及其思想渊源，可以表明"冢讼"这种观念，是六朝时代的道士综合之前的民间信仰和道教诸种观念而成。在这

---

① 承负说是《太平经》中的主要思想，关于承负说比较详尽的介绍可参见陈焜《试论〈太平经〉中之承负说》，《宗教学研究》2002 年第 4 期，第 19—23 页。承负思想在汉代还与解注文有很密切的联系。详细的论说请参见刘昭瑞《太平经与考古发现的东汉镇墓文》，《世界宗教研究》1992 年第 4 期。

② 王明：《太平经合校》，第 515 页。

③ 同上书，第 579 页。

④ （晋）陈寿撰，裴松之注：《三国志·魏志·管辂传》，中华书局 1982 年版，第 825 页。

⑤ 《真诰》卷十《协昌期第二》云："范幼冲，汉时尚书郎，□解地理，乃以冢宅为意。魏末得来在此童初中，其言云：'我今墓有青龙秉气，上玄辟非，玄武延躯，虎啸八垂，殆神仙之丘窟，炼形之所归。乃上吉冢也。'"（《真诰校注》，第 330 页。）其中对四神描述和《管辂传》记载极为相近。

⑥ 《道藏》第 11 册，第 218 页。

一综合过程中，相关的宗教人士进行了大量创造性融合，他们将"注"中的数术思想取消，以承负说（虽无其名，但有其实）为核心，利用人鬼报复和冥间诉讼的思想，提出了"冢讼"这一新说，并在"清整道教"之际，将这一新说纳入自身体系之中。

四

由于"冢讼"是针对亡人所有后代的一种行为，危害巨大，甚至能招致灭门之祸，因此道经中非常重视对它的防治。《真诰》中就提到："人家有疾病、死丧、衰厄、光怪、梦悟、钱财灭耗，可以禳厌，唯应分解冢讼墓注为急。不能解释，祸方未已。"[①] 指出要迅速地防止"冢讼"。其中主要的手段就是上章[②]，这一点我们可以在上文提到的许虎牙一家的"冢讼"，以及《赤松子章历》的相关记载中发现。不过值得注意的是，人们并不是在日常生活中举行各种防止"冢讼"的仪式，而是在丧葬中采用各种方式来防止"冢讼"。《颜氏家训》中即云："偏傍之书，死有归杀。子孙逃窜，莫肯在家，画瓦书符，作诸厌胜，丧出之日，门前然火，户外列灰，祓送家鬼，章断注连，凡此种种，不近有情，乃儒雅之罪人，弹议所当加也。"[③] 就记载了当时丧葬之家上章厌胜的情境。

上章是活人为了防止"冢讼"所举行的仪式。为了安全起见他们还使用各种镇墓器物在墓葬中防止"冢讼"，其中比较重要的就是"柏人"和"镇墓石"。墓葬随葬的各种人俑在东周就已出现，但是确定和"冢讼"相关的人俑，目前所见最早的应是香港中文大学文物馆所藏的西晋建兴二十八年松人木简：

> 建兴廿八年十一月丙申朔，天帝使者合同复重拘
> 校，八魁九坎，年望朔晦，东井七星。死者
> 王尸洛子所犯，柏人当之；西方有呼者，

---

① 《真诰校注》，第 245 页。

② 有关上章仪式具体步骤的介绍，可参见丸山宏《正一道的上章仪礼——以〈冢讼章〉为中心》一文。

③ 王利器：《颜氏家训集解》，中华书局 1993 年版，第 98 页。

松人应之。地下有呼者,松人应之。生

人蛝蛝,当问柏人;洛子死注咎,松人当

之。不得拘校复重父母兄弟妻

子,欲复重,须松柏人能言语。

急急如律令。(松人下方)

天地拘校复重,松柏人当之。(松人上方)

日月时拘校复重,柏人当之。(松人左侧)

岁墓(暮)年命复重,松人当之。(松人右侧)

木简背后文字为:

建兴廿八年十一月丙申朔二日丁酉。天地使者谨为王氏之家解
后死者,洛子日时不食,

复重拘校,与生人相妨,故作松柏人以解咎殃。谨解东方甲乙
之复鬼,令复五木;谨

解西方庚辛之复鬼,令复五金;谨解南方丙丁之复鬼,令复五
火;谨解北方壬癸之

复鬼,令复五水;谨解中央戊己之复鬼,令复五土。无复兄弟
妻子妇

女孙息宗亲,无罚无负,齐一人止。急急如律令。

生人拘校复重,松人应之;死人罚滴作役,松人应之;六畜作
役,松人应

之。无复兄弟,无复妻子。若松人前却,不时应对,鞭笞三
百,如律令。①

其中要求松、柏人答应西方和地下的征召,主要是要代替生人承担
各种"复重"。这里的呼,可能就有上文提及道经中所谓征呼之意,但
还不是完全的用来防止"冢讼",主要是为了防止"复重"。而到了唐宋
时期江西地区出土的各种柏人俑,则明显体现了"冢讼"观念对它们的

---

① 释文参照刘昭瑞《考古发现与早期道教研究》,第 77—78 页。

影响。江西吉安北宋墓中就出土有充当柏人的镇墓券：

> 准开元敕，赐与亡人王氏夫人百（柏）人一躯，于墓中斩杀凶神恶鬼，条律如后：地中有神，呼亡人长男中男小男名字，仰百人知当。地中有神，呼亡人长女中女小女名字，仰百人知当。……葬送亡人已后，墓中合出高官职禄，仰百人迎取，送与阳道，子孙受之。……送与阳道子孙受之。水火盗贼欲至，仰百人斩之。急急如律令！奉太上老君敕。见人：张坚固，保人：李定度。人民有福。①

解决坟墓位置不良的问题，则主要是依靠各种镇墓石。《真诰》中就提到：

> 夫欲建吉冢之法，去块后正取九步九尺，名曰上玄辟非。华盖宫王气神赵子都、冢墓百忌害气之神尽来属之。能制五土之精，转祸为福。侯王之冢招摇，欲隐起九尺，以石方圆三尺题其文，埋之土三尺也。……
> 员三尺，题其文曰："天帝告土下冢中王气、五方诸神、赵公明等：某国公侯甲乙，年如干岁，生值清真之气，死归神宫，翳身冥乡，潜宁冲虚，辟斥诸禁忌，不得妄为害气。当令子孙昌炽，文咏九功，武备七德，世世贵王，与天地无穷。一如土下九天律令。"②

在四川地区的宋墓中，我们发现了很多这类的"镇墓文券"。如成都宋墓出土的镇墓券四周刻有"□□□□，青龙秉气，朱雀避非，虎啸八垂"，石内正文则为："□□□告：下土五方旺□诸神、□（赵）公明，□今有□（亡）者卫氏，□值清真之气，终存不□□既□身宫，冥乡□宁，冲虚辟斥，诸忌不□，忘为祸害。当今子孙□庆吉无不利，与

---

① 王吉允：《吉安发现一座北宋纪年墓》，《考古》1989 年第 10 期。释文前半部分参考鲁西奇《隋唐五代买地券丛考》，《文史》2007 年第 2 辑，第 130 页注⑯。

② 《真诰校注》，第 331 页。

天地而无穷，一如九天律令。"① 其中的内容和《真诰》中的记载基本
一致。

让人不解的是，同样用于解除"冢讼"的柏人和镇墓文券，一种主
要见于江西，另一种则见于四川。这种地域上的差异究竟是巧合，还是
有其他原因，还需要进一步的考察。

第二节　宋代买地券的仪式功能

通过上节的分析我们可以发现，"冢讼"主要是一种道教理念，它
在墓葬中的表现主要是镇墓券和柏人俑，与买地券关系并不是很大。那
么买地券在丧葬中究竟是起到何种功能，这还需要对相关的文献进行细
致的解读才能发现，下面就主要依据当时流传的各种意义和风水文献来
考察买地券在丧葬礼仪中的意义。

要分析买地券在丧葬礼仪中的功能，我们必须先考察礼仪文献中关
于它的记载。在《大唐开元礼》、《通典》、《政和五礼新仪》、《司马氏书
仪》、《朱子家礼》以及敦煌出土的写本吉凶书仪这些唐宋时期的公私礼
仪文献中，都没有关于买地券的直接记载。但是《宋史·礼仪志》中提
到诏葬时指出："又按《会要》：勋戚大臣薨卒，多命诏葬，遣中使监
护，官给其费，以表一时之恩。凡凶仪皆有买道、方相、引魂车，香、
盖、纸钱、鹅毛、影舆，锦绣虚车，大舆，铭旌；仪棺，行幕，各一；
挽歌十六。其明器、床帐、衣舆、结彩床皆不定数。坟所有石羊虎、望
柱各二，三品以上加石人二人。入坟有当圹、当野、祖思、祖明、地
轴、十二时神、志石、券石、铁券各一。殡前一日对灵柩，及至坟所下
事时，皆设敕祭，监葬官行礼。熙宁初，又著新式，颁于有司。"② 这
里的"券石"和"铁券"是否就是指买地券，文献中并没有明确说明。

① 成都市文物考古研究所、成都市文物考古工作队：《成都市二仙桥南宋墓发掘简报》，
《考古》2004 年第 5 期。

② 脱脱：《宋史》，第 2909—2010 页。今本《宋会要辑稿》中不载此段文字。

不过《地理新书》中提到买地券时，要求使用丹书铁券①，所以两者应该存在着一定的关联。并且在当时被盗的晚唐墓葬中发现了敕葬的铁券，上面还记载了"赐钱九万九千九百九十九贯文"②，这和很多买地券中用来买地的钱款数额一致。由此可见，买地券当时极有可能被当作诏葬③的明器之一。

不过我们并不能简单地认为买地券只和诏葬有关。因为诏葬的费用极高，所以当时应该并不普遍。《石林燕语》中就提到："大臣及近戚有疾，恩礼厚者多宣医。及薨，例遣内侍监护葬事，谓之'敕葬'。国医未必皆高手，既被旨，须求面投药为功，病者不敢辞。偶药不相当，往往又为害。'敕葬'则丧家无预，一听于监护官，不复更计费，惟其所欲，至罄家资有不能办者。故谚云：'宣医纳命，敕葬破家。'近年'敕葬'多上章乞免，朝廷知其意，无不从者。"④ 因为这个原因，有大臣上书要求修改礼制，并获得了同意，制定了所谓的"熙宁新式"⑤ 并且在现在发掘的宋墓中，也没有发现完全符合《宋史·礼仪志》记载的明器组合，这也可以说明诏葬在当时并不普遍。

而买地券却在当时的丧葬实践中被广泛的使用，这一点我们可以从

① 丹书铁券本指帝王赏赐给功臣，世代享受优遇或免罪的凭证，一般都是流传给后人的。所以《地理新书》中的丹书铁券应该只是指用丹砂在铁板上书写券文。应与文献常见的丹书铁券无关。考古发现的用于免死丹书地券的实例，可以参见赵超《十将与地券：读唐代墓志札记》，《考古与文物》1987年第4期。

② 《续夷坚志》卷三《王处存墓》："王处存墓在曲阳燕川西北白虎山之青龙碣，己卯八月，完州人劫破之，骨已灰烬，得银百余星，一砚一镜，唐哀帝所赐铁券，券刻金字云：'敕葬忠臣王处存，赐钱九万九千九百九十九贯九百九十九文。'其孙周臣说。"[（金）元好问撰，常振国点校：《续夷坚志》，中华书局2006年版，第61页。]

③ 有关诏葬的详细讨论可以参见吴丽娱《从〈天圣令〉对唐令的修改看唐宋制度之变迁——〈丧葬令〉研读笔记三篇》，第三部分"笔记之三：从诏葬到敕葬"，《唐研究》第12卷，北京大学出版社2006年版，第161—200页。

④ （宋）叶梦得：《石林燕语》，中华书局1984年版，第67页。类似的记载亦见于（宋）陆游撰，李剑雄、刘德权点校：《老学庵笔记》，中华书局1979年版，第116—117页。

⑤ 参见《宋史·礼二十七凶礼三》："《熙宁新式》：先是，知制诰曾布言：'窃以朝廷亲睦九族，故于死丧之际，临吊赙恤，至于窆穸之具，皆给于县官，又择近臣专董其事，所以深致其哀荣而尽其送终之礼。近世使臣沿袭故常，过取馈遗，故私家之费，往往倍于公上。祥符中，患其无节，尝诏有司定其数。皇祐中，又著之《编敕》，令使臣所受无过五百，朝臣无过三百，有违之者，御史奏劾。伏见比岁以来，不复循守，其取之者不啻十倍于著令。乞取旧例裁定酌中之数，以为永式。'"（脱脱：《宋史》，第2911页。）

当时的文献记载中发现,《癸辛杂识·买地券》即云:"今人造墓,必用买地券,以梓木为之,朱书云'用钱九万九千九百九十九文,买到某地若干'云云。此村巫风俗如此,殊为可笑。"① 其中提到"今人造墓,必用买地券",可见当时的普及程度,而且指其为"村巫风俗",可见使用者多为平民。而这两个结论,也能被考古发现的买地券所证实,依据目前的出土材料我们发现买地券在已发掘的墓葬中比较常见,并且使用的阶层比较广泛②。由以上的分析,可以看出买地券在丧葬实践中一般不是作为诏葬的一部分而存在的,它还应该具有其他方面的功能。

虽然礼仪文献中没有买地券的详细记载,但是在当时的官修风水书《地理新书》中对买地券的记载却非常详细。这就为我们了解买地券在一般丧葬中的功能提供重要的线索,下面我们先来了解一下,文献中的相关记载:

《地理新书》中先是交代了斩草的原因,主要是人们的日常生活和草密不可分,所以必须要有这样的一个仪式:

> 人生蓐以草,男女嘉会荐以草,死者藉以草,草者,地之毛,生则游于地上,死则归于地下,三者,皆人之始终不离于草也。故云斩草。又曰古者葬于幽远,草木深荒,故云斩草也。斩草者,断恶鬼,安亡魂也。《鬼律》云:"葬不斩草买地,不立券者,名曰盗葬,大凶。"

而斩草仪对于买地券的材质和墓葬中的位置都有明确的规定:

> 凡斩草,取茅或杆草九茎,三三之数也。斩三下者,断三殃害也。更有众子各加三茎,用五色线三道束之,置于黄帝位前。先王用誓板,长一尺,阔七寸,公侯已下用祭板,长一尺,阔七寸,位板十九,各方五寸,已上各书神位。公侯已下皆须铁券二,长阔如祭板,朱书其文,置于黄帝位前。其一埋于明堂位心,其一置于穴

---

① 周密:《癸辛杂识》,第 277 页。
② 参见第二章第一节中的相关讨论。

中枢前埋之。

进而还规定，在何种情况下需要朗读地券，以及地券需要书写哪些内容。

祝生于坛内西南东跪，读祝，其祭官、执事·及祝生并吉服，祝曰：维年月日，祭主某乙致告于五方五帝、山川百灵、后土阴官、丘丞墓伯、阡陌诸神，某亲以某年月日奄逝。伏维永往，五内分割，礼制有期，龟筮袭吉，宜于某州某县某乡某山之原宅兆，以其年月日迁坐幽室，用今吉辰斩草。谨以信币、柔毛、酒礼之仪，致告于山川百灵，主供奠于后土神，既葬之后，永无咎艰，尚飨。再拜上酒。祭官入，就黄帝位前，跪读，两券背上书合同字，置于旧处，俛伏而起，出南门外，北向再拜，行酒上香。用铁为地券，文曰：

某年月日，具官封姓名，以某年月日殁故，龟筮叶从，相地袭吉，宜于某州某县某乡某原，安厝宅兆，谨用钱九万九千九百九十九贯文兼五彩信币，买地一段，东西若干步，南北若干步。东至青龙，西至白虎，南至朱雀，北至玄武，内方勾陈，分擘四域。丘丞墓伯，封部界畔，道路将军，齐整阡陌。千秋万岁，永无殃咎，若辄干犯呵禁者，将军亭长，收付河伯。今以牲牢酒饭，百味香新，共为信契，财地交相分付，工匠修营安厝，已后永保休吉。知见人：岁月主。保人：今日直符。故气邪精，不得忏恀，先有居者，永避万里，若违此约，地府主吏，自当其祸，主人内外存亡，悉皆安吉，急急如五帝使者女青律令。

最后则强调在祭奠结束后，要将地券放入墓中：

再拜，执事者取所斩之茅兼信币各一段，纸钱少许，肉一脚，酒一爵，果饼等，铁券一枚，埋地心。余纸钱、信币少许，焚之。执事者引孝子于幽堂、天井前立，授锹于孝子，发其壤。葬欲北首，故南其壤，若贵人则斩草发土，并执事者代之。其祭物等，祭

官与祝生等分散之，其耒糈米、马谷，四方撒之，余食于西南上，
分散食之。其祭祀之余，主人勿以将归，凶。其一券葬时进于墓中
柩前。①

从上面的记载中我们首先可以发现买地券仪式和斩草仪紧密相连，
是斩草仪的一部分。在出土的买地券中我们也能发现这种联系，目前发
现最早带有"斩草"内容的地券是隋大业六年（610）陶智洪买地券，
其中提到"维大业六年太岁在庚午二月癸巳朔廿一日癸丑，斩草"②。
宋代出土的买地券也曾直接提到过斩草，如宝祐二年（1254）张重四地
券即曰："按鬼律云，葬不斩草、买地、立券，谓之盗葬。"③ 这和《地
理新书》中的记载基本一致。

虽然当时各种礼仪文献中都没有专门提及斩草仪，但是这种礼仪
在南北朝时期就已经出现，并且与皇室有关。《南齐书》卷十《志第
二·礼下》即载："太子妃斩草乘黄，议建铭旌。仆射王俭议：'礼，
既涂棺，祝取铭置于殡东，大敛毕，便应建于西阶之东。'"④ 到了宋
代，皇家实际上还在延续着这种礼仪。徽宗的皇后王氏去世时就涉及
了斩草仪，《宋史》卷一二三《凶礼二》中载："太史局言：'大行皇
后园陵斩草用十月二十四日，斥土用十一月十三日，葬用十二月二十
七日。诸宗室和祔葬者，并依大行皇后月日时刻。'"⑤ 虽然正史中多
次提到斩草，但是有关它的具体内容，却没有论及，具体的原因还有
待进一步考察。

虽然我们目前还不能将《地理新书》中记载的斩草仪，和正史中提
到的斩草仪完全等同起来。但是两者之间存在着一定的联系则是毋庸置
疑的。那么，作为斩草仪一部分的买地券应该也极有可能在官方的丧葬

---

① 以上所征引的关于斩草仪和买地券的文献均见于王洙：《地理新书》卷十四《论斩草
忌龙虎符入墓年月》，第112—113页。
② 熊传新：《湖南湘阴隋大业六年墓》，《文物》1981年第4期。释文参见鲁西奇《隋唐
五代买地券丛考》，《文史》2007年第2辑，第109页。
③ 详见附录江西44。
④ （梁）萧子显：《南齐书》，中华书局1972年版，第158页。
⑤ 脱脱：《宋史》，第2874页。

礼仪中找到对应的部分。通过上面引述《地理新书》中的记载，我们可以发现买地券是和祭奠后土①有关的一种礼仪。之所以这么认为，主要是基于以下两点的考虑，一是在斩草仪的祝词中提到"谨以信币、柔毛、酒礼之仪，致告于山川百灵，主供奠于后土神"可见整个仪式都和祭奠后土有关；二是在斩草仪中要求制作两块买地券，一块"埋于明堂位心"一块"置于穴中枢前埋之"，很显然后一块是交予墓主，而置于"明堂位心"则是交予神灵的，而明堂恰恰是为了祭奠后土所立。《地理新书》卷十四《明堂祭坛法》中云："葬必置明堂，祭后土诸神，则亡魂安。《青乌子》云：'不立明堂，名曰盗葬，大凶。'"② 由此可见，另一块地券实际上就是交予后土的。而且根据韩森的研究，在中国古代的契约中当卖主地位高于买主时，常省略卖主的姓名③。所以尽管《地理新书》中买地券文本中并没有直接提及后土，但这完全可能是人们尊敬后土的结果。不能因为在文本没有直接发现后土的名字，而否认两者之间的密切联系。到了后来这种联系就更加明显，元代流行的风水书《茔原总录》中就提到："券立二本，一本奉付后土，一本乞付墓中。"④ 综上所述，买地券完全可以理解为亡人与后土之间的合同。

而在当时丧葬活动中祭奠后土是一种非常常见的葬仪，在《大唐开元礼》、《通典》、《司马氏书仪》、《朱子家礼》、《政和五礼新仪》中都有记载，这些礼仪文本中的祭祀后土的仪式都本于《大唐开元礼》⑤，在宋代司马光又给予一定的缩减。以下是《开元礼》中关于祭后土仪的大致记载：先是在葬前的"卜宅兆葬日"仪中举行祭祀后土的仪式，

---

① 周一良最早注意到，祭后土仪和买地券之间可能存在联系。他在讨论敦煌吉凶书仪时指出，"也许它（祭祀后土）的作用，就相当于埋下买地券以保证死者能长久安居"。（周一良：《敦煌写本书仪中所见的唐代婚丧礼俗》，《唐五代书仪研究》，中国社会科学出版社1996年版，第298页。）可惜的是，由于不是专门讨论这个问题，周一良并没有将他的观点展开。

② 王洙：《地理新书》，第111页。

③ 韩森：《传统中国日常生活中的协商》，第156页。

④ 《茔原总录》卷三，未分页，转引自韩森《传统中国日常生活中的协商》，第170页。

⑤ 参见《文公家礼仪节》："《温公书仪》本《开元礼》，《家礼》本《书仪》，其丧礼开茔域及窆与墓祭，俱祀后土。"［（明）邱浚：《文公家礼仪节》，《四库全书存目丛书》，齐鲁书社1995年版，经部114册。］

要求：

祝师掌事者入铺后土氏神席于墓左，南向。设酒尊于神座东南，加勺幂。设洗于酒尊东南，罍水在洗东，篚在洗西南肆（篚实以巾爵，加幂）。相者引告者及祝与执尊罍篚者，俱立于缶洗东南，重行西向，以北为上。（国官若僚佐之长，告无国官僚佐者，亲宾为之。主人告者俱去绖杖）立定，俱再拜。祝与执尊罍篚者先立于尊罍篚之后，执馔者以脯醢跪设于神座前，兴，还本位。相者引告者诣罍洗，盥手洗爵，诣酒尊所，酌酒，进，跪奠于神座前，兴，少退。北面立。祝持版进于神座之右，东面跪读祝文曰："维年月朔日，子某官姓名（若主人自告父母称孤子，母称哀子，姓名）敢昭告于后土氏之神，今为某官姓名。（若主人自告云为父，某官封某甫母云太夫人，若郡君某氏各随官称之。）营建宅兆，神其保佑，俾无后艰。谨以清酌脯醢，祇荐于后土之神，尚飨。"讫，兴。告者再拜。相者引告者还本位，西面再拜，相者引出，掌事者以下俱复位，再拜。遂撤馔席尊罍以出。①

在葬后再举行专门的"祭后土仪"，要求：

预于墓左除地为祭所。柩车到，祝吉服铺后土氏神席北方，南向。设酒尊于神座东南，北向。设洗于酒尊东南，北向，罍水在洗东，篚在洗西，南肆，以巾爵实于篚。既覆土，告者吉服（国官僚佐之长，若无者亲宾充），相者引告者与祝及执尊罍篚者，俱立于罍洗东南，重行西向，以北为上，立定，俱再拜。祝与执尊罍篚者俱就尊罍篚之后。相者进告者之左，北面白："请行事"。掌馔者以馔入，祝迎引设于神座前，置设讫，掌馔者出。相者引告者诣罍洗，盥手洗爵。相者引告者诣酒尊所，执尊者举幂，告者酌酒，进，跪奠于神座前，俛伏，兴，少退，北面立。祝持版进于神座之

① 《大唐开元礼》，民族出版社2000年版，第660—661页。

右，东面跪读祝文，曰："维年月朔日，子某官姓名，敢昭告于后
土之神，某官封谥，窆兹幽宅，神其保佑，俾无后艰。谨以牺齐，
粢盛庶品。明荐于后土之神，尚飨。"讫，兴。告者再拜。祝进，
跪奠版于神座，兴，还尊所。相者引告者退，复位，再拜。相者引
告者出。祝以下俱复位，再拜，撤馔席以出。[①]

　　从祝词上看，斩草仪中的祝文和两次祭祀后土的仪式上所念的祝文
在结构上极为相似，同时也主要是为了祭祀后土。而且使用的器具也很
相似，比如都使用了罍、洗。值得注意的是祭后土的仪式一般有两次，
一次在卜宅兆时要祭奠一次，在下葬后还要再举行专门的"祭后土仪"，
而斩草的仪式在《地理新书》中只提到一次，不过《地理新书》和《大
汉原陵密葬经》都提到了在葬后要举行"择谢墓仪"，而其主要针对的
就是"后土阴官"，所以斩草和择谢墓仪在仪式上的作用应等同《大唐
开元礼》中有关后土的礼仪。而且"择谢墓仪"明确要求重复斩草仪的
部分内容，这和"祭后土仪"中要求对"卜宅兆葬日"的部分重复也大
致相同。因此，笔者认为斩草仪在仪式功能应与"祭后土仪"一致，而
买地券就是亡人和后土订立的合同[②]。宋金时期的买地券中也多次提及
后土，而且不同的买地券还有不同的表达方式。如成都出土的宣和六年
（1124）黄念四郎买地券即云："就此青天父、后土母、十二位社稷主边
处，买得前件墓田一所。"[③] 而庆元三年（1197）三五知郡买地券则直
接提到"立兹券契，谨以将弊葬于后土"[④]。直接的将后土视为埋葬的
归所。在很多元明时期的买地券中，都直接地记述了亡人和后土共有
地券的情景。如河北涿鹿出土元代买地券中载"券立二本，一本奉付

---

① 《大唐开元礼》，第 667 页。
② 当时社会上可能还存在内容相异的各种斩草仪，其中所涉及的买地券文本应该不止一
种模式。如南唐保大十年（952）范韬买地券就提到："呈告皇天后土，五方尊神，开灶地主，
□得其他及钱，斩草。"（赵洪章：《浦城发现南唐范韬墓志铭》，《福建文博》1989 年第 1、2
期合刊。）其中礼敬的神灵和文句格式和标准模式有一定区别，应该就是当时流行其他斩草仪
所遗留下来的买地券。
③ 详见附录四川 33。
④ 详见附录四川 53。

后土地",① 很明显的是受到了《茔原总录》的影响。并且买地券的相关内容,也慢慢地影响到了"祭后土仪"。现在台湾地区施行的丧葬礼仪中还保留着"祀后土"仪式。仪式中一般要朗读如下祀文:"土地公(后土)在上,弟子〇〇〇率家族等谨为先慈/严〇〇〇逝世,乞假贵地〇坐〇向,〇〇〇(处所)〇〇坪为阴宅之所,其购买费用弟子一次付清,祈土地公(后土)惠予悉心照料,使先慈/严能往生极乐世界。岁时令节,当率家属前来叩谢。"② 其中提到的墓葬坐向以及家属对神灵的叩谢,明显地承继了宋代买地券中的相关理念。

---

① 刘建华:《浅议元代凡山镇板水弥勒禅寺买地券》,《文物春秋》1995 年第 3 期,第 22 页。类似的还有:青海出土的明宣德元年买地券载:"券立二本,一本奉付后土,一本乞付墓中,令亡人尚公子名收。"(卢宗义、胡晓军:《陈土司祖茔买地券琐议》,《中国土族》2005 年秋季号,第 54 页。)河北盐山出土的明嘉靖十二年买地券中载:"券立二本,一本奉付后土阴官,一本乞付墓中。"(王志斌:《河北盐山出土明代买地券》,《文物春秋》2001 年第 6 期,第 68 页。)凉州出土的明天顺年间买地券载:"诣掌山川后土处,买到墓地一方。"黄承宗:《凉山州出土的明代买地券》,《四川文物》1997 年第 5 期,第 63 页等。
② 杨炯山主稿:《婚丧礼仪手册》,新竹社交馆 2002 年版,第 216 页。

第 四 章

墓葬中的买地券

　　第三章中笔者简要分析了丧礼中买地券的作用。而在丧礼之后，买地券作为随葬品继续出现在墓葬中，由于使用的环境发生了改变，买地券的功能也就有所不同。下面就结合出土的买地券的墓葬材料，简要分析一下宋代买地券与当时墓葬的关系。在讨论这个问题之前，我们需要先对宋墓的特性有一个粗略的认识。相对于之前的时代，宋墓最大的特征是地方特性明显，不论是在墓葬形制上还是随葬品的组合上，各个地域之间的差异都非常巨大①。一般来说，很少有一种随葬品可以在全国范围内广泛的流行，即便是在墓葬中表现同一题材时，各地的表现形式也大有区别。比如在《宋史》、《宋会要》和《大汉原陵秘葬经》中多次提到的明器神煞，各地的表现形式就有很大区别②。

　　买地券则和一般的随葬器物不同，在各个地域都有发现，而且各种

---

　　① 宋代不同地域的墓葬特征，一般性概括可以参见秦大树《宋元明考古》，文物出版社2004年版，第137—165页。

　　② 比如四川地区流行主要采用实物俑的形式表现明器神煞，而江西福建地区则主要利用堆塑瓶上的堆塑来表现，广东地区也出现过用墓室装饰来表现。（比较全面分析文献中记载的明器神煞和墓葬实物之间对应关系的是徐苹芳《唐宋墓葬中的"明器神煞"与"墓仪"制度——读〈大汉原陵秘葬经〉札记》，《考古》1963年第2期。）四川的代表是蒲江县出土的十二辰俑，参见陈显双、廖启清《四川蒲江县五星镇宋墓清理记》，《考古与文物》1986年第3期；堆塑瓶的情况，参见杨后礼《江西宋元纪年墓出土堆塑长瓶的研究》，《南方文物》1992年第1期，广东的神煞形象，参见曹腾非等《广东海康元墓出土阴线刻砖》，《考古学集刊·二》，中国社会科学出版社1982年版，第171—180页。

墓葬类型都发生了联系，不论是土坑墓①、土洞墓②、砖室墓③、石室墓④、仿木结构砖室墓⑤乃至壁画墓⑥中我们都可以发现买地券的身影，同出的随葬品也多种多样，并且常常多寡不一。

　　买地券之所以能如此广泛地出现在宋代的各种墓葬中，是和其功能紧密相连的。正如前文所述，买地券在丧葬仪式中是被视为与后土订立的合同，是人们修造动土的合法性依据。在获得神灵许可的过程中，买地券中也限制鬼神各种不利于亡人的行为，保证了亡人的安全。因此不管是营造何种墓葬，人们只要认为需要向土地神灵通告自己的行为，需要神灵保护亡人的安宁，那么他们都会使用买地券。与此同时，买地券在其发展过程中衍生出不同的类别，并且具有极强的可塑性，因此在强调地方特征和个人意志的宋代墓葬中，买地券可以通过各种变体来满足这些需要。正是由于买地券同时满足了宋代墓葬中土地信仰的普遍性和地域文化特殊性的要求，这就使它超越不同地域、身份和信仰的界限，成为一种具有全国普遍性的随葬器物。下面我们就将分别从宋代买地券在墓葬中所表现出的共性和特性两个方面，来详细地展示买地券与墓葬的关系。

第一节　买地券在墓葬中一般功用

　　要在普遍性意义上讨论买地券在宋代墓葬中的意义，我们必须要找到它在墓葬中可以超越形制和随葬品的特质。这里我们要讨论的就不仅仅是一个个具体的墓葬，而是要在象征层面上，对墓葬做一个整

---

① 程达理：《广济县发现北宋时期地契》，《江汉考古》1987年第2期。
② 河南省文化局文物工作队：《河南巩县石家庄古墓葬发掘简报》，《考古》1963年第2期。
③ 四川省博物馆、洪雅县文化馆：《四川洪雅宋墓发掘简报》，《考古》1982年第1期。
④ 李复华、江学礼：《四川绵阳平政桥发现宋墓》，《考古通讯》1956年第5期。
⑤ 吕遵谔：《山西垣曲东铺村的金墓》，《考古通讯》1956年第1期。
⑥ 郑州市文物考古所：《河南新密市平陌宋代壁画墓》，《文物》1998年第12期。

体的把握。传统中国的墓葬，大都可以视为亡人在冥间的住宅①。不同的墓葬形制我们可以视为是通过不同的方式，来表达不同的阳间家居生活，不同的随葬品则代表了不同的生活内涵。而在不同的房屋中基本保持一致的则是它们一些基本组成部分，比如门、窗、房顶这些部分都是不可或缺的，并且它们在不同的建筑中承担的功能也基本一致。在墓葬中，尤其是砖室石墓中，这些部分也都是存在的，并且不管墓葬形制如何，它们的功能也是基本一致的。而宋代买地券恰好就和这样的部分，产生了一定的联系。我们发现买地券往往位于墓葬门区的附近（参见附图五）。

目前我们所见到的宋代买地券共 198 块，我们知道 73 块在墓葬中的具体位置，其中的 41 块在封门附近或者正对封门，还有 11块②在墓主头骨附近（参见附图六），虽然在人骨附近，但也和封门有关。因为根据一般的情况，墓主的头骨往往和封门在一条中轴线上，所以这些买地券也多是正对封门的。因此要了解买地券在墓葬中的功能，就必须先了解墓门以及在墓门附近出现器物的意义。

门作为一个出入的场所，它一方面连接了屋内与屋外两个不同的世界，另一方面它的牢固程度还关系到屋内的安全。传统中国人就十分重视门在安全方面的作用③。这一点各种墓门也不例外，中国人从很早开始就通过各种手段来保证墓门的安全。朱青生就认为在商代墓葬腰坑中发现的殉狗和殉人，都是起到护卫墓门的作用④。而这种防卫思想到了汉代得到了极大的发展，不论是阳间的住宅还是在墓葬中都出现了将军门神的形象，并且利用各种符箓防止鬼怪作祟⑤。而在这一时期，

---

① 蒲慕州就指出："最迟从战国晚期开始，传统的墓葬形制开始有了一项新的发展趋势，就是要比较具体的模仿生人的居宅。"（蒲慕州：《墓葬与生死：中国古代宗教之省思》，中华书局 2008 年版，第 193 页。）

② 白沙宋墓中出土的哲宗元符二年（1099）赵□地券虽然位于头部附近，但是它也在雕刻出的假门前，因此也可以将其视为出土在封门附近（参见附图七）。

③ 王子今在分析中国的门祭和门神崇拜时就认为：在传统中国，门与外防心态和自守传统有密切联系。（王子今：《门祭与门神崇拜》，上海三联书店 1996 年版，第 289—302页。）

④ 朱青生：《将军门神的起源》，北京大学出版社 1998 年版，第 194—195 页。

⑤ 同上书，第 214—250 页。

镇墓文通常所在的位置就是门区或者墓顶①。不过当时的镇墓文和各种将军门神形象，不仅仅是防备妖邪侵扰墓主，它们也防止亡人出来作怪②。

　　买地券在墓葬中所处的位置，显然是承继了镇墓文的位置，强调的也是保护墓葬的作用③。宋代的墓葬相对于前代，更加重视安全问题，往往密封得更加牢靠。著名的理学家程颐在《葬说》中就提到"即葬，则以松脂涂棺椁，石灰封墓门，此其大略也"④。而在淳祐三年黄昇墓等宋代墓葬中，我们发现了人们在墓室与椁之间灌注松香⑤。这些做法，一方面是为了保护尸体⑥，另一方面也是加强墓葬防护的作用。在这种情况下，仍将买地券置于封门之后或者正对封门，很可能是希望借助券文中有关驱逐邪鬼甚或限制神灵的语句⑦，来进一步加强墓葬的防御，防止邪灵对墓主的侵扰。有的墓葬还在地券的两侧摆放武士俑⑧，以此来实现完美的"防御"。正是由于当时人普遍希望加强墓葬的安全，买地券才能广泛地出现在不同地域的墓葬中。

---

　　① 陈亮：《汉代墓葬门区符箓与阴阳别气观念研究》，北京大学硕士学位论文，2005 年。

　　② 朱青生上揭书，第 227 页。有关汉代人对生死异路的强调，可以参见第五章第二节中的讨论。

　　③ 不过随着时代的发展，买地券已经不具备镇墓文那种限制墓主自由的功能，一些买地券反而强调不要限制亡人活动的自由，如嘉祐二年（1057）陈氏六娘地券即云："应有社里土地，修桥造路，不得方滞陈氏六娘往来。"（详见附录江西 4）这与汉魏时期的镇墓文就存在着很大的差异。

　　④ 程颐：《葬说》，《二程集》，中华书局 1981 年版，第 623 页。

　　⑤ 福建省博物馆：《福州黄昇墓》，文物出版社 1982 年版。

　　⑥ 关于宋代保护尸体的具体做法可以参见霍巍《关于宋元明墓葬中尸体防腐的几个问题》，《四川大学学报》1990 年第 1 期，秦大树认为当时人之所以重视尸体的保护主要是受到了理学指导下孝义思想的影响。秦大树：《宋代丧葬习俗的变革及其体现的社会意义》，《唐研究》第 11 卷，北京大学出版社 2005 年版，第 326 页。

　　⑦ 如熙宁八年（1075）江府君地券即云："所有本处山神土地，一切神杀（煞），侧域冢穴。邪精故炁，各不在争占之限。"详见附录江西 7。

　　⑧ 成都市文物考古研究所：《成都北郊南宋墓清理简报》，《成都文物》1999 年第 4 期。

第二节　特定墓葬对买地券的再造

在本节中，我们将分析买地券在墓葬中所表现出来的特性①。正如上文提及的，买地券几乎在所有的墓葬类型中都有发现。不过在此我们不准备考察买地券与所有墓葬之间的关系，而只是在特定的地理区域中，讨论买地券与特定的墓葬形式和不同的随葬品组合之间的关联。之所以只选择一个区域进行考察，主要是基于以下三点考虑：一是宋代墓葬地方特性太强，一些表面上看起来一致的丧葬现象如火葬，在不同的地域所代表的意涵可能大相径庭。在全国的范围内考察相关的宋墓，很可能会带来混乱。一是由于各种原因，目前发现的买地券分布过于不均，很多省份的地券尚不足 5 块，并且往往缺乏墓葬信息，我们很难根据这么少的材料得出可靠的结论。一是由于我们要考察的是买地券在墓葬中表现出的特性，客观上要求这些墓葬能够反映墓主及其家人的选择取向，如果在全国范围内讨论这一问题，我们就容易混淆地方特征和个人选择，而选择一个区域，则有利于我们把握墓主及其家人的个人选择。

根据以上的论述，我们要选取的区域，必须是一个买地券出土数量众多，且买地券的墓葬信息比较翔实的地区。从现有材料上看，能够满足这些条件的只有四川成都地区。目前整个四川共发现 76 块地券，其中属于成都地区的有 65 块，占了绝大多数。而且在这其中只有 4 块，我们不了解它们的出土情况。下面我们就根据成都地区的材料，分析一下当时人是如何将买地券纳入到特定的墓葬当中，并借助墓葬与买地券来表达自身独特需求的。

---

① 从特性的角度讨论买地券与墓葬的关系，本应有两条分析路径。一是从特定类型的买地券出发，分别考察不同类别买地券与墓葬的关系。一是从特定的墓葬出发，看买地券在其中发挥的作用。不过，由于我们目前发现的买地券很多并不是从墓葬中出土或者缺乏相关的墓葬信息，因此很难从特定类别的买地券出发来考察买地券与墓葬的关系，而只能从墓葬出发来讨论这个问题。

　　要讨论特定墓葬与地券之间的关系，我们就必须先对墓葬进行分类。在此，我们主要根据两个因素对墓葬进行分类，一是墓葬形式，二是随葬品的组合。墓葬形式又包括两个方面的内容：一是墓葬的形制，指墓葬是采用何种材料以何种方式建造而成，在宋代比较常见的有竖穴土坑、砖室墓、仿木结构雕砖墓等；二是葬式，指人们如何处理墓葬先人的遗骸，在宋代除了最常见的将先人的遗骸直接放入棺木中再置于墓葬中外，比较多见的还有火葬等形式。

　　我们先考察一下成都地区宋墓的墓葬形制。从目前掌握的材料上看成都地区的相关宋墓在这方面保持了高度的一致性。除极个别墓葬为石室墓①外，其余墓葬皆为一般的砖室墓，之间的区别只是墓室多少的不同罢了。因此我们不可能从墓葬形制这个方面来考察墓葬与买地券的关系。

　　虽然成都地区的相关宋墓在墓葬形制上保持了高度一致性，但是当地却存在着不同的葬式。目前能够确认墓葬情况的 61 个墓葬中，火葬墓有 15 个②。由于当时政府和士大夫阶层对火葬普遍持反对态度③。所以采取火葬这种葬式，一定是一种有意识行为的结果。一般认为人们采取火葬主要是基于以下两个方面的考虑：一是由于贫穷而导致一些平民不得不将棺木和人骨一起焚烧，并将骨灰撒入水中；一是出于特定的宗教信仰而焚尸后收集骨灰进行埋葬④。成都地区出土买地券的火葬墓都是砖室墓，并且还带有一定数量的随葬品。显然，我们不能将这些火葬墓理解为贫穷的产物。

　　那么，它们只能是特定信仰下的产物。一般认为火葬和佛教的关系比较密切，但是成都地区的火葬墓，根据现有的材料来看应该是和道教

---

　　① 陈显双：《四川省蒲江县发现两座宋墓》，《考古与文物》1986 年第 5 期。

　　② 据附录统计得出。

　　③ 关于宋代政府和士大夫阶层对火葬的态度，详见徐苹芳《宋元时代的火葬》，《文物参考资料》1956 年第 9 期；张邦炜《两宋火葬何以蔚然成风》，《四川师大学报》1995 年第 3 期。

　　④ 参见徐苹芳《宋元时代的火葬》，《文物参考资料》1956 年第 9 期。

的相关思想有关①。之所以这样认为主要是基于以下考虑：首先，当时的道教徒认为火葬是很正常的事，并不违背教义。《夷坚甲志》卷六《周史卿》即云："周史卿，建州浦城人。元祐初，如京师赴省试，中途遇道者云云，即归与妻子入由果山炼丹……凡在山二十年，丹垂成。一夕，风雷大作，霹雳甚震，晓视药炉，丹已失矣。周不意，遂出神求之，谓妻曰：'我当略往七日，且复回，未死也。切勿焚我。'妻如其言。周平生与一僧善，僧亦在他山结庐，闻周死来吊，力劝其妻曰：'学道之人，视形骸如粪土。既去矣，安足惜！'妻信僧言，泣而焚之。"②从这个故事中我们可以发现，当时的道士对火葬这种形式没有丝毫的排斥之心，反而有可能是常用的葬式之一。

其次，在这些火葬墓经常出现一些和道教信仰密切相关的随葬品，如吕忠庆墓中出土的石真（墓主坐像），一般认为和道教信仰有一定的联系③。50年代出土的小型火葬墓，也出现过题为"南方赤帝火星真文"④的道教刻石。而且吕忠庆墓中出土的墓券还有"今有奉道男弟子吕忠庆"⑤之语，更使我们确认了当时成都地区的部分道教徒确实采用火葬作为他们的丧葬形式。

这些道教徒之所以会采取火葬的形式来处理遗骨，有人认为是和火尸解有关⑥。对此我们有不同的看法，一般认为尸解术是早期道教中流

---

①　徐苹芳最早注意到成都地区的火葬墓和道教可能相关（参见徐苹芳上揭文），不过他并没有指出具体是道教内的何种观念，促使道教徒实施火葬。之后张勋燎和白彬结合相关文献，认为石真火葬墓可能和道教的火尸解观念有关。（参见张勋燎、白彬《墓葬出土道教代人的"木人"和"石真"》，《中国道教考古》，线装书局2006年版。）可惜的是他们并没有将买地券与其他随葬品考虑进去，也没有回答四川地区其他的不出石真、墓券的火葬墓是否和道教有关这一问题。

②　洪迈：《夷坚志》，第52—53页。类似的例子亦见于（宋）周密撰，张茂鹏点校《齐东野语》，中华书局1983年版，第11—12页。

③　有关石真和道教的关系可以参见张勋燎、白彬《墓葬出土道教代人的"木人"和"石真"》，《中国道教考古》，线装书局2006年版。

④　刘志远、坚石：《川西小型宋墓》，《文物参考资料》1955年第9期，第98页。

⑤　成都市文物考古工作队：《四川成都市西郊金鱼村南宋砖室火葬墓》，《考古》1997年第10期。

⑥　张勋燎、白彬：《中国道教考古》，第1448页。

行的成仙术，隋唐时期就已经不被道士们所重视①。到了宋代，尸解思想应该影响更小。而且道教文献记载中的火尸解指的是活人生前焚烧而死②，而不是死后焚烧骸骨，和火葬墓的情况并不相同。所以我们认为这些火葬墓和尸解的观念联系不大。倒是可能与宋代兴起的炼度仪③有关。炼度仪是道教超度亡灵的主要仪式，其核心程式就是收召亡魂，水火交炼④。所谓水火交炼就是在炼度坛场设立水池和火沼，先要用真水⑤对亡魂进行洗涤，再用真火⑥进行交炼，经过水火交炼之后，魂灵就去往仙界。《灵宝玉鉴》中还提到炼度仪中要使用"刍人"（草人）来招魂⑦，"刍人"实际上就起到了尸体的作用。我们有理由相信一些地方性的教派，可能不使用水池、火沼与刍人这些象征性的器具，而是直接对尸体进行炼度⑧。而道教徒将炼度后的骸骨放入墓葬中，就是我们目前所见到的火葬墓。当然我们的这种看法只是一种推测，还有待进一步的证实。

既然我们已经确定这些火葬墓与炼度仪可能有关，那么我们关心的

---

①　卿希泰主编：《中国道教》第三卷，第 320 页。

②　《无上秘要·尸解品》云："以药涂火炭，则他人见形而烧死，谓之火解。"（《道藏》第 25 册，第 246 页。）

③　有关炼度仪的详细介绍可以参见陈耀庭《道教礼仪》，第 103—115 页，柳存仁《五代到南宋时期的道教斋醮》，《和风堂文集》，上海古籍出版社 1991 年版，第 771—774 页。现在台湾地区的道士们仍然在采用炼度仪超度亡灵，具体的超验过程可参见丸山宏著，张泽洪译《论台湾南部的功德仪礼——从道教仪礼史角度的考察》，《宗教学研究》1999 年第 1 期。一般认为炼度仪在宋代出现。参见陈耀庭上揭书，第 106—107 页；柳存仁，上揭文，第 771 页。

④　陈耀庭：《道教礼仪》，宗教文化出版社 2005 年版，第 108 页。

⑤　《上清灵宝大法》卷五十九《明真水》："真水者，是阴中之一气，视为天一生水。"（王真契：《上清灵宝大法》，《道藏》第 31 册，第 251 页。）

⑥　《上清灵宝大法》卷五十九《明真火》："真火者，是阳中之火也，其火能辟除阴滓，治炼成婴。"（《道藏》第 31 册，第 252 页。）

⑦　《灵宝玉鉴》中提到先要将稻草人吊在空中然后再"次歌召魂呪，阴阳斗章，存用行持，以幡蒙刍人，阴魂来附"。（《道藏》第 10 册，第 213 页。）刍人招魂的详细过程详见柳存仁《五代到南宋时期的道教斋醮》，《和风堂文集》，上海古籍出版社 1991 年版，第 773 页。

⑧　宋代的宗教仪式中经常使用到人体，当时最著名的人体信仰仪式是杀人祭鬼，宋代政府就曾经多次禁绝。而在当时的四川就有民间的术士用人祭祀的例子，晁公遡在论及川东的巫医时就提到："有疾，则谢医郤药，召巫师，刲羊豕以请于神，甚者用人以为牲以祭。"［（宋）晁公遡：《嵩山集》，《四库全书》第 1139 册，第 227 页。］因此，直接使用尸体进行炼化，对这些地方教派的道教徒来说应该不是什么不可接受的事情。

就是在这些明确的具有道教色彩的墓葬中，买地券所承担的功能。下面我们通过表格的形式来观察一下，这些火葬墓中买地券的情况：

成都地区火葬墓买地券情况一览表①

地券名称	年代	地券形状	所处墓葬位置	墓葬形制	其他随葬品	类型
佚名地券	徽宗崇宁五年（1106）	方形石质	位于封门墙后	长方形券顶单室砖墓	共出有双耳罐1、瓷碗1	不详
任氏五娘喻氏六小娘地券	孝宗乾道六年（1170）	方形石质	位于墓室前部	长方形三室砖室墓	共出有武士俑2、陶鸡1、陶狗1。女俑1、文俑4、匍匐俑1、双耳罐1、瓷碟1	F2
吕亨文氏顺娘地券	孝宗淳熙九年（1182）	方形石质	贴近墓室北壁，接近烧过的人骨。	长方形券顶单室砖墓	共出有武俑2、女侍俑1、男侍俑1、文俑7、狗1、鸡1、匍匐俑1、釉陶双耳罐2、彩釉陶1	F1
吕忠盛、杨氏八娘地券	孝宗淳熙九年（1182）	方形石质	不详	长方形券顶单室砖墓	共出有陶武俑2、文俑7、女侍俑1、匍匐俑1、神怪俑1、生肖俑1、狗1。釉陶双耳罐1、釉陶碗1	不详
古氏十九娘地券	孝宗淳熙十年（1183）	方形石质	不详	长方形双室券顶砖墓	同出有釉陶蟠螭提梁小罐5、釉陶5足炉1、釉陶碟1、彩陶双耳罐2、并出石质镇墓券1	不详

---

① 据本文附录整理。

续表

地券 名称	年代	地券 形状	所处墓 葬位置	墓葬 形制	其他 随葬品	类型
张氏地券	光宗绍熙 三年（1192）	方形 石质	位于近墓 门处	长方形双室 砖墓	共出有文俑6、武 俑2、匍匐俑2、双 耳罐2、陶三足炉 1、瓷双耳壶1、瓷 碟2	A
□氏四小 娘子地券	宁宗庆元 六年（1200）	方形 石质	不详	长方形双室 砖墓	共出有双耳罐2、 碗1、盏4、武俑 4、侍俑、匍匐俑 2、狗1、鸡1、独 足兽2、鼓2	不详
喻仲安 地券	宁宗嘉定 三年（1210）	方形 石质	位于右室 前部	长方形三室 砖室墓	共出有罐1、碗1	A
唐□□ 地券	宁宗嘉定 四年（1211）	方形 石质	位于近墓 门处	长方形双室 砖墓	共出有文俑6、武 俑2、匍匐俑2、双 耳罐2、陶三足炉 1、瓷双耳壶1、瓷 碟2	A
吕忠庆 地券	宁宗嘉定 四年（1211）	方形 石质	靠近封 门墙	长方形双室 券顶砖墓	同出有釉陶蟠螭提 梁小罐5、彩陶五 彩炉1、彩陶碟5、 彩陶盏托4，墓券 1。铁钱若干，在 右室一壁龛内置墓 主人坐像，应为 石真	A
张氏三娘 地券	宁宗嘉定 十一年 （1218）	方形 石质	墓门中央	长方形三室 砖室墓	武士俑2、文俑4、 在两武士俑、兽面 鼓、鸡、狗、鼓俑 各1、碗1、罐1	A

续表

地券名称	年代	地券形状	所处墓葬位置	墓葬形制	其他随葬品	类型
谢□□地券	理宗绍定二年（1229）	红砂石质	不详	长方形券顶双室砖墓	共出有陶武俑2、文俑4、狗2、鸡2	不详
佚名地券	年代不详	方形石质	不详	长方形双室砖墓	共出有陶文俑7、立俑2、仰听俑1、女侍俑1、武俑1、匍匐俑1、狗1、鸡1、陶鼓1、釉陶碟1。人骨砌置于棺台上	不详
佚名地券	年代不详	石质	不详	长方形单室砖墓	共出有陶文俑8、匍匐俑1、陶鼓2、釉陶双耳罐1、釉陶碟1、铁钱若干	不详
佚名地券	年代不详	红砂石质	左室封门墙后立两武士俑，武俑后立一买地券	长方形双室砖墓（同坟异穴合葬墓）	共出有陶罐1、陶碟3、武士俑2、女侍俑1、匍匐俑1、狗1、鸡1	不详

　　从上表中我们可以看出在火葬墓中出土的买地券，不论从形质上还是其在墓葬中所处的位置上看，均与一般的墓葬区别不大。不过这些买地券在类型上高度集中，在所有知道7块买地券中A型地券占了5块，另两块都是F型地券。而且虽然类型有所区别，但是内容上还是有相当的一致性，地券中都没有记载用钱买地的事项，而是直接标出下葬

地点①；也没有提及用酒饭、牲牢等物与神明确定契约，这和《地理新书》中记载的标准地券有很大差异②。之所以会出现这种现象可能和道教所谓的"清约"③观念有关，道教徒们相信"神不饮食，所以不可收买；师不收钱，所以他无须借助鬼神来治病，以图报酬"④。所以他们使用的买地券中才不会提到用钱买地和用食物祭祀神灵，这些买地券也多以某某地券自名。从买地券内容中，我们一方面可以进一步确认这些火葬墓与道教信仰之间的联系。由于 A 型地券目前只发现了 6 块，而在成都地区的火葬墓中就出土了 5 块，两者之间具有高度吻合性。因此我们有理由相信，A 型地券是由这些使用炼度仪的道教徒们发明出来的。

　　以上简单地讨论了成都地区火葬墓的特质，以及它和特定买地券之间的关系。下面我们再来分析墓葬中不同随葬品组合与买地券之间的关系⑤。在此，我们根据买地券外随葬器物的不同，将这些出土买地券的墓葬分成三个类别：第一类墓葬中出土各种带有道教色彩的墓券，并伴出部分明器神煞和各种生活用品；第二类墓葬中随葬品则以各种明器神煞为主，并伴出各种日常生活用品；第三类墓葬中的随葬品只有各种日常生活用品。下面就分别讨论一下这三类墓葬的意义，以及买地券与这些随葬器物之间可能存在的关系。

　　目前成都地区发现的第一类墓葬有 24 座，下面就通过表格的方式

---

　　①　如绍熙三年（1192）张氏地券即云："卜筮叶从，相地大吉。宜于此广都加会乡，福地之原安厝。"（详见附录四川 51）

　　②　佛教徒在火葬时采用的地券则比较接近《地理新书》中的规定，如泉州南宋火葬墓中出土的淳熙十三年蔡氏地券中即云："宜于泉州南安县归化里西峰龙安禅院之后山，安厝宅兆。谨用钱九万九千九百九十九贯文，兼五彩信币，买地一段。……今以牲牢酒饭，百味香新，共为信契。……"（详见附录福建 2）从地券内容上看和成都地区火葬墓中出土的地券，确实存在很大区别。

　　③　《陆先生道门科略》云："盟威法师不受钱，神不饮食，谓之'清约'。"（《道藏》第 24 册，第 782 页。）"清约"思想的详细解说可以参见施舟人《道教的清约》，《法国汉学》第 17 辑，中华书局 2002 年版。

　　④　参见施舟人上揭文，第 165 页。

　　⑤　在讨论买地券与不同随葬品组合关系时，我们就不讨论火葬墓中随葬品和买地券之间的关系。之所以不涉及火葬墓，主要是考虑到相对于随葬品葬式更能反映使用者的意图，既然我们已经确定火葬墓意义，那就不用再讨论其中随葬品的意涵。

来了解一下，这些墓葬和其中的买地券的基本情况：

成都地区出土墓券与买地券墓葬情况一览表①

地券名称	年代	地券形状	所处墓葬位置	墓葬形制	其他随葬品	类型
贝府君地券	仁宗皇祐四年（1052）	方形石质	出土于甬道中	长方形券顶砖室墓	共出有双耳罐1、真文碑1，均残损	不详
田府君地券	仁宗嘉祐七年（1062）	方形石质	买地券位于棺台上，据封门墙不远处	长方形双室砖墓（同坟异藏夫妻合葬墓）	左室共出有罐3、砚2、香台座1、碗1、擂钵1皆为陶制。红砂石座1、炼度真文券5、镇墓真文券1、华盖宫文券1、敕告文券1。中方炼度真文券平铺于棺台上，字迹向下，与买地券位置相对。其余各券竖立于棺台两侧	F2
田氏地券	仁宗嘉祐年间	方形石质	买地券位于棺台上，据封门墙不远处	同上	右室出土华盖文券1、敕告文券1、真文券5件	不详
田世用地券	仁宗嘉祐年间	方形石质	出土于棺台前	长方形单室券顶砖墓	共出有敕告文券1、华盖宫文券1	不详
曹氏地券	神宗熙宁二年（1069）	方形石质	出土于墓门中央	长方形单室券顶砖室墓	共出有陶罐3、陶瓶1、陶炉1、陶碗1、敕告文券2	F2

① 据本书附录整理。

续表

地券 名称	年代	地券 形状	所处墓 葬位置	墓葬 形制	其他 随葬品	类型
谢定地券	神宗元丰 八年（1085）	方形 石质	不详	长方形双室 券顶砖墓 （同坟异穴夫 妻合葬墓）	共出有武士俑 5、文官 俑 16、文吏俑 4、皂隶 俑 3、男侍俑 3、女侍 俑 2、坐拥 2、立俑 3。 微型陶俑 11 件。另有 陶狗、鸡、狮、独足 鼓等数件。青瓷碗 3、 青瓷香炉 1、陶房 1、 陶㿻 2、铜盏 6、铜盏 托 1、铜杯 1、铜筷 1 双、钱币 44 枚。四方 镇墓真文每方各两件， 共 8 件。敕告文 1、华 盖宫文 1。（至少被盗 过两次）	F2
张氏二娘 地券	哲宗元祐 八年（1093）	方形 石质	不详	长方形双室 券顶砖墓 （同坟异穴夫 妻合葬墓）	同上	不详
张确地券	哲宗元祐 八年（1093）	石质	位于右室 东北隅	长方形双室 砖室墓	共出有武士俑 2、文官 俑 3、文吏俑 2、跪坐 女俑 1、异形立俑 1、 龙首 1、鸟 1、屏风 2、 案 1、棒 4、板斧 3、 熏炉 2、五足炉 2、罐 6、碗 1、钱 33、荐拔 真文券 2、墓志 1	不详

续表

地券名称	年代	地券形状	所处墓葬位置	墓葬形制	其他随葬品	类型
刘起地券	哲宗绍圣元年（1094）	方形石质	贴近后龛，正对墓门和墓门后的墓志铭	长方形券顶单室砖墓	券顶前部发现一盗洞。共出有双耳罐1、四系罐1、碗1、锡壶1、锡碟1、钱币2、荐拔真文券3、墓志铭1、武士俑2、文俑15、牵马俑1、侍俑2、仰观俑1、伏听俑1、人首鸟身俑1、人首蛇身俑1、独脚兽1、鼓1、鸡1、狗1	F2
刘观地券	哲宗绍圣二年（1095）	方形石质	买地券位于墓葬中后部紧贴西壁，正对"南方白帝八天荐拔真文"	长方形券顶单室砖墓	共出有双耳罐2、洗1、碟1、匍匐俑1、墓志铭1、荐拔真文券2	不详
阎氏十八娘地券	徽宗宣和六年（1124）	方形砖质	地券接近墓门中部，被四方镇墓真文包围	长方形券顶单室砖墓	共出有双耳罐2、画像砖1（刻画树枝）、镇墓真文券4	D

地券 名称	年代	地券 形状	所处墓 葬位置	墓葬 形制	其他 随葬品	类型
宋京地券	徽宗宣和 七年（1125）	方形 石质	置于墓门 后部	长方形券顶 单室砖墓	分上、下两室中间用青石条隔离。上室出陶立俑 13 和人首鸟身俑 1。下室同出有陶武士俑 2、（位于门的两侧）文俑 17、女侍俑 1、伏听 1、鼓俑 1、人首蛇身俑 1、人首猪身俑 1、独脚兽 1、鸡 1、狗 1、陶罐 1、锡壶、锡器 12、铜镜 1（双兽镜）、墓志 1、镇墓真文券 5、华盖宫文券 1、敕告文券 1	F3
蔡氏小九娘子地券	钦宗靖康元年（1126）	方形 石质	原报告未标出真文券和买地券的具体位置，但由平面图可知不在中轴线上	长方形券顶双室砖墓	只发掘了左室，以下为左室出土物。随葬品多置于壁龛和棺床两侧的排水沟中，共出有：文俑、侍俑、武士俑、匍匐俑、公鸡、独足兽、碗、双耳罐、铜镜真文碑券、华盖宫文券 1、敕告宫文券 1、荐拔真文券 5	F3

续表

地券名称	年代	地券形状	所处墓葬位置	墓葬形制	其他随葬品	类型
张氏地券	北宋年间	方形石质	贴近墓门偏北处	长方形券顶单室砖墓	共出有武俑 2、文俑 18、男侍俑 1、女侍俑 2、牵马俑 1、匍匐俑 1、伏听俑 1、人面鸟身俑 1、人首蛇身俑 1、猪面人身俑 1、双面独角兽 1、陶狗 1、陶鸡 1、陶鼓 1、床 1、椅 3、桌 1、火盆 1、瓷罐 3、瓷碗 1、敕告文券 1、华盖宫文券 1	不详
蒲氏地券	高宗绍兴二十一年（1151）	方形石质	位于墓志旁边靠近封门墙处	长方形单室券顶砖室墓	陶武士俑 2、文俑 3、女侍俑 1、立俑 2、鼓俑 1、轿 1、瓷水盂 1、陶罐 2、银筷 1 双、瓷粉盒 1、墓志 1、镇墓真文券 4	不详
卫氏地券	高宗绍兴二十二年（1152）	方形石质	位于封门墙后，正对中方荐拔真文	长方形双室砖墓	同出有陶武俑 2、文官俑 20、男侍俑 2、女侍俑 3、女墓主人像 1、匍匐俑 1、人首蛇身俑 1、人首鸟身俑 1、生肖俑 1（为牛头）、狗 1、瓷双耳罐 1、瓷碗 1、陶鼓 1。并出有敕告文 1、华盖宫文 1、荐拔真文券 5	F2

地券 名称	年代	地券 形状	所处墓 葬位置	墓葬 形制	其他 随葬品	类型
程氏六娘 子地券	高宗绍兴 二十五年 (1155)	方形 石质	位于封门 墙后正中	长方形双室 券拱砖室墓 (同坟异穴异 葬夫妻合葬 墓)	同出有罐2、锡杯托1、 锡体1、铜镜2、武士 俑2、文俑11、女侍俑 2、狗俑1、人身猪首 俑1、鼓俑1、敕告文 1、华盖宫文1、安墓 真文5	F2
胡□地券	高宗绍兴 二十八年 (1158)	方形 砖质	紧靠东壁, 距北壁不 远处	小型砖室墓	双耳陶罐1,罐内放双 耳小杯1、陶瓶1	不详
宋兴仁 地券	高宗绍兴 年间	方形 石质	位于封门 墙后正中	长方形双室 券拱砖室墓 (同坟异穴异 葬夫妻合葬 墓)	同出有武士俑2、文俑 13、坐俑1、立俑2、 异形立俑1、人首蛇身 俑2、鸡俑1、神怪俑 1、双耳罐2、盏1、碟 1、瓷碗1、锡执壶2、 锡杯托2、铜镜4、荐 拔真文券5、敕告文1、 华盖宫文1	不详
任□地券	高宗绍兴 年间	方形 石质	位于封门 墙后	长方形双室 砖墓	同出有陶武士俑2(置 墓门应为当垆、当 野)、文官俑8、男墓 主人像1、匍匐俑2、 生肖俑1、狗1、瓷碗 1、陶鼓1、铜镜1。并 出有敕告文1、华盖宫 文1,五方荐拔真文5	不详

续表

地券名称	年代	地券形状	所处墓葬位置	墓葬形制	其他随葬品	类型
陈氏地券	宁宗嘉定六年（1213）	方形陶质	位于封门墙后	长方形双室券顶砖墓	共出土有双耳罐2、四系罐1、茶盏1、盏1、陶俑14、铜镜1、镇墓真文券3	不详
佚名地券	宁宗嘉定年间	方形陶质	位于封门墙后	长方形双室券顶砖墓	同出有：双耳罐1、盏1、陶俑11、陶鼓1、炼度真文券2	不详
佚名地券	年代不详	方形石质	位于墓室中部近于墓门处	长方形券顶双室砖墓	同出有：罐3、碗1、香炉1、武士俑2、文官俑1、文吏俑4、立俑1、侍俑2、匍匐俑2、狗俑2、鸡俑2、铜镜3、真文券7	不详
佚名地券	年代不详	方形陶质	立于墓门处	长方形双室砖墓	瓷罐10，陶杯8，真文券8	不详

　　从上表中我们可以发现这些墓葬中出土的墓券种类很多包括："敕告文"、"华盖宫文"、"炼度真文"、"荐拔真文"和"镇墓真文"等。一般认为"敕告文"和"华盖宫文券"是上清派思想影响下的产物，而各种"真文"则是灵宝派思想影响下的产物①。使用前者主要是为了防止冢讼，以求转祸为福②。而使用后者则主要是为了炼度和镇墓，这里需要说明的是这里所表达的炼度观念和上文所提及的炼度仪略有不同，这

──────────

①　关于不同道教教派与各种墓券之间的关系，可以参见张勋燎、白彬《江苏、陕西、河南、川西南朝唐宋墓出土镇墓文石刻研究》，《中国道教考古》。

②　参见第三章第一节中的相关讨论。

些墓券并不是宋代才出现的科仪,而是六朝时期相关道教理念的产物,其中的炼度观念,更是直接源自古本《度人经》①。《度人经》中就有"死魂受炼,仙化成人"②之语。而在《太上洞玄灵宝灭度五炼生尸妙经》中也提到埋在墓葬中利用五方生气,帮助死者再生的东方石刻真文就称为"灵宝青帝炼度五仙安灵镇神九气天文"③。这应该是成都地区宋墓中出土的"炼度真文"和"荐拔真文"的直接渊源,并且这些真文券中的内容也是出自《太上洞玄灵宝灭度五炼生尸妙经》,只是名称略有变化。与火葬墓盛行的炼度仪相比,它们的特色在于主要是在墓葬中发挥作用,而炼度仪主要是在丧礼中发挥作用。

这些墓葬中的墓券不仅种类繁多,而且在不同的墓葬中墓券的组合也各不相同,有些只出"敕告文券"和"华盖宫文券",有些则是各种墓券皆出。不过这种现象可能只是被视为各种道教思想在丧葬仪式上融合的一种表现,而不能认为使用不同的墓券就意味着墓主属于不同的道教教派。因为自唐代以来,正一、灵宝和上清已经不再被视为教派的名称,而是被视为道士的不同法位阶梯④。各教派之间的科仪融合也很严重,柳存仁即指出:"孤立的并且偏重降授和炼丹的上清派,在斋醮方面恐怕唐代以前早已和灵宝沆瀣一气,大家混用共同的科仪了。"⑤并且目前发现的墓葬有兄弟使用不同墓券的情况⑥,我们很难相信兄弟之间会分属于不同的教派。

---

① 《度人经》本是六朝时期的道教经典,属古灵宝经系统,原为一卷。《道藏》中《度人经》则有六十一卷,据考证第一卷为原文,后六十卷则是在两宋之间所著的新经,可能为神霄派所作。关于《道藏》中《度人经》成书过程的考证可以参见司马虚著,刘屹译《最长的道经》,《法国汉学》第7辑,中华书局2002年版。

② 《度人经》卷一《道藏》第1册,第3页。

③ 《道藏》第6册,第261页。

④ 葛兆光:《最终的屈服——开元天宝时期的道教》,《屈服史及其他:六朝隋唐道教思想史研究》,三联书店2003年版,第115页。

⑤ 柳存仁:《五代到南宋时期的道教斋醮》,《和风堂文集》,上海古籍出版社1991年版,第756页。

⑥ 仁宗年间出土的田世用墓中只有敕告文和华盖宫文各一方,而仁宗嘉祐七年其兄弟田世中的墓葬中则出土有五方镇墓真文、一方敕告文与一方镇墓真文。(成都市文物研究所:《成都市龙泉驿区青龙村宋墓发掘简报》,《成都考古发现1999》,科学出版社2001年版)

　　在出土墓券的墓葬中也发现那些代表风水思想的明器神煞。这主要是由于当时道教教义中已经吸收了很多风水的理念，一些道教文献中明确地指出安葬时要参考"阴阳地理之书"，并且要求助于"青乌"之类的风水神仙①。

　　而在这种墓葬中出现的买地券在类别上也是高度的统一，除了宣和六年（1124）闾氏十八娘地券②外，其余可以分类的地券皆属于 F 型地券。并且和上文提到的火葬墓中的买地券一样，在内容上基本上都不涉及买地和定契③。应该也是受到了"清约"思想的影响。

　　通过以上的分析，我们已经知道成都地区出买地券的火葬墓和共出墓券的墓葬都主要是道教徒使用的墓葬，从信仰的观念上看，他们之间的区别并不是很大，都要对亡人进行炼度，也都遵循"清约"的规定，所不同的只是火葬墓采用的是新的科仪，而使用墓券的墓葬则是承继六朝的传统。而正是这种仪式取向上的不同，可能促使新的仪式流派制造新的地券形式，以此来表现自身的独特性。

　　目前成都地区发现的墓葬神煞和买地券共出的墓葬有 9 座，下面我们仍然通过表格的形式，来了解这些墓葬和其中买地券的基本情况：

---

　　①　《道法会元》卷四十三《求阴地文检》："按阴阳地理之书，当详安葬……愿蒙师造，特赐指迷，使亡者得其所安，而生者永有依托……即与某释亡运之休囚，会仙家之向坐，早遇明师，庶可逃不孝之愆……青乌、白鹤仙人，天罡、淳风上仙，阴阳主宰，道德神仙，演法度人，承流袭庆，历代宗师，密赐护持，曲垂济度，开天星地曜，敕召土地山神，许以埋葬，协之吉兆……俾阴阳者流，不期而自会，古今之制，袭明而玄同。卜龟而龟筮胁从……神和道合，日吉时良，山水有缘，世代蒙福，方隅土地，咸关证之。"（《道藏》第 29 册，第 38—39 页。）

　　②　闾氏十八娘地券是目前唯一一块能够确认批量化生产的地券，参见第二章第一节的相关介绍。我们由此可以确认她的墓葬，是一个纯粹的商业化操作的结果。因此，她将不同思想脉络的随葬品放置在一起，也就不足为奇。

　　③　只有宣和七年（1125）的宋京地券例外，采用的是《地理新书》中的标准地券。这可能和他的社会地位比较高有关。宋京做到"计度转运副使"一级的高官，所以他的随葬品比较丰富，各类器物都很齐全，而且他的官员的身份也促使家人采用标准型的地券，而不是一般道教徒使用的地券。

成都地区出土墓葬神煞与买地券墓葬情况一览表①

地券名称	年代	地券形状	所处墓葬位置	墓葬形制	随葬品	类型
费得中地券	英宗治平四年（1067）	方形石质	不详	单室砖室墓	共出有武俑2（侍卫状）、文俑8、牵马俑1、仰首俑1、老妪俑1、仆俑1、女俑1、男侍俑1、十二辰俑12、捧日俑1、捧月俑1、雷公俑1、牛头人身俑1、鸟首人身俑1、人首蛇身俑1、人首鱼身俑1、狗1、鸡1、鲵1、陶鼓2、瓷罐2、陶罐5、盏1、铁环8、铜钱10	不详
史氏地券	神宗熙宁五年（1072）	红砂石质	不详	长方形券顶双室砖室墓（同坟异穴夫妻合葬墓）	每壁有6个"既"形壁龛，内置陶俑。墓室中部为砖砌棺台，共出有：武俑2、文俑3、牵马俑1、扶杖俑1、提物俑1、捧物俑1、立俑2、男侍俑23、女侍俑2、马首人身俑1、人首蛇身俑1、鸟首人身俑2、捧日俑1、捧月俑1、捧星俑1、十二辰俑12、陶母鸡1、陶公鸡1、陶狗2、鲵（娃娃鱼）3、陶兽面1、陶鼓4、石坐俑1、石武士俑3、石马4、石公鸡2、石母鸡1、铜钱21枚	E1

---

① 据本书附录整理。

续表

地券名称	年代	地券形状	所处墓葬位置	墓葬形制	随葬品	类型
王□湜地券	神宗熙宁五年（1072）	红砂石质	不详	长方形券顶双室砖室墓（同坟异穴夫妻合葬墓）	同"史氏地券"	E1
魏忻地券	哲宗元符元年（1098）	碑形石质	不详	长方形券顶单室砖墓	共出有武士俑2、男侍俑9、女侍俑3、日俑1、月俑1、雷神俑1、牛头俑1、十二辰俑19、陶盏1、陶罐1、铜钱1（出土遗物混杂，以上遗物包括魏大升墓出土遗物）	E1
魏大升地券	哲宗元符元年（1098）	方形石质	不详	长方形券顶单室砖墓	同上	不详
宋燧地券	徽宗崇宁元年（1102）	碑形石质	不详	砖室墓	共出三彩陶俑14件，武士俑1、侍俑3、日俑1（人手捧日）、生肖俑6（人手捧生肖）、兽首人身俑2、鸟首人身俑1、牛首人身俑1、鸡俑1（卧式母鸡）	F2
赵客地券	孝宗淳熙六年（1179）	方形陶砖质	墓室左壁接近通道口处	长方形券顶单室砖墓	武士俑2、文吏俑1、陶狗1、鸡1、人首鸡身俑1、镇墓兽2、陶碟1、陶小酒杯2、陶罐3	不详
三五知郡地券	宁宗庆元三年（1197）	方形砖质	不详	长方形双室砖墓	共出有陶武士俑2、陶罐2、陶盏1、铜镜1、铁钉10、墓志2	不详

续表

地券 名称	年代	地券 形状	所处墓葬 位置	墓葬 形制	随葬品	类型
刘□熙 地券	理宗端平 二年（1235）	方形 石质	位于墓葬 左室左壁 距离封门 墙不远处	长方形双室 砖墓	共出有陶武士俑 4、文 俑 9、女俑 2、立俑 1、 神怪俑 1、鼓俑 1、青 龙 1、白虎 1、朱雀 2、 玄武 1、独脚兽 1、狗 1、瓷碗 2、瓷双耳罐 1、碟 1	A

　　从上表我们可以发现，这些墓葬中出土了大量的各种陶俑，据《大汉原陵秘葬经》中的相关记载，各种俑类均可被视为明器神煞，而这些明器神煞应该具有相当的风水意涵①。在这种充满了风水意味的墓葬中，买地券则表现出了复杂的多样性，不只是不再具有单一的类型倾向，而且几乎各个地券都有一些独特的表述：如熙宁五年（1072）王□湜地券用"北谷州"和"南关界"这些现在已经意义不详的词汇来表示亡人生活和死亡的地点②。而崇宁元年（1102）的宋燧地券则比较详细

---

　　①　一般认为这些明器神煞和风水思想有关，详见徐苹芳《唐宋墓葬中的"明器神煞"与"墓仪"制度——读〈大汉原陵秘葬经〉札记》，《考古》1963 年第 2 期。不过白彬认为对这些神怪俑起决定影响则是道教因素。（《隋唐五代宋元墓出土的神怪俑与道教》，《中国道教考古》，第 1750 页。）对此笔者有不同看法，这些神怪虽然在道教文献中也有出现，但是他们的功用则和墓葬中的很不相同。比如四神在道教文献中主要起到的是神兽的作用，如《抱朴子内篇·杂应》中提到太上老君身边"左有十二青龙，右有二十六白虎，前有二十四朱雀，后有七十二元武，前道有十二穷奇，从后三十六辟邪"。（王明：《抱朴子内篇校释》，第 273 页。）虽然四神的位置仍在四方，但是他们的数目众多，且和穷奇、辟邪并列。应该只是指老君身旁的众多神兽之一，用来表现老君地位的尊崇。而在墓葬中则主要是用来表示方位。道教文献出现这些神怪俑的记载，可以理解为长期以来道教和民间信仰长期互动的结果，如果其中有起主导作用的观念，更可能是民间信仰而非道教。

　　②　熙宁五年（1072）王□湜地券："殁故亡人王□湜，间生于北谷州，不入轮回之道。死在南关界，为积凶趣之居。"（详见附录四川 13）

地列举出下葬时间的时日吉凶[①]，庆元三年（1197）三五知郡地券其至在基本内容上都和一般的地券大相径庭[②]。

之所以在这些风水意味浓厚的墓葬中，买地券呈现出多种多样的表现形式，主要是由当时风水流派繁多造成的。我们都知道风水思想在宋代大约分成形势和理气二宗[③]。而除了这两个在后世影响颇大的宗派之外，当时各地可能还流传着各种小的宗派。当时人就提到过一个流行于东川地区的风水流派[④]。虽然目前在文献中并没有提到西川地区的风水流派，不过我们有理由相信当时在成都地区流行着各种小的风水流派。而奉行流派思想的术士在丧葬实践中，有可能会使用不同于他人的买地券和不同的明器神煞组合，以践行特定的风水理念。而买地券作为这些风水观念的载体，也就变得纷繁复杂起来。

目前成都地区发现的随葬品中仅有日用陶器和买地券的墓葬共 13座，详细的情况参见下表：

---

① 崇宁元年（1102）宋燧地券："十日庚申，危日吉，毕宿吉，天符明星吉，曲星吉。"（详见附录四川 27）

② 详见附录四川 53。

③ 《青岩丛录》："后世之为其术者，分为二宗：一曰宗庙之法，始于闽中，其源甚远，及宋王伋乃大行。其为说主于星卦，阳山阳向，阴山阴向，不相乖错，纯取五星八卦，以定生克之理。其学浙间传之，而今用之者甚鲜：一曰江西之法，肇于赣人杨绮松、曾文辿，及赖大有、谢之逸辈，尤精其学。其为说主于形势，原其所起，即其所止，以定位向、专指龙、穴、沙、水之相配，而宅拘忌在所不论。"〔（明）王祎：《青岩丛录》，《五朝小说大观》，中州古籍出版社 1991 年版。〕

④ 《祛疑说·大五行说》："又有蜀中一家，谓是希夷先生之传，亦以子亥为水，巳午为火，与蒋说同，而独以壬位为火，其书则阖闭八卦，消息律吕。其行山定穴，一以卦象、律吕为本，上生下生，如黄钟用林钟之类是也。年月日时则用卦气生旺，如辟乾候大有之类是也，其学行于东川。"〔（宋）储泳：《祛疑说》，《四库全书》第 865 册，第 217 页。〕

成都地区仅出日用陶器和买地券墓葬情况一览表①

地券名称	年代	地券形状	所处墓葬位置	墓葬形制	随葬品	类型
杨氏地券	真宗天禧五年（1021）	方形石质	不详	长方形单室砖墓	有双耳罐5，瓷酒壶1、釉陶酒杯1、釉陶碗3、釉陶小碟2、釉陶省油灯2	不详
何□地券	真宗乾兴元年（1022）	碑形石质	不详	长方形砖室墓	陶罐1、陶碗1	E1
王仁明地券	真宗乾兴元年（1022）	碑形石质	不详	长方形砖室墓	同上	D
佚名地券	英宗治平四年（1067）	红砂石质	出土于墓门中央，字向外	长方形单室券顶砖室墓	共出有陶罐2	不详
赵德成地券	神宗元丰四年（1081）	方形石质	位于封门墙后	长方形券顶单室墓	四系罐3、双耳罐4、碗1	F2
李氏地券	哲宗元祐二年（1087）	方形石质	不详	长方形单室砖墓	陶罐1、陶盏1、陶小盂5、鸟形小器4、铜镜1	不详
佚名地券	哲宗元祐年间	方形石质	位于墓室北壁偏东，棺的后部，头部附近	单室石室墓	共出有瓷罐4、瓷盏1、木架1等（后有人识为执黑力即读书架）	不详
佚名地券	徽宗政和八年（1118）	方形石质	位于墓主脚部	长方形券顶单室砖墓	共出有瓷碗1、砚台1、铜镜1、铭文为"大汉新□强"、陶罐2、陶碗1、陶碟4	不详
杨氏地券	徽宗宣和三年（1121）	红砂石质	位于封门后	梯形券顶砖墓	共出有碗1、双耳罐1、四系罐1、罐1	F2

① 据本书附录整理。

续表

地券名称	年代	地券形状	所处墓葬位置	墓葬形制	随葬品	类型
佚名地券	北宋中晚期	红砂石质	甬道西侧	长方形单室砖墓	双耳罐1、碟1、碗2	不详
佚名地券	孝宗隆兴元年（1163）	陶质	位于封门后正中	梯形砖室券拱墓（异穴异葬夫妻合葬墓）	小罐1、碗1、双耳罐1、钱币1	不详
佚名地券	年代不详	方形石质	位于甬道靠近封门墙后	长方形单室砖墓	共出1瓷盂	不详
佚名地券	年代不详	方形石质	位于人头与封门之间（人头朝向封门）	梯形单室券顶砖室墓	四系罐1、碗1、铜钱1	不详

从上表中我们不难看出，这类墓葬中的随葬品数量很少，往往只出一两件陶罐和陶碗。从随葬品和墓葬规格上看，这种墓葬的使用者应该都是一般的平民。而这类墓葬中出土的买地券，从类型上看比较混杂应该没有特别的选择倾向。而我们从这些日用陶器中，也基本上不能推断使用者的信仰倾向。因此这类墓葬中出现的这些地券，目前只能被视为平民顺从社会丧葬习俗的产物。

通过对以上四种不同类型的墓葬的分析，我们发现在宋代四川成都地区，存在各有特色的不同的丧葬实践。而这些丧葬实践，对买地券有着或多或少的影响。整体上讲，信仰倾向越明显的丧葬实践对买地券的改造就越大，就越容易催生出新类别的买地券。不过，我们也不应该过分夸大买地券可能带有的信仰特色，因为当时商业化的丧葬活动已经非常发达，不管何种信仰要求，应该都能得到丧葬市场的正面回应。这就会导致那些普通的使用者，可能有意无意间采用信仰倾向明显的器物，这就要求我们要结合墓葬中的各种因素来综合判断使用者的信仰倾向，而不能简单地将某一项器物作为唯一的判断指标，买地券也不例外。

第　五　章

从信仰变化的角度看宋代
买地券的新特质

　　我们研究宋代买地券的目的当然不是仅仅为了了解它自身，更希望通过买地券的分析来探究宋代的信仰和心态状况。要实现这一目标，就不能将目光仅仅局限在宋代买地券上，必须通过与之前的买地券及其他相关材料上的比较，并结合相关的文献记载来发现宋代买地券相对于之前买地券所具有的不同特质，并揭示出这些特质所反映出民众心态的变化。

第一节　买地券中反映的土地信仰变化

　　正如上文所提到宋代买地券在仪式功能上，主要是后土和亡人订定的合同。不过宋代之前的买地券也主要是与各种神灵订定的合同。刘屹在分析南北朝买地券时就明确指出："人们相信：为死者建造地下墓穴，事先要向地下神明'买地'，要用买地券来证明死者对这块墓地的使用权，已经正式获得地下神灵的许可。而埋入地下的买地券，就是这一桩与神灵交易的凭证。"① 那么，我们必须回答这种与后土订立的合同和与其他神灵订立的合同，是否存在区别这样一个问题。要解答这个问题，我们就必须讨论，汉代至隋唐时期中国的土地信仰及其与买地券的

---

　　①　刘屹：《敬天与崇道——中古经教道教形成的思想史背景》，第53—54页。

关系。只有对这一时期中国土地信仰的发展有一个初步的认识①,我们才能够明白宋代以来买地券所崇敬的主神为什么会变为后土,以及了解这种变化背后的意涵。

在传统中国社会由于各种自然科学知识的缺失以及生产技术的低下,人们普遍相信生活中的一切事物,都和超自然力量紧密相关。土地作为农业生产的基础,自然就会得到人们的崇拜。而各种侵扰土地的行为:如耕种、修造、埋葬等,也自然会被视为对各种土地神灵的冒犯。在这两种对立而又相互依存的观念影响下,传统中国发展出了两种不同的土地信仰:一种是将土地神视为促进万物生长的仁慈神灵,进而对它举行各种积极的祭祀仪式;一种是将土地神视为会惩罚冒犯土地的人的严厉神灵,进而要对它举行各种消极的禳解仪式。据目前的材料显示,有关土地的积极崇拜在商周时期就已经出现②;而在商周时期消极土地信仰的发展目前还不是十分清晰,但是对汉代的消极土地信仰,我们已经有了初步的了解。而且买地券也是在汉代才开始出现的。因此,我们的讨论就从汉代开始。

汉代积极土地崇拜的代表是,官方控制下的代表整体土地信仰的后土崇拜。汉文帝时即接受新垣平的建议,国家统一祭祀地祇③。到了武帝时开始在汾阴设立后土祠④,正式确定了国家对后土的崇拜。但是崇祭后土是最高统治者的权力,民间无权祭祀,他们只能祭祀当地的土神即一般的社神。《兼明书》即云:"又问曰:社即土神,而夏至祭皇地祇

---

① 不论在任何社会,信仰的发展从来都不是线性演变的,真实的状态往往是新的信仰已经产生很久,而旧的信仰却依然流传。我们考察的中国土地信仰也是如此,但是在行文中我们不可能把复杂的状态展现出来,只能把握整体的变化趋势。所以本书所涉及的不同时期中国土地信仰的演变,只是反映各个时期土地信仰的重要特色,绝不表示在这一时期更早期的土地信仰就已经完全消失。

② 商周时期的积极土地崇拜,可以参见陈梦家《殷墟卜辞综述》,中华书局 2008 年版,第 582—584 页;林巳奈夫《商周时期的地祇》,《美术史研究集刊》第 9 期。

③ 《汉书·郊祀志》:"孝文十六年用新垣平初起渭阳五帝庙,祭泰一、地祇,以太祖高皇帝配。"[(汉)班固:《汉书》,中华书局 1962 年版,第 1264 页。]

④ 《史记·封禅书》:"天子郊雍,议曰:'今上帝朕亲郊,而后土无祀,则礼不答也。'有司与太史公、祠官宽舒议:'天地牲角茧栗。今陛下亲祠后土,后土宜於泽中圜丘为五坛,坛一黄犊太牢具,已祠尽瘗,而从祠衣上黄。'于是天子遂东,始立后土祠汾阴脽丘,如宽舒等议。上亲望拜,如上帝礼。"(司马迁:《史记》,第 1389 页。)

于方丘，又何神也？答曰：方丘之祭，祭大地之神；社之所祭，乃邦国乡原之土神也。"① 后土信仰在春秋出现以来，后土神一直被认为是一位男神②。但在汉代出现了将后土视为女性神的倾向。汉平帝时王莽改革礼制开始以高后配祀后土③，取代了文帝和武帝时用高祖配祀后土的传统。他还认为天子就应该"父事天，母事地"④。明确了后土的母性特征。《汉书·礼乐志》中所载的郊祀歌就有"后土富媪，昭明三光。穆穆优游，嘉服上黄"的词句⑤。

消极土地信仰的代表，则是和修造有关的解土信仰。当时人普遍相信，进行各种营造活动时会侵犯土神。如果不举行一些仪式来酬谢土神的话，普通人就会生病乃至死亡。《论衡·解除》中就记载了解土的具体方法："世间缮治宅舍，凿地掘土，功成作毕，解谢土神，名曰'解土'。为土偶人，以像鬼形，令巫祝延，以解土神。"⑥ 当时人甚至认为刚刚建好的房子，因为触犯土禁，不可长住⑦。《论衡》中并没有提到土神的名称，不过依《潜夫论》中的记载⑧，当时人应该用"土公"这个名称来指称土神。

不过令人惊讶的是，汉代的买地券与以上两种土地信仰的联系都不够紧密，当时大多数买地券不涉及各种神灵，只是在凡人之间进行土地

---

① （唐）丘光庭：《兼明书》卷一，《四库全书》第 850 册。

② 《左传·昭公二十九年》："共工氏有子曰句龙，为后土。"（杨伯峻：《春秋·左传注》，第 1503 页。）

③ 《汉书·郊祀志》："莽又颇改其祭礼，曰：'……天地合祭，先祖配天，先妣配地，其谊一也。天地合精，夫妇判合。祭天南郊，则以地配，一体之谊也。'……天子亲合祀天地于南郊，以高帝、高后配。"（班固：《汉书》，第 1265—1266 页。）

④ 班固：《汉书》，第 1268 页。

⑤ 同上书，第 1054 页。

⑥ 黄晖：《论衡校释》，第 1044 页。

⑦ 《后汉书·李王邓来列传》："时皇太子惊病不安，避幸安帝乳母野王君王圣舍。太子乳母王男、厨监邴吉等以为圣舍新缮修，犯土禁，不可久御。"（范晔：《后汉书》，第 590—591 页。）

⑧ 《潜夫论》卷六《巫列篇》：若乃巫觋之谓独语，小人之所望畏，土公、飞尸、咎魅、北君、衔聚、当路、直符七神，及民间缮治微蔑小禁，本非天王所当惮也。[（汉）王符著，汪继培笺，彭铎校正：《潜夫论笺校正》，中华书局 1985 年版，第 306 页。]

交易①。而那些宗教意味较浓的买地券,也不关注埋葬行为对土神的侵扰,倒是因为和当时的镇墓文关系密切②,对墓葬神灵保持了足够的重视。如延熹四年的钟仲游妻买地券中提到:"黄帝告丘丞、墓伯、地下二千石、墓左墓右、主墓狱吏、墓门亭长,莫不皆在。"③ 这和当时镇墓文中所涉及的神仙基本一致④。

到了魏晋南北朝时期,两种不同的土地信仰继续存在并得到一定的发展。这一时期,后土崇拜在国家层面变化不大,各个王朝只不过是依循汉代的制度继续祭祀后土。但是在民间出现了对其新的理解。吐鲁番出土的十六国时期的"冥诉"文书中就提到:"今横为叔琳见状枉死,即就后世,衔|恨|入土。皇天后土,当明照查。"⑤ 在这件文书中,普通民众明显地将后土视为公正判决的神灵⑥。这一时期的解土信仰变化很大,一方面受到五行思想的影响,开始出现五方土公的说法。《齐民要术》所载祝曲文即云:"东方青帝土公青帝威神,南方赤帝土公赤帝威神,西方白帝土公白帝威神,北方黑帝土公黑帝威神,中央黄帝土公黄帝威神。"⑦ 并且在解土时也要针对五方的土神,《赤松子章历》卷三《解土章》即提到:"请谢土君五人,制地君五人,解土君五人,安土君五人,定宅君五人,各官将百二十人,合下为某家,披谢五方五土众神。"⑧ 另一方面道教将解土思想纳入自身的体系之中,不仅开始将

---

① 一般认为在汉代买地券中出现的卖主和见证人等都是现世生活中的活人。但鲁西奇认为汉代买地券交易中涉及的各种相关人等都是亡人。(鲁西奇:《汉代买地券的实质、渊源与意义》,《中国史研究》2006 年第 1 期。)不过即便如此,当时买地券对土地神灵的关注也是明显不足的。

② 索安:《从墓葬的葬仪文书看汉代宗教的轨迹》,《法国汉学》第 7 辑,第 120 页。

③ 池田温:《中国历代墓券略考》,《东洋文化研究所纪要》第 86 册,第 215 页。类似的还有光合二年的王当买地券。

④ 如熹平二年(173)张叔敬镇墓文云:熹平二年十二月乙巳朔十六日庚申,天帝使者告张氏之家、三丘五墓、墓左墓右、中央墓主、冢丞冢令、主冢司令、魂门亭长、冢中游徼等:敢告移丘丞墓柄、地下二千石、东冢侯、西冢伯、地下击植卿、耗里伍长等。(释文录自郭沫若《由王谢墓志的出土论到兰亭序的真伪》,《文物》1965 年第 6 期。)

⑤ 荣新江、李肖、孟宪实主编:《新获吐鲁番出土文献》,第 171 页。

⑥ 关于当时人向皇天后土诉冤的详细情况,可以参见游自勇上揭文,第 37—40 页。

⑦ 贾思勰:《齐民要术》,江苏古籍出版社 2001 年版,第 217 页。

⑧ 《道藏》第 11 册,第 200 页。

"土公"视为道教的神灵之一。而且还发展了专门的科仪进行解土活动。《赤松子章历》中就有专门的《解土章》和《大醮宅章》用于解土。但是道教文献有时又将"土公"视为鬼,作为防范的对象。《女青鬼律》即云:"地青土公鬼名元,地赤土公鬼名赤赫元,地黄土公鬼名剋元,地白土公鬼名述本,地黑土公鬼名士民。"① 这种独特情况的出现,与当时道教与民间宗教之间复杂的关系有关②。当时最有意味的变化是"土公"开始被视为星神,具有时日选择的性质。据当时的天文文献记载,土公星指壁宿中两个星主管修造③。《赤松子章历》中涉及时日选择禁忌中就有"河伯土公游"④ 的条目。

　　相对于汉代的买地券,魏晋南北朝时期的买地券和土地信仰的联系要密切得多。目前发现的大多数地券都和解土信仰有或多或少的联系,这一点从买地券中提及的土神就可以发现。当时的买地券中主要有两种土神。一种是在汉代以来民间信仰影响下产生的土伯⑤和土公,土伯和土公在买地券中的职责比较单一,就是出卖土地或阴间住宅。吴五凤元年(254)黄甫买地券即云:"从天买地,从地买宅,雇钱三百。东至甲庚,西至乙辛,北至壬癸,南至丙丁。若有争地,当诣天帝,若有争宅,当诣土伯。"⑥ 而晋太康五年(284)杨绍买地券则提到:"从土公买冢地一丘"⑦。另一种是道教观念影响较为体系化的土神系统,这些土地神仙和其他的各种神灵如墓葬神仙一起处理亡人的各种事务。刘宋元嘉十年(433)徐副买地券即云:"新出太上老君符敕:天一地二,孟

---

　　① 《道藏》第 18 册,第 243 页。

　　② 石泰安:《二至七世纪的道教和民间宗教》,《法国汉学》第 7 辑,中华书局 2002 年版。

　　③ 《灵台密苑》卷二:"南二星曰:土公,主营造及稼穑起土之官。"〔(南朝梁)庾季才:《四库全书》第 807 册。〕

　　④ 《道藏》,第 11 册,第 185 页。

　　⑤ 土伯最早见于《楚辞·招魂》,指的是掌管死者的神灵,而且依《楚辞》的记载很可能是九个神,并且外貌恐怖。而买地券中提到的土伯则是和天帝相对,并主管住宅事务的神灵。显然和《楚辞》中的记载不相一致,而和土公比较接近。所以在此将两者放在一起讨论。

　　⑥ 南京市博物馆:《南京郊县四座吴墓发掘简报》,《文物资料丛刊》第 8 辑,文物出版社 1983 年版,第 3 页。

　　⑦ 鲁西奇:《六朝买地券丛考》,《文史》2006 年第 2 辑,第 125 页。

仲四季，黄神后土①，土皇土祖，土营土府，土文土武，土墓上、墓下、墓左、墓右、墓中央五墓者，丘丞墓伯……墓门亭长，天罡、太一、登明、功曹、传送随门十二神等"②。徐副买地券中所涉及的各种神祇，明显地和《赤松子章历》卷三《解土章》中记载的修造时侵犯的神灵有相当的一致性③。在这两种买地券中，要么是通过虚拟的购买行为，要么是采用灵符通告的形式，让神灵许可动土，以此来解决触犯土禁的问题。

　　隋唐五代时期的土地信仰开始发生重大的变化，在后土崇拜方面变化尤为激烈。首先，对于后土神的性别认识，出现了一些反复。隋文帝确立的祀典中就是以太祖配祀皇地祇，明显地将其视为阳性神。而武则天出于政治目的，积极参与到后土祭祀中来④，她还在山西后土祠中树立妇人形象的后土塑像并为其安排了配偶，将后土的性别转变过来。当时的文人则通过写作和传播《后土夫人传》⑤对武则天进行讽刺，进一步地促使了后土的阴性化倾向。其次，后土信仰和丧葬活动开始发生紧密的联系。《大唐开元礼》规定"祭后土仪"是丧葬礼仪不可或缺的组成部分。再次，后土信仰开始走向民间⑥。正如上文所述，祭祀后土一直是最高统治者的权力，而《大唐开元礼》中则给予了一般官员在墓葬

---

　　①　这里的"黄神后土"，并不是指一般意义上的后土神，而是对土地神的统称。《礼记·月令》中即云："中央土，其日戊己，其帝黄帝，其神后土。"［（汉）郑玄注，（唐）孔颖达疏：《礼记正义》，北京大学出版社1999年版，第515页。］黄神后土应该就是承继这种思想而来。

　　②　王育成：《徐副地券中天师道史料考释》，《考古》1993年第6期，第572页。

　　③　《赤松子章历》卷三《解土章》："某自从立此宅已来。新旧掘凿，移篱换柱，造立屋舍，起土兴工，平高就低，改动门户。六甲禁忌、瓦石万灵、沈尸、伏藏、铜铁、白土、黑土、黄土、土皇、土王、土相、土府将军、土公、土下君侯二千石、阴土、阳土……天刚、太一、胜先、小吉、传送、从魁、河魁、登明、神后、大吉、功曹……并蒙放赦。某守宅大神晏子，大戴盖屋三重，绕舍三匝，东西南北邪精故气，及诸祸害一时消荡。乞某家大小，永保元吉云云。恩惟太上，分别求哀云云。起造宅舍以来，触犯土神，土公禁忌，更相追责。拜上天官，搜谢解释考气乞，恩口章一通，上诣三天曹云云。"（《道藏》第11册，第200页。）

　　④　关于唐宋时期后土信仰的演变，尤其是这些演变和当时政治的关系，详见廖咸惠：《唐宋时期南方后土信仰的演变——以扬州后土崇拜为例》，《汉学研究》第14卷第2期。

　　⑤　《后土夫人传》的具体内容，参见李昉等编《太平广记》，中华书局1961年版，第2375—2379页。

　　⑥　雷闻也认为在丧葬中祭祀后土，是后土祭祀世俗化的表现。参见雷闻《郊庙之外：隋唐国家祭祀与宗教》，三联书店2009年版，第60页。

祭祀中祭祀后土的权利，这使后土信仰的实践者大大增多。加之唐末军阀高骈出于政治目的，在扬州重修后土祠，并举行各种相关宗教活动，进一步促进了后土信仰在这一时期进入民间。

而这一时期的解土信仰最重要的特色，则是越发地强调土公在时日选择方面的禁忌。如当时重要的农书《四时纂要》中就多次提到和土公相关的时日禁忌①。和土公有关的选择禁忌，就逐渐地成为择日术中必不可少的内容。

值得注意是，在《赤松子章历》卷三《解土章》中所见的复杂土神系统开始被道教所放弃。唐代的道经《要修科仪戒律钞》记载的亡人入棺时所上诰文云："维某年太岁甲子某月朔某日，天老移告天一、地二、孟仲季、五路将军、蒿里父老、土下二千石、安都丞、武夷王、里域真官、河伯水府、魂门监司、墓门亭长、山川泽尉、直符使者：今有三洞弟子某州郡县乡里男。"② 其中涉及的神灵，明显的是对徐副买地券和《赤松子章历》卷三《解土章》中所提到神灵的承继。不过相对前两者，《要修科仪戒律钞》将神灵简化了很多，变得更有体系性。而各种土地神灵便是简化的重点之一。

这一时期的土地信仰的变化，也渐渐的影响到了买地券。首先，后土的身影开始出现在买地券中，唐大历四年（769）的张无价买地券③的内容与《地理新书》中记载的范本地券已基本一致。张无价地券中虽然没有直接提及卖地神仙的姓名，不过依照上文的分析，其中隐含的神灵很可能就是后土。而在五代末期买地券中就开始直接提到后土，南唐保大十年（952）范韬买地券提到："呈告皇天后土，五方尊神，开灶地主，□得其他及钱，斩草。"④ 而后蜀广政二十五年（962）的李才买地券中则提到："今用铜钱万万九千九百九十九文，就于黄天父、伯土母、

---

① 如《四时纂要》卷一云："土公不可远行，动土伤人。"［（唐）韩鄂：《四时纂要校释》，农业出版社1981年版。］

② 《道藏》第6册，第997页。

③ 《吐鲁番出土文书》第10册，第6—7页，定名为《唐大历四年张无价买阴宅地契》，现根据惯例改称为"张无价买地券"。

④ 赵洪章：《浦城发现南唐范韬墓志铭》，《福建文博》1989年第1、2期合刊。

十二神边买得前件墓田，周流一顷。"① "伯土母"应该是后土母的误写，在这件地券中不单土地神已经转变为后土，而且明确了后土阴性神的特征。虽然，这一时期后土信仰开始对买地券产生影响，但是相对于宋及以后的朝代，后土在这一时期买地券中还不是很普遍。大部分买地券中涉及的土神，仍然是过去和"土公"有关的土地神灵，比如"土伯"②、"土府将军、土公将军"③ 等。当时甚至出现了新的土禁信仰，强调不同深度的土地由不同的土神掌管。十国吴武义元年（919）随氏娘子买地券即云："掘土三寸，不犯土公；掘土三尺，不犯土伯；掘土三丈，不犯土长。"④ 这种现象充分地反映了当时民间信仰的复杂状态。

而到了宋代土公、土伯在买地券中已经很少出现⑤，而买地券已经可以被理解为是亡人和后土之间订立的合同⑥。消极的土地信仰在丧葬领域表现得已经很不明显，只是在时日禁忌中还保留了一些痕迹⑦。

通过上文对汉代以来土地信仰及其与买地券关系的简要论述，我们可以发现买地券在汉代曾一度和土地信仰关系不大，而到了魏晋南北朝时期解土信仰在买地券中就取得了绝对的统治地位。但是隋唐以来，作为积极信仰的后土崇拜，开始逐渐渗透进原来属于消极土地信仰掌控的丧葬领域，并在买地券中起着越来越重要的作用，最终在宋

---

① 龙腾、李平：《蒲江发现后蜀李才和北宋魏晋买地券》，《四川文物》1990 年第 2 期，第 43 页。

② 唐天复元年（901）秦温买地券云：告天下地下土伯山灵地祇。（张勋燎、白彬：《中国道教考古》，第 1404 页。）

③ 唐天宝六年（747）陈聪懑买地券云："于土府将军、土公将军买此山宅，直钱五百贯。"（张均绍：《唐代南巴县令买地券考》，《广东省博物馆馆刊》1988 年第 1 期。）

④ 湖北省文物考古研究所、武汉市博物馆：《湖北剧场扩建工程中的墓葬和遗迹清理简报》，《江汉考古》2000 年第 4 期，第 6—7 页。

⑤ 目前发现的 198 块宋代买地券中提到土公的只有两块，分别为：陈氏六娘地券（详见附录江西 6）和张公地券（详见附录江西 15）。对比宋代之前的买地券，反差不可谓不大。

⑥ 详细的讨论参见第四章第二节的相关论述。

⑦ 当时的数术书籍《三术撮要》还提到了一些时日不触犯土公，可以动土。[（宋）佚名：《三术撮要》，《十万卷楼丛书本》]，不过在一般的修造中解土思想仍有存在，洪迈就指出："今世俗营建宅舍，或小遭疾厄，皆云犯土。故道家有谢土司章醮文。"（洪迈：《容斋随笔·四笔·缮修犯土》，上海古籍出版社 1996 年版，第 626 页。）

代取得了支配地位。而曾经和后土抗衡的土公，只能以星神的形式存在，通过时日禁忌的方式，保留了部分消极的土地信仰。唐五代以来，买地券中出现的后土逐渐取代其他土地神的现象，这绝不是简单的神灵更迭。它反映了中国古代积极的土地信仰的扩张，进而表明了中国在唐宋时代可能出现的信仰心态的转变。由于仁慈的后土逐渐取代了严厉的土公，买地券也就从过去人们祈求严厉神灵的保障安全的"盟誓"，转变为向大地母亲寻求现世利益的"合同"。这一现象在宋代买地券中表现得尤其明显。

第二节　买地券中所反映的鬼观的变化

正如上文所言，宋代买地券中往往以故气、魑魅魍魉这样的鬼怪作为防备的主要对象，而这些鬼怪在买地券中都是直到唐宋时期才出现的。但是像魑魅魍魉一类的概念早在春秋时期就在文献中出现，而且一直在人们的信仰生活中被赋予了威胁者的角色[1]。它们到了唐宋时期，才成为买地券中重点防备的对象，这并不是一个偶然现象。这种现象的出现和买地券功能的演变以及中国古代鬼[2]观的变化有密切的联系。下面我们就简要介绍一下，不同时期买地券中对于人鬼的态度，以及当时社会上流行的各种鬼观。

汉代的买地券以亡人为主要的防备对象，汉光和五年（182）刘氏买地券即云："生死异路，不得相妨。死人归蒿里戊己，地上地下，不

---

[1]　关于魑魅魍魉在中国信仰生活中的作用，可以参见林富士《释魅》，《鬼魅神魔——中国通俗文化侧写》，台北：麦田出版社 2005 年版。

[2]　本节提到的鬼都是指人鬼，不过在中国古代除了指人鬼外，还可以指代其他超自然力量。《墨子》中提到的天鬼就是神明，《日书》中的鬼也指代的是各种精怪，道教徒甚至用老鬼来称呼老君。（关于《日书》中所反映的鬼怪观念可以参见蒲慕州《睡虎地秦简〈日书〉的世界》，《台湾学者中国史研究论丛：生活与文化》，中国大百科全书出版社 2005 年版，第116—121 页；道教徒对鬼独特的用法可以参见刘昭瑞。）本书主要讨论买地券出现以来的鬼观的变化，汉代之前的鬼观可以参见蒲慕州：《中国古代鬼论述的形成》，《鬼魅神魔——中国通俗文化侧写》，台北：麦田出版社 2005 年版。

得苟止"①，书写地券的活人坚决地要与死去的祖先划清界限。这种观念在汉代非常流行，当时的文献也多见"生死（死生）异路"之语。《白虎通义》中就以此来解释为何要设立宗庙：

> 王者所以立宗庙何？曰：生死殊路，故敬鬼神而远之。缘生以事死，敬亡若事存，欲立宗庙而祭之。此孝子之心所以追继养也。②

而当时人也常用此句表达生死分离的悲痛之感，下面所引是被董卓谋害的弘农王死前所作的哀歌，我们可以从中感受他和妻子分离时深刻的哀痛：

> 王悲歌曰："天道易兮我何艰！弃万乘兮退居蕃。逆臣见迫兮命不延，逝将去兮适幽玄！"因令唐姬起舞，姬抗袖而歌曰："皇天崩兮后土颓，身为帝王兮命夭摧。死生路异兮从此乖，奈我茕独兮心中哀！"因泣下呜咽，王曰："卿王者妃，势不复为吏民妻。自爱，从此长辞！"遂饮药而死，时年十八。③

最让人惊奇的是这种畏惧是不分情况的，甚至父母在面对自己早夭的婴孩也畏惧不已。虽然对幼子亡故悲痛不已，但是当见到已经去世的孩子复生时，仍惊恐万分④，可见当时"生死异路"的观念是如何的深入人心。

当时人这样要求生死异路可能与人们相信鬼能致人疾病有关，《韩

---

① 池田温：《中国历代墓券略考》，《东洋文化研究所纪要》第 86 号，1981 年，第 222 页。

② （清）陈立撰，吴则虞点校：《白虎通疏证》，中华书局 1994 年版，第 567 页。

③ 范晔：《后汉书》，第 451 页。

④ 《后汉书·方术列传》："蓟子训者，不知所由来也。建安中，客在济阴宛句。有神异之道。尝抱邻家婴儿，故失手地而死，其父母惊号怨痛，不可忍闻，而子训唯谢以过误，终无它说，遂埋藏之。后月余，子训乃抱儿归焉。父母大恐，曰：'死生异路，虽思我儿，乞不用复见也。'儿识父母，轩渠笑悦，欲往就之，母不觉揽取，乃实儿也。虽大喜庆，心犹有疑。乃窃发视死儿，但见衣被，方乃信焉。于是子训流名京师，士大夫皆承风向慕之。"（范晔：《后汉书》，第 2745 页。）

非子》中就提到："凡所谓祟者，魂魄去而精神乱，精神乱则无德。鬼不祟人则魂魄不去，魂魄不去而精神不乱，精神不乱之谓有德。"① 云梦秦简日书中还特别提到死去的父母和祖父母可以导致活人生病，《疾》篇中即提到："甲乙有疾，父母为祟。"② 并且由于当时医疗水平低下，人们相信传染病即所谓的"注病"是由亡人所致。所以墓葬中当时流行的解注文③也经常要求生死异路，如公元二世纪左右的刘伯平镇墓券即提到："生属长安，死属大（太）山。死生异处，不得相防（妨）。"④ 这种对于祖先亡灵的敬畏，可能是人类早期宗教信仰的共同特征，景颇族即相信："祖先鬼，好的时候可以为子孙后代看家，不好的时候也咬人，致人生病。"⑤ 和汉代人的观念颇有相通之处。

除了防备家鬼之外，汉代买地券对其他亡魂也是毫不客气，要将他们变为奴婢，供亡人驱使。汉建宁四年（171）孙成地券："田中若有尸死，男即当为奴，女当我婢。"⑥ 整体上看汉代买地券对于各种亡魂都是持相当的否定态度的。

六朝时期的买地券对于鬼神的描述，则和汉代有很大不同。目前发现的买地券中既没有提到生死异路，也没有涉及将其他亡魂变为奴婢。只是在个别道教色彩明显的地券中提及地下禁忌⑦，不知其具体所指为何。不过这种变化并不表明，人们对于人鬼的看法有了根本的变化。当时人对于亡人仍然是持相当的否定态度的。《赤松子章历》卷四《断亡人复连章》中就提到："生人上属皇天，死人下属黄泉，生死异路，不得扰乱。"⑧ 而当时人在丧葬之后也纷纷远离家庭，躲避家鬼。《颜氏家

---

　　① 王先慎：《韩非子集解》，第 104 页。

　　② 吴小强：《秦简日书集释》，岳麓书社 2000 年版，第 70 页。

　　③ 关于汉代和六朝解注文的情况可以参见刘昭瑞《谈考古发现的道教解注文》，《敦煌研究》1991 年第 4 期，以及本书第四章中的相关内容。

　　④ 池田温：《中国历代墓券略考》，《东洋文化研究所纪要》第 86 号，1981 年，第 223 页。

　　⑤ 云南省编辑组编：《云南民族民俗和宗教调查》，云南民族出版社 1985 年版，第 203 页。

　　⑥ 池田温上揭文，第 219 页。

　　⑦ 刘宋元嘉十年（433）徐副地券："丘墓之神，地下禁忌，不可禁呵志讶。"（王育成：《徐副地券中天师道史料考释》，《考古》1993 年第 6 期，第 572 页。）

　　⑧ 《道藏》，第 11 册，第 208 页。

训》中即载："偏傍之书，死有归杀。子孙逃窜，莫肯在家，画瓦书符，作诸厌胜，丧出之日，门前然火，户外列灰，祓送家鬼，章断注连，凡此种种，不近有情，乃儒雅之罪人，弹议所当加也。"①

当时人甚至相信即使祖先成了神灵，人鬼接触也是非常不利的，《搜神记》中就讲述了下面一个故事：

> 班出，瞑然忽得还舟。遂于长安经年而还。至太山侧，不敢潜过，遂扣树，自称姓名，"从长安还，欲启消息。"须臾，昔驺出，引母班如向法而进，因致书焉。府君请曰："当别遣报。"母班语讫，如厕，忽见其父著械徒作，此辈数百人。母班进拜流涕，问大人何因及此。父云："吾死不幸，见遣三年，今已二年矣！困苦不可处。知汝今为明府所识。可为吾陈之，乞免此役，便欲得社公耳。"母班乃依教，叩头陈乞。府君曰："死生异路，不可相近，身无所惜。"母班苦请，方许之。于是辞出。还家岁余，儿子死亡略尽。母班惶惧，复诣太山，扣树求见。昔驺遂迎之而见。母班乃自说："昔辞旷拙，及还家，儿死亡至尽，今恐祸故未已，辄来启白，幸蒙哀救。"府君拊掌大笑曰："昔语君，'生死异路，不可相近'故也。"即敕外召母班父，须臾至庭中，问之："昔求还里社，当为门户作福，而孙息死亡至尽，何也？"答云："久别乡里，自忻得还，又遇酒食充足，实念诸孙，召而食之耳。"于是代之。父涕泣而出。母班遂还，后有儿皆无恙。②

从这个故事中我们可以发现哪怕是祖先出于善意去关照后人，也会带来严重的后果，所以泰山府君才会提到"死生异路，不可相近"。既然逝去的祖先对于活人都有如此大的威胁，其他的鬼魂对于人们的危害可能就更大了。下面一个故事中就描绘了鬼魂的恐怖，只是因为居者出言不逊就将其一家全部杀死：

---

① 王利器：《颜氏家训集解》，第98页。
② 干宝：《新辑搜神记》，第99页。

　　襄城李颐，其父为人不信妖邪。有一宅由来凶，不可居，居者
辄死。父便买居之，多年安居，子孙昌炽。为二千石，当徙家之
官，临去请会内外亲戚。酒食既行，父乃言曰："天下竟有吉凶不？
此宅由来言凶，自吾居之，多年安吉，乃得迁官，鬼为何在？自今
已后，便为吉宅。居者住止，心无所嫌也。"语讫如厕，须臾，见
壁中有一物，如卷席大，高五尺许，正白。颐父便还，取刀斫之，
中断，化为两人，复横斫之，又成四人。便夺取刀，反斫李，杀
之。持刀至座上，斫杀其子弟。凡姓李必死，唯异姓无他。颐尚幼
在抱，家内知变，乳母抱出后门，藏他家，止其一身获免。颐字景
真，位至湘东太守。[①]

　　这样的故事得以流传，可见当时人对于鬼还是十分敬畏和害怕的。
买地券中之所以未涉及这方面的内容，可能是当时人通过上章和解注文
等方式来完成对各种鬼神的驱赶[②]，在地券中就无须再次进行禳解的
缘故。

　　到了唐代，部分买地券开始将故气邪精作为驱除的主要对象。唐天
宝六年（746）陈聪懋地券即语："谨直□故气邪精，不得干扰。"[③] 之
所以在这一时期开始将故气邪精作为驱逐的对象，我们认为和当时人们
对鬼的看法发生改变有关，不论是在汉代还是六朝人们对于鬼都是持坚
决的否定态度，而且是坚持要求生死异路、人鬼不相接触的。而到唐
代，人们对鬼的恐惧[④]明显的有了减弱，甚至出现了人鬼共处于世的说

①　（南朝宋）陶潜撰，李剑国辑校：《新辑搜神后记》，中华书局 2007 年版，第 542—543
页。
②　详见本书第三章中的相关论述。
③　张均绍：《唐代南巴县令买地券考》，《广东省博物馆馆刊》1988 年第 1 期。
④　我们这里提到人对于鬼的恐惧减少，指的是人对于正常死亡鬼恐惧的减少，对于那些
非正常死亡的鬼（厉鬼），人们始终是对其怀有深深的恐惧。直到今天台湾地区还流行着针对
这些鬼的各种禳解活动。（关于中国早期的厉鬼观念可以参见林素娟《先秦至汉代礼俗中有关
厉鬼的观念及其因应之道》，《成大中文学报》第 13 期，2005 年；关于现代台湾地区针对厉鬼
信仰可以参见林富士《孤魂与鬼雄的世界：北台湾的厉鬼信仰》，台北：稻乡出版社 1995 年
版。）

法。《玄怪录》中就提到当时能够看见鬼的人声称天下间人鬼各占一半①。正是在这些新的鬼观的影响下,人们可能将逝去祖先和自己完全视为一体。基于此,那些威胁生人的故气邪精,对于祖先来说也是存在危害的,所以要加以驱逐。而在汉代六朝至少在某种层面上,祖先被视为和故气邪精一样地对人们有威胁的超自然力量,所以在早期买地券中根本无须涉及它们。虽然祖先在唐代逐渐地从邪灵中脱离出来,但是对于其他的亡魂买地券仍然是一种否定的意向。如唐开成二年(837)姚仲然地券即提到:"男来认以往奴,女来认以往婢。"②。

但是一种观念的产生并不意味着之前观念的消失,唐代至少还有相当一部分人坚持生死异路的原则,就是对家里的先人也丝毫不予通融。当时在民间广泛流传的王梵志诗中即云:"愚人痴淴淴,锥刺不转动。身著好衣裳,有钱不解用。贮积留妻儿,死得纸钱送。好去更莫来,门前有桃棒。"③ 要用桃棒这种驱鬼的器物对付祖先,可见大家还是不要碰面的好。可能正是由于这两种观念的并存,才使得唐代提到故气邪精的买地券数量并不多。

宋代买地券在对待鬼的态度方面继承和发展了唐代买地券的特征,基本上不再以祖先为防范对象,而是以故气邪精、魑魅魍魉这些对生人也很有威胁的超自然力量为驱逐对象,如庆元三年(1197)的姚辉地券即云:"邪精故炁,不得妄有干犯。"④ 这是由于宋代继承和发展了唐代鬼观的结果。当时也有人鬼共处于世的说法,《夷坚志》中就提到了下面一个人鬼相遇的故事:

> 中散大夫史态,自建康通判满秩。还临安盐桥故居,独留虞候一人。尝与俱出市,值卖燂鸭者,甚类旧庖卒王立,虞候亦云无小

---

① 《玄怪录》卷十《叶氏妇》:"叶诚者,中牟县梁城乡染人也。妇耿氏,有洞晦之目,常言曰:'天下之居者、行者、耕者、桑者、交货者、歌舞者之中,人鬼各半;鬼则自知非人,而人则不识也。'"(牛僧孺:《玄怪录》,第109页。)

② 陈柏泉:《江西出土墓志选编》,第549页。

③ 项楚校注:《愚人痴淴淴》,《王梵志诗校注》,上海古籍出版社1991年版,第140页。据项楚考订这首诗的写作年代在初唐时期,最可能是在武则天当政时期。(《王梵志诗校注》,第12—13页。)

④ 详见附录江西25。

异。时立死一年，史在官日，犹给钱与之葬矣。恍忽间已拜于前。曰："仓卒逢使主，不暇书谒"遂随以归。且献棹中所余一鸭。史曰："汝既非人，安得白昼行帝城中乎？"对曰："自离本府即来此。今临安城中人，以十分言之，三分皆我辈也。或官员、或僧、或道士、或商贩、或倡女、色色有之。与人交关往还不殊，略不为人害，人自不能别耳。"①

值得注意的是，在这则故事中提到人鬼交往不为人害，这和过去的生死异路观念差异不可谓不大。而且在其他关于鬼的故事中，鬼的形象也往往被塑造得比较糟糕。当时有鬼居于海外的观点，不过那些居于海外的鬼形象却十分可怜②，实在使人难以兴起畏惧之心。不过在买地券中并没有因此就加深对一般鬼魂的欺辱，往往只是要求"先有居者，永避万里"罢了。

当时人不只是已经不害怕一般的鬼，而且还相信祖先会保佑子孙的安全。洪迈在《夷坚志》中就提到曾与在家中作祟的鬼交谈，鬼告诉他自己曾被他逝去的祖先驱逐③。显然在这个故事中家祖和外鬼已经被视为完全不同的存在，而且当时人甚至认为如果外鬼去往家中招魂时，祖先还会加以阻止④。在买地券中人们也不只是不再防范祖先，而且在很

---

① 洪迈：《夷坚志》，第571页。类似的强调人鬼共处于世，宋代人的观点还可以参见：（宋）黄休复：《茅亭客话》卷十《孙处士》，《宋元笔记小说大观（一）》，上海古籍出版社2001年版，第455—456页；（宋）刘斧：《青琐高议》，别集卷一，《宋元笔记小说大观（一）》，上海古籍出版社2001年版，第1169页。

② 《夷坚志支癸》卷三《鬼国续记》："福州福清海商杨氏，父子三人，同溺于大洋，共附一木，遂漂流鬼国中。烟火聚落，恍如人世。但其人形躯枯悴，生理穷窭。每相报云'去某州某县赴法会'，则各有喜色，往往尽室以行。"（洪迈：《夷坚志》，第1239页。）

③ 《夷坚乙志》卷八《秀州司录厅》："公曰：'曾见吾家庙祖先否？'曰：'每时节享祀，必往观，闻饮食芬芬，欲食不得。列位中亦有虚席者，唯一黄衫夫人，见我必冬。'又使往觇，俄气喘色变，徐乃言曰：'方及门，为夫人持杖追逐，急反走，仅得脱。'所谓夫人者，曾祖母纪国也。"（洪迈：《夷坚志》，第251页。）

④ 《青琐高义》："过东市小巷，二鬼跃跳，随一人入于宅，一鬼相随而入，一鬼坐于门。……坚曰：'二鬼逐人，何也？'师云：'彼人将死之，一鬼入其室，召其魂；一鬼守门，防家鬼之入救也。'"（刘斧：《青琐高义》，别集卷六，《宋元笔记小说大观（一）》，第1198页。）

多买地券中后代都多有出场，表达哀思，甚至代表祖先和神灵谈判来谋求共同的利益，如宝庆三年（1227）的王德秀地券就提到："孤袁（哀）子王晟、道昌、昱、晸，敢昭告于灵槎山之东黄家旧宅园之神。"①

通过对汉代到宋代买地券和当时流行的人鬼观念的分析，我们发现早期买地券虽然处理的也是人、神、鬼三者之间的关系，但是他们往往将生人和亡者对立起来，到了唐宋时，才慢慢地将亡者和生人视为一体，将祖先和其他鬼魂区分开来。到了这时，人类学家们屡屡提及的神、祖先、鬼模式才真正的确立。而在这个变化中人对于鬼则是显得越来越有信心，我们可以说人的力量在不断地加强，而鬼的力量则在不断地削弱。

第三节　买地券中反映的人神关系变化

在宋代，江西地区出现了一些很不一样的地券，即我们上文分出的C型地券。这些地券中主要涉及的神灵是曲水溪山神这样的纯地方性神灵，死者的后代往往直接向这些神灵祈祷，并许以好处以求得帮助②。这些地方性神灵出现的可能原因，我们在第一章中已经作了一定的讨论，这里我们关心的则是在这些地券中人和神交流的特殊方式，以及其中所隐含的特定的人神关系③。

宋代之前地券里涉及人神之间的交流模式主要有三类：第一类是直接的交易，人出钱向神买地。如南昌出土的吴黄武四年（225）浩宗买

---

①　详见附录江西36。

②　如王德秀地券即曰："以利子孙，则春秋祭祀，神亦与飨之。"（详见附录江西36）

③　买地券中所表现出的人神关系，并不能简单地等同于当时社会对于人神关系的一般观点。而是要将其视为人们心目中理想的人神关系的表现。因为在丧葬这种独特的环境中，人们总是希望先人不被侵扰，后人得保平安。要实现这样的目的，就必须要求神灵严格按照他的职责行事。而在日常生活中人们往往感到神灵并没有很好地履行自身的责任，因此人们才会用契约的形式将这些责任再次书写，并依靠利益和更高级神灵的权力和促使这些和丧葬有关的神灵履行义务。所以我们与其将买地券视为对于当时人神关系的一份真实写照，还不如将其看作人神关系这出复杂社会戏剧中的剧本。而在现实生活中上演的种种人神之间的活剧则要比这个理想的剧本中表现出来的要复杂得多。

地券中提到："从东王公、西王母，买南昌东郭一丘，贾 直 万 五 千。"① 第二类是在用钱买地之外，还要对神进行祭祀。如吐鲁番出土 的唐大历四年（769）的张无价买地券即云："今已牲牢酒饭，百味香 新，共为信契。"② 第三类是一些道教徒的地券用符的方式，来告之和 命令诸神。如武汉出的南朝齐永明三年（485）刘觊买地券就提到："新 出老鬼太上老君符敕：天一地二、孟仲四季、黄神后土、土皇土祖、土 营土府。"③

　　用钱买地从表面上看是单纯的交易，在其中人与神的关系应该是平 等的，但正如上文所言，迟到唐代人们对于土地神灵还保有相当的敬畏 之情，这里用钱来买地，多少有些花钱买平安的意思在里面，表面上的 平等，掩盖了丧葬实践中人们对于神灵的畏惧。而在契约成立之时，举 行祭祀则是典型的屈从行为。只有将自身放到弱者的地位，才会先付出 代价再希望回报。费尔巴哈就说过："去献祭时，是自然的奴仆。"④ 而 道教徒们用符箓等方式与神灵交流则表现了相当不同的人神关系，他们 相信一般的神灵⑤在他们面前并非是管理者，相反神明在很多情况下 还要受到他们的约制。这一点是道教的一个重要特色。葛洪在讨论炼丹 时就声称"我命在我不在天，还丹成金亿万年"⑥。主张依靠炼丹来摆 脱命运对人的控制。并且认为"祭祷之事无益也，当恃我之不可侵也， 无恃鬼神之不侵我也"⑦。《女青鬼律》中则将各种鬼神的名字告知信 徒，以求控制各种鬼神。加上我们上文提及的清约观念，当时道教徒们 对一般鬼神可能已经很不以为然。到了宋代这种思想可能得到了进一步

---

① 池田温：《中国历代墓券略考》，《东洋文化研究所纪要》第 86 号，1981 年，第 224 页。

② 《吐鲁番出土文书》第 10 册，第 6 页。

③ 湖北省博物馆：《武汉地区四座南朝纪年墓》，《考古》1965 年第 4 期，第 182 页。

④ 费尔巴哈著，荣震华、李金山译：《宗教的本质》，《费尔巴哈哲学著作选集》下，商 务印书馆 1984 年版，第 462 页。

⑤ 这里所谓的一般神明，主要是指那些在神界官僚体系中处理具体事物的各种"办事人 员"和各种民间的神灵，对于像老君和王母这样的大神道教们一直保持虔诚的供奉和敬畏。

⑥ 王明撰：《抱朴子内篇校释》，中华书局 1985 年版，第 287 页。

⑦ 同上书，第 177 页。

的加强，当时的道教已经将自身视为民间诸神的管理者①，当时甚至有人认为连天上的正神在与高道相冲突时，也要保持相当的尊重②。而在当时新撰写的《上清骨髓灵文鬼律》中甚至提到了鬼神偷盗人的财物，要受到严厉的刑罚③。而上文提及的最带有道教色彩的宋代买地券则几乎不提到任何神灵的姓名，从中我们可以看出道教徒们对于神灵不屑一顾的态度。

而在宋代江西地区的这些地券中人神之间的交往更为直接，以往那三种交流方式中和神交往的人都是亡人，而在这些地券和神交往的人都是现世中的活人。更为重要的是人们对神的要求采用的是一种协商的模式，提到要先实现自己的目的，然后才能给神以回报，即"则春秋祭祀，神亦与飨之"。在这些买地券中人们既不是将自己置于神的从属地位，也不是像道教徒一样将神置于自身的控制之下，而是真正将其视为可以讨价还价交易的伙伴。这样人神之间就实现了真正的平等。正如上文所言，买地券中表现的人神关系是人们心目中理想的人神关系，所以在考察了买地券中人神关系的不同表述后，我们必须再去分析现实生活中的人神关系。只有这样我们才能对中国古代民间信仰中的人神关系有一个真正清晰的了解，并且才能认识到买地券所表现出的人神关系转变所具有的真实含义。下面我们就简要地叙述一下，从春秋战国到宋代中

---

①   Terry Kleeman. The Expansion of the Wen-ch'ang Cult. In *Religion and Society in T'ang China*, ed. Patricia E brey and Peter Gregory, Honolulu: University of Hawaii Press, 1993, p. 62.

②   《春渚纪闻》卷三《翊圣敬刘海蟾》："真庙朝有天神下降，凭凤翔民张守真为传灵语，因以翊圣封之。度守真为道士，使掌香火，大建祠宇奉之。自庙百里间，有食牛肉及着牛皮履靸过者，必加殃咎，至有立死者。一日有人苎袍青巾，曳牛革大履直至庙庭，进升堂宇，慢言周视而出。守真即焚香启神曰：'此人悖傲如此，而神不即殛之，有疑观听。'神乃降灵曰：'汝识此人否，实新得道刘海蟾也。诸天以今渐入末运，向道者少，上帝急欲度人，每一人得道，九天皆贺。此人既已受度，未肯便就仙职，折旋尘中，寻人而度，是其所得，非列仙之癯者。我尚不敢正视之，况敢罪之也！'"〔（宋）何薳撰，张明华点校：《春渚纪闻》，中华书局1983年版，第40—41页。〕

③   《上清骨髓灵文鬼律》卷上《太戌门》："诸神鬼盗人财满千钱者流二千里，不满千钱徒二年。若常住供献之物，不以多寡，灭形。诸地分主首故纵邪崇于部下为害者，关日游神吏腾报，违者杖一百。"〔（宋）饶洞天定正，邓有功编：《上清骨髓灵文鬼律》，《道藏》第6册，第911页。〕

国民间信仰中人神关系的演变①。

中国自春秋战国时就出现了两种不同的人神关系论：一种认为神之所以助人是因为人们勤于祭祀的结果；另一种则认为神和人并没有特殊的关系，神之所以帮助人是因为人有德行之故，就是所谓的"惟德是依"。在这两种关系中，人都是被置于神之下的，真正的区别只是在于取悦神的手段不同。《左传》中记录著名的假道罚虢事件中，虞国的国君和他的大臣之间对于这个问题还发生过争端：

> 公曰："吾享祀丰洁，神必据我。"对曰："臣闻之，鬼神非人实亲，惟德是依。故周书曰：'皇天无亲，惟德是辅。'又曰：'黍稷非馨，明德惟馨。'又曰：'民不易物，惟德繄物。'如是，则非德民不和，神不享矣。神所冯依，将在德矣。若晋取虞，而明德以荐馨香，神其吐之乎？"②

我们可以发现，国君相信人神之间关系的密切性，主要是依靠丰厚的祭祀，强调祭祀的重要性，这对于掌握大量社会财富的君主显然是最有利的。而那些士大夫们则强调德性的重要性。神明也会根据人们的德性来安排相应的命运。《荀子》中就载当孔子受困于陈蔡之间时，子路就以"为善者天报之以福，为不善者天报之以祸"③为依据，来问孔子为什么德行高尚，还要遭此厄运。既然可以以此为据，可见当时至少士大夫阶层是认可这种判断的。墨子则认为人们之所以要信仰鬼神，主要是因为他们能够惩恶扬善，实现国家的善治④。当时人认为之所以现世

---

① 这里涉及的演变主要是突出每一个时期与之前相比，在人神关系中出现的新的特色，以表明在人神关系上中国民间信仰的发展趋势。而并非每一时代人神关系的整体概括。由于中国民间信仰的复杂性，我们可以发现在每一个时期过去的种种人神关系的观念都还有人信奉，甚至人们在不同的情境下，可以持不同的人神关系观。

② 杨伯峻：《春秋左传注》，第309—310页，类似的讨论还见于昭公二十年齐侯和晏子的论辩。

③ 王先慎：《荀子集解》，第526页。

④ 《墨子·明鬼下》："是故子墨子曰：尝若鬼神之能赏贤如罚暴也，盖本施之国家，施之万民，实所以治国家、利万民之道也。"[（清）孙诒让撰，孙启治点校：《墨子闲诂》，中华书局2001年版，第243页。]

中的人死后能够成为神，主要是因为他在人世间作出过重大贡献。《礼记·祭法》即云："夫圣王之制祀也，法施于民则祀之，以死勤事则祀之，以劳定国则祀之，能御大灾则祀之，能捍大患则祀之。"[①] 虽然士大夫阶层一直强调德行的重要性，但是一般的民众显然会更接受国君的判断，会比较相信祭祀和宗教仪式对于神灵的作用，而不是依靠自身的德行来获得神明的眷顾[②]。我们从当时人喜爱使用日书这种纯粹技术性的信仰工具，就可以略见端倪。

汉代基本上是承继春秋战国时的人神观念。汉初董仲舒将儒学、黄老思想和阴阳家等观念相融合，发展出"天[③]人合一"的观念，认为天子的行为时刻受到天的监控，一旦天子的行为不符合德行，自然会受到惩罚[④]。而他所谓的天，我们可以理解为带有人格意味的神祇[⑤]，《春秋繁露·郊义》中即曰："天者，百神之君也，王者之所最尊也。"[⑥] 他的观念可以被视为道德化人神关系的集大成者。当时人甚至认为当人的德行和社会地位到达一定的程度，对那些低级的神明就没

---

①　郑玄：《礼记正义》，第 1307 页。

②　蒲慕州也认为战国秦汉时期："人与人外力量的关系，主要是由外在的仪式行为来决定，而非内在道德标准。"（蒲慕州：《追寻一己之福：中国古代的信仰世界》，上海古籍出版社 2007 年版，第 233 页。）不过这里他没有区分不同阶层对人与人外力量的关系，依我们的分析至少士大夫阶层还是相信，内在道德标准在人与神的关系中起着相当重要的作用。

③　中国古代对天的理解多种多样，冯友兰认为天有五种意涵，包括物质之天、主宰之天、运命之天、自然之天。其中主宰之天即所谓的皇天上帝，指有人格的神。（冯友兰：《中国哲学史》，华东师范大学出版社 2006 年版，第 35 页。）本书所讨论的人神关系和天人关系是有一定关系的，但是限于能力在此就不展开加以讨论，只是在天指人格神，将天人关系也视为人神关系的一种加以分析。关于中国古代人们对于天的观念和天人关系的讨论可以参见许倬云《先秦诸子对天的看法》，《求古编》，北京：新星出版社 2006 年版；陈宁《汉魏六朝思想界对"报施多爽"问题的讨论》，《中国文哲研究集刊》第 13 期，1998 年等文中的相关讨论。

④　关于董仲舒天人合一的观念，详细的介绍可以参看池田知久著，田人隆译：《中国古代的天人相关论：董仲舒的情况》，《中国的思维世界》，江苏人民出版社 2006 年版。

⑤　池田知久：《中国古代的天人相关论：董仲舒的情况》，《中国的思维世界》，第 62—64 页。

⑥　（清）苏舆撰，钟哲点校：《春秋繁露义证》，中华书局 1992 年版，第 402 页。

有必要保持敬畏①。相对于士大夫阶层，民众们还是相信祭祀和仪式的作用。《论衡·祀义》即提到："世信祭祀，以为祭祀者必有福，不祭祀必有祸。"② 这里的世即是指普通的民众。当时一般人对于这些祭祀和仪式信仰的狂热程度，从上文提及的西王母筹事件中可以得到充分的反映。

到了六朝时期，道德化的人神关系仍然得以继续。曹魏时人杜恕在《体论》一文中就提到："可以使鬼者，钱也；可以使神者，诚也。"③并且当时的文献中，多次记载过人们在遭遇现实生活不幸时，以自己没有过错为由，来谴责天的故事。下面就是其中一位女子的经历：

> 晋永嘉之乱，郡县无定主，强弱相暴。宜阳县有女子，姓彭名娥，父母昆弟十余口，为长沙贼所攻。时娥负器出汲于溪，闻贼至，走还。正见坞壁已破，不胜其哀，与贼相格，贼缚娥驱出溪边，将杀之。溪际有大山，石壁高数十丈，娥仰天呼曰："皇天宁有神不？我为何罪，而当如此！"因奔走向山，山立开，广数丈，平路如砥。群贼亦逐娥入山，山遂隐合，泯然如初，贼皆压死山里，头出山外，娥遂隐不复出。娥所舍汲器化为石，形似鸡。土人因号曰石鸡山，其水为娥潭。④

从故事的结局看，好人受到保护，恶人得到惩罚。天（神）还是能够惩恶扬善的。不过在这一时期，人们已经开始发现神对于祭品的多少、好坏是非常在意的，《太平广记》中就记载了当时地方神灵在这方面的劣迹：

---

① 《潜夫论·巫列》：且人有爵位，鬼神有尊卑。天地山川、社稷五祀、百辟卿士有功于民者，天子诸侯所命祀也。若乃巫觋之谓独语，小人之所望畏，土公、飞尸、咎魅、北君、衔聚、当路、直符七神，及民间缮治微蔑小禁，本非天王所当惮也。（王符著，汪继培笺，彭铎校正：《潜夫论笺校正》，第 306 页。）

② 黄晖：《论衡校释》，第 1047 页。

③ （宋）李昉等撰：《太平御览》卷八百三十六《钱下》，中华书局 1960 年版，第 3743 页。

④ 刘义庆：《幽明录》，《汉魏六朝笔记小说》，第 704 页。类似的故事还可见于陶潜《新辑搜神后记》，第 499 页。

曲阿当大埭下有庙。晋孝武世，有一逸劫，官司十人追之。劫
迳至庙，跪请求救，许上一猪。因不觉忽在床下。追者至，觅不
见。群吏悉见入门，又无出处。因请曰："若得劫者，当上大牛。"
少时劫形见，吏即缚将去。劫因云："神灵已见过度，云何有牛猪
之异？而乖前福。"言未绝口，觉神像面色有异。既出门，有大虎
张口而来，径夺取劫，衔以去。①

在这个故事中，我们发现神灵显示能力已经和人们的德行无关，被
追捕的强盗许下祭品后，就立刻受到了神的保护。不过，既然不要求人
的德行，神的道德也就不能让人放心。当追捕者们许以更好的祭品后，
这位神明立刻就将强盗出卖。

而且当时还出现了非常没有德行的神灵，蒋子文②就是其中的代表。
他成神的过程和《礼记·祭法》中提到的那些对社会的贡献全然没有关
系，完全是通过威逼利诱的方法，逼迫人们信仰他，下面我们就来看看
他成神的详细过程：

蒋子文者，广陵人也。嗜酒好色，挑挞无度。常自谓己青骨，
死当为神。汉末为秣陵尉，逐贼至钟山下，为贼击伤额，因解绶缚
之，有顷遂死。及吴先主之初，其故吏见文于道头，乘白马，执白
羽扇，侍从如平生。见者惊走。文进马追之，谓吏曰："我当为此
土地神，以福尔下民耳。尔可宣告百姓，为我立祠，当有瑞应也；
不尔，将有大咎。"是岁夏大疫疾，百姓辄相恐动，颇有窃祠之者
矣。未几文又下巫祝曰："吾将大启祐孙氏，官宜为我立祠。不尔，
将使虫入人耳为灾。"孙主以为妖言。俄而果有小虫如鹿虻，入人
耳皆死，医巫不能治。百姓愈恐。孙主尚未之信也。既而又下巫祝
曰："若不祀我，将又以火吏为灾。"是岁火灾大发，一日数十处。

① 李昉：《太平广记》，第 2347 页。
② 关于六朝时期蒋子文信仰的详情，可以参阅林富士《中国六朝时期的蒋子文信仰》，
《遗迹崇拜与圣者崇拜》，台北：允晨文化出版公司 2000 年版；陈圣宇《六朝蒋子文信仰探
微》，《宗教学研究》2007 年第 1 期等文。

火渐延及公宫，孙主患之。时议者以为鬼有所归，乃不为厉，宜告
飨，有以抚之。于是使使者封子文为中都侯，次弟子绪为长水校
尉，皆加印绶。为立庙堂。转号钟山为蒋山，以表其灵，今建康东
北蒋山是也。自是灾沴止息，百姓遂大事之。①

从《搜神记》的记载中，我们可以看出蒋子文为了获得官方和民众
的崇拜，可以说无所不用其极，给人们的生活带来巨大的灾难。可就是
这样的神灵，在六朝时期由于他的灵验，却得到广泛的崇祭，其封号也
从蒋侯最后一直提升蒋帝②。从蒋子文的例子中我们可以发现当时人对
于神的德行，可能已经不是十分的看重。人们之所以要把神塑造成贪财
和无德的形象，可能是为了更方便地向其索要好处，一个公正严明的神
灵恐怕是不能满足人们各种合理或不合理的要求的。钱钟书即指出：
"然人之信奉鬼神，正亦望其非冰心铁面而可利诱势夺，故媚奥媚灶，
投合所好耳。"③ 只有蒋子文这类的神才能既不关心崇拜者的德行，也
不关心他们所提的要求是否合理，自然会受到广泛的崇祭。

我们已经知道六朝时期人们对于神灵已经有了一些负面的看法，这
些负面的观念对于唐代人们对于神灵的观感产生了直接的影响。到了唐
代虽然仍然有人相信，人的道德性是人面对神时最重要的凭依。但是这
种凭依已不仅是在人在现世中受到不公平待遇的一种补偿。而且当人神
发生冲突时，人们还能依据自己的道德特质，在冲突中取得优势，《太
平广记》中就记录了这样一个故事：

　　唐元和中，有陈鸾凤者，海康人也。负气义，不畏鬼神，乡党
咸呼为"后来周处"。海康者，有雷公庙，邑人虔洁祭祀，祷祝既
淫，妖妄亦作。邑人每岁闻新雷日，记某甲子，一旬复值斯日，百
工不敢动作，犯者不信宿必震死，其应如响。时海康大旱，邑人祷
而无应，鸾凤大怒曰："我之乡，乃雷乡也。为神不福，况受人莫

①　干宝：《新辑搜神记》，第107—108页。
②　陈圣宇：《六朝蒋子文信仰探微》，《宗教学研究》2007年第1期，第165页。
③　钱钟书：《管锥编》，三联书店2007年版，第1228页。

醉如斯；稼穑既焦，陂池已涸，牲牢飨尽，焉用庙为？"遂秉炬爇
之。……至大和中，刺史林绪知其事，召至州，诘其端倪。鸾凤
云："少壮之时，心如铁石，鬼神雷电，视之若无当者。愿杀一身，
请苏万姓，即上玄焉能使雷鬼敢骋其凶臆也？"遂献其刀于绪。厚
酬其值。①

这位"后来周处"之所以敢于冒犯雷神，根本还在于他相信人只要
在道德层面无所亏欠，那么即便神有再大的威力，人还是可以与其抗
争的。

随着人们对神道德性的不断怀疑，到了宋代道德化的人神关系，几
乎已经成为了历史的遗迹，很少被人提及。人们眼中的神，不仅自身不
是道德的代表，而且还会做一些，颠倒是非黑白的事情，苏轼就讲述了
这样一个故事：

艾子行水涂，见一庙，矮小而装饰甚严。前有一小沟，有人行
至，水不可涉。顾庙中，而辄取大王像横于沟上，履之而去。复有
一人至，见之，再三叹之曰："神像直有如此亵慢！"乃自扶起，以
衣拂饰，捧至座上，再拜而去。须臾，艾子闻庙中小鬼曰："大王
居此以为神，享里人祭祀，反为愚民之辱，何不施祸以谴之？"王
曰："然则祸当行于后来者。"小鬼又曰："前人以履大王，辱莫甚
焉，而不行祸；后来之人，敬大王者，反祸之，何也？"王曰："前
人已不信矣，又安祸之！"艾子曰："真是鬼怕恶人也！"②

对神恭敬有罪，怠慢于神反而得福。神明的行为竟然昏聩到了如此
的程度，实在是让人难以相信。这样的神明对于人们的要求也往往不会
有什么真正有帮助的回应，当时社会上就流传着这样的笑话："两商人
入神庙，其一陆行欲晴，许赛以猪头，其一水行欲雨，许赛羊头。神顾

---

① 李昉：《太平广记》，第3145—3146页。
② （宋）苏轼：《艾子杂说》，《丛书集成初编》本。

小鬼言：'晴乾吃猪头。雨落吃羊头，有何不可。'"① 这些神明利用人们目的的矛盾，居然何事不为，就可以安享祭祀。这样笑话的流行说明当时人对神明的作用，已经有了很大的怀疑。

　　既然人们心目中的神都表现了贪财和昏聩的形象，那么人们在面对神时，已经不是十分的畏惧。当时人甚至在日常生活中辱骂神灵，以至于当时的善书和功过格要严格限制这种行为。《太上感应篇》中就严禁"怨天尤人，诃风骂雨"② 而《太微仙君功过格》中则具体地规定各种辱神行为所犯的过数③，规定得如此细致可见当时人们平时恐怕多有对神明的不恭举动。当时就有人强行将奉献给神明的金钱借走的事情发生：

　　　　抚州金溪县有神庙，甚灵显，所请者施金帛无虚日，积钱至二千缗。宗室善文过庙下，心资其利，焚香祷曰："损有余补不足，人神一也。善文至贫，愿神以二十万见假，不然，将白于官，悉籍所有而焚庙。神虽怒，若我何！"既祷即呼庙祝取钱。祝无辞以却，但曰："神许则可。"善文取杯珓掷之，连得吉卜。再拜谢，运镪以出。如是十年，梦神来谓曰："曩日所贷，今可偿矣。"梦中窘甚，约以缗钱还之。神不可，曰："此特虚名耳。"又欲倍其数，亦不可。善文计穷，以情告曰："一时失计为之，今实无可偿，愿神哀释。神沉思良久，曰：'必无钱见归，但诵《金刚经》，每卷可折一十，他无以为也。'"既觉而惧，遂遽斋戒取经讽读。凡三日得二百过，默祷以谢之，后不复梦。④

　　值得注意的是，他向神借钱的理由是"损有余补不足，人神一也"。

---

① 洪迈：《容斋随笔》，第 652 页。

② （宋）李昌龄著，唐大潮注译：《太上感应篇》，《劝善书注译》，中国社会科学出版社 2004 年版，第 44 页。

③ 《太微仙君功过格·过律·不善门》："以言指斥毁天尊圣像为二十过，真人为十五过，神君为十过。见毁不为一过，赞助毁灭为五过，毁灭经教与此同论。"〔（金）又玄子撰，唐大潮注译：《太微仙君功过格》，《劝善书注译》，中国社会科学出版社 2004 年版，第 110 页。〕

④ 洪迈：《夷坚志》，第 43 页。　．

至少在需求的层面上，神已经和人被视为平等的，需要互相给予满足。而且庙祝对于这样的理由，也无法反驳，只有推给神来解决。从结果上看，神也是认可了他的理由的。

而在祭祀方面，过去的人和神灵只是强调祭祀的重要性，往往并不涉及神灵是否能有效地回应祭祀者的要求，买地券中就没有明确的规定。而到了宋代人们对于神灵效应的要求也越来越高，强调的是祭祀必有回报，否则人们就不会崇敬这些神灵。甚至连神灵当时都认可这一原则，不敢随便接受祭祀，以下是《稽神录》中提到的一个关于神不敢随意接受祭祀的故事:

> 袁州城中有老父，性谨厚，为乡里所推，家亦甚富。一日有紫衣少年，车仆甚盛，诣其家求食。老父即延入，设食甚至，徧及仆者。老父侍食于前，因思长吏朝使行县，当有顿地，此何人哉? 意色甚疑。少年觉之，谓曰:"君疑我，我不能复为君隐。仰山神也。"父悚然再拜，曰:"仰山日厌于祭祀，奈何求食乎?"神曰:"凡人之祀我，皆从我求福。我有力不能致者，或非其人不当受福者，我皆不敢享之。以君长者，故从君求食耳。"食讫，辞让而去，遂不见。①

从这个故事中我们可以发现，当时人们已经将祭祀视为纯粹的交易活动。哪怕是神，如果不能完成交易，也不应该接受祭祀。不过这里的神相比于人还是要强调一些道德和命运因素的，即所谓的"不当受福者，我皆不敢享之"。

从以上的论述中我们可以发现，在宋代人们对于神的印象，已经非常之差。而且开始有意识的认为，人神之间的交往最好是互惠的和各取所需的。这与C型地券表现出的人神交流模式，恰好有异曲同工之处。从以上所举的各个例子上看，在宋代的人神关系中，人们已经不是处在简单的从属地位。在特定的情境下，人们也能走上前来与神祇尤其是地

---

① (宋)徐铉:《稽神录》，《宋元笔记小说大观(一)》，上海古籍出版社2001年版，第204页。

方性的神明讨价还价，而这恰恰代表平等的人神关系的出现。当然这种关系的出现，并不代表着人神关系的其他模式的消失，不论是在买地券还是在文献中，尤其是提到地府时，那种人屈从于神的官僚模式仍然占主流地位①。而在道教信仰中，一般的神明则被理解为受控制的一方。

通过上文的分析，我们发现中国宗教信仰中的人神关系从东周到宋代最大的演变在于人神关系中道德因素的不断削弱，随着时代的演进，神的行为越来越脱离经典中对他们的要求，人对于神的态度也就越发的不敬。在人神关系中最明显的趋势，就是人的地位不断提高而神的地位不断下降，最终人神关系在宋代出现了新的范型，而这一点在作为人神关系的理想模型的买地券中也得到了完全的体现。

在这一章中，我们考察了宋代买地券中所表现出的土地信仰的转变、鬼观的演变以及人神关系的变化。在土地信仰方面是从对畏惧过去严厉的土地神灵，转向崇拜新的和善的土地神灵；在鬼观上则是逐渐降低对鬼的恐惧，并将祖先和一般的亡魂区分开来；而在人神关系上则是在特定的场景中强调人神之间的互相需求，进而实现人神之间地位的平等。这些变化指向的是人在现世和超自然世界中地位的转变。人们在面对鬼神时不再是充满敬畏，而是试图平等地和他们发生联系。而这一切都说明至少在民间信仰领域，人们越来越重视自身的价值，出现对人和现世生活肯定②的心态取向，这与六朝到隋唐时期人们对于自身和现世的否定心态③出现了重要的转变。

---

① 韩明士：《道与庶道》，第 293 页。

② 刘浦江即认为世俗化是宋代宗教的最大特点。其说详见刘浦江《宋代宗教的世俗化与平民化》，《中国史研究》2003 年第 2 期。

③ 蒲慕州在通过对《列仙传》和《高僧传》的细致分析，认为当魏晋南北朝时人对于现世具有相关失望的心态。（蒲慕州：《神仙与高僧：魏晋南北朝宗教心态》，《魏晋南北朝宗教心态试探》，《汉学研究》第 8 卷第 2 期。）余英时也认为六朝隋唐时期是佛道的出世精神，压倒了儒家的入世精神成为了人们主要的精神归宿。（余英时：《中国近世宗教伦理与商人精神》，《士与中国文化》，上海人民出版社 2003 年版，第 402 页。）对现世否定和对出世的渴望，也就从根本上否定了人的价值。

结　语

　　人神关系在各种宗教和信仰中具有非常重要的地位，可以说不同的宗教和教派之间的重要区别就在于对于人神关系的不同理解。大部分宗教都将神的地位置于人之上，巫术则多将人的地位置于神之上，即是韦伯所言的强制和祈求的区别。不过这样的区分并不能涵盖所有的人神关系类型，在传统中国人的信仰中就存在着人神之间平等交往的例子，而这种平等的关系集中表现在买地券这种流传已久的明器中。在买地券中生人和亡人们往往与各种神灵签订合约，以获得墓葬所需的土地以及神灵对墓主和生人安全的保证。在这种情况下，人与神之间已经不再是强制与祈求的关系，而是互助、互惠的平等关系。

　　不过由于受历史上各种宗教信仰思想的影响，不同时期的买地券中反映的人神关系还是略有不同，其中宋代买地券最能反映人神之间的平等关系。在当时的买地券中以人、神灵与鬼为主要的角色，而且这些角色的形象各有特色。买地券中出现的人的最大特点，就是没有任何社会身份上的区分。亡人在性别、社会阶层和年龄等方面的差异，都不会影响到买地券的使用。不同社会身份的亡人，都可以去与神灵订立符合他们要求的契约。

　　而作为契约另一方面的神灵，他们的形象则复杂得多。往往依据买地券内不同功能的需要，来安排不同的神灵分工合作来促使契约的达成。在规范性的买地券中后土这样重要的神灵，成为主要的土地卖主和契约的受领人。而以西王母为代表的高阶神灵则承当了中间人的角色，来确认以及维护契约的执行。当人们来到冥间时，自然会遭遇到各种负面的超自然力量的威胁。因此，买地券中的神明们还负有处理这些负面力量的责任。他们先是派出自汉代以来就开始维护墓葬安全的丘丞墓伯这类的墓葬神仙，来对付这些潜在的威胁。再利用太上、女青、河伯这三个道教神仙，建构出严厉的惩罚机制，进而确保任何力量都不敢越雷池半步，来侵害人们的权益。而在那些区域性特色的买地券中，人则主要是与各种地方性神灵发生联系，处理各种事务。

　　而为了确保人们在冥间的绝对安全，买地券中所描述的种种刑罚，针对的就必须是一切可能威胁到人的力量。故此，买地券中并没有描绘出各种鬼怪的具体称呼，而是采用魑魅魍魉这样集体性的指称来表示它们，力求使任何可能的威胁不会被遗漏。

　　宋代买地券中出现的神灵和鬼怪，与之前的买地券中神灵和鬼怪存在着很大的差异。这些变化并不能被简单的视为舞台上演员的更替，更应被看做剧场中上演了新的剧目。这些变化实际上反映了当时民间信仰的重要演变，而且这些演变往往是那些使用和制造买地券的人们所意识不到的。主要的变化有以下三点：一、后土取代土公成为买地券最主要的神灵。这种变化固然是受到了国家祀典的影响，而更重要的是人们对消极土地信仰，逐渐丧失了信念。转而越来越相信积极土地信仰的作用，因此人们纷纷投入大地母亲的怀抱。甚至采纳各种风水观念，去追求更多现世的利益。二、新的鬼观的产生。宋代买地券一改过去地券主要针对人鬼的特性，转而排斥一般性的鬼怪。产生这种变化的原因，主要是人们对于人鬼的看法出现了根本性的转变。对于家内的祖先，人们确信他们是和生人同一的；而对于其他的人鬼，人们则怀疑他们的力量能否对人构成威胁。三、人神关系的转变。买地券存在本身就反映了人神关系平等性的一面，而在宋代部分买地券中这种平等性得到了完美的发挥，人们在买地券中主动地与神讨价还价，力求谋得自身最大的利益。并且这种现象不只存在于买地券中，在当时的笔记小说中，我们也往往会发现人们与神祇交往的平等倾向也在逐渐的加强。

　　通过对宋代买地券中出现的人、神、鬼形象以及这些形象变化背后所反映的民间信仰的演变的分析。我们发现当时买地券中人的地位有了明显的提高，不论是面对鬼还是面对神，人们都不再惧怕。在面对有些低阶的神明时，人们甚至会与其平等的对话。这些现象均表明了人们重新衡量自身的价值，对人相对于神的地位有了新的认识。当然新的人神关系出现，并不代表着旧的人神关系的消失。甚至在宋代买地券中，人们对于太上之类的神灵还是采用祈求的方式寻求帮助。这种不同人神关系并存的情况，正表明了中国古代信仰的包容性。对负载这些人神关系买地券的讨论，对我们理解中国信仰有重大的意义。

　　任何思想信仰演变都不可能完全是自身演变的结果，往往与当时社会环境有很大关系。我们可以注意到买地券自身的转变以及其背后所反映的民间信仰的演变，大致都肇始于中唐完成于宋。这个时间断限恰好是唐宋变革[①]的时间段。当时经济、社会和文化上的变革，一定与当时民间信仰的演变存在着一定的联系，并促使了人神关系新类型的出现。但是，限于条件，目前尚不能详尽地讨论两者之间复杂的关系，留待以后的工作中继续研讨。

---

　　①　最早提出唐宋变革的是内藤湖南，他在《概括的唐宋时代观》一文中称"唐代是中世的结束，而宋代则是近世的开始"（内藤湖南：《概括的唐宋时代观》，《日本学者研究中国史论著选译（一）》，中华书局 1992 年版，第 10 页），并从政治体制等方面加以说明，之后他的学生宫崎市定又将他的学说发展完善（参见宫崎市定《东洋的近世》，《日本学者研究中国史论著选译（一）》，中华书局 1992 年版），形成著名的内藤—宫崎假说，并对后来的研究者发生普遍的影响。有关他们观点的详细解说以及之后其他学者对于唐宋变革研究的概括性介绍，可以参见张广达《内藤湖南的唐宋变革说及其影响》，《唐研究》第 11 卷，北京大学出版社 2005 年版；柳立言《所谓"唐宋变革"?》，《宋代的家庭和法律》，上海古籍出版社 2008 年版。

参 考 文 献

历史文献

《史记》、《汉书》、《后汉书》、《三国志》、《周书》、《南齐书》、《宋史》，中华书局标点本。

[汉] 贾谊撰，阎振益、钟夏校注：《新书校注》，中华书局 2000 年版。

[汉] 刘熙著，毕沅疏证，王先谦补：《释名疏证补》，中华书局 2008 年版。

[汉] 王符著，汪继培笺，彭铎校正：《潜夫论笺校正》，中华书局 1985 年版。

[汉] 徐干：《中论》，《文渊阁四库全书》第 696 册。

[汉] 许慎：《说文解字》，中华书局 1963 年版。

[汉] 应劭撰，王利器校注：《风俗通义》，中华书局 1981 年版。

[汉] 郑玄：《驳五经异议》，《文渊阁四库全书》第 182 册，台北：台湾商务印书馆。

[汉] 郑玄注，[唐] 贾公彦疏：《周礼注疏》，北京大学出版社 1999 年版。

[汉] 郑玄注，[唐] 孔颖达疏：《礼记正义》，北京大学出版社 1999 年版。

[晋] 干宝撰，李剑国辑校：《新辑搜神记》，中华书局 2007 年版。

[晋] 葛洪：《肘后备急方》，《文渊阁四库全书》第 734 册，台北：台湾商务印书馆 1986 年版。

〔晋〕葛洪撰:《元始上真众仙记》,《道藏》第 3 册。

〔晋〕张华:《博物志》,《汉魏六朝笔记小说大观》,上海古籍出版社 1999 年版。

〔六朝〕佚名:《赤松子章历》,《道藏》第 11 册。

〔六朝〕佚名:《灵书紫文》,《道藏》第 11 册。

〔六朝〕佚名:《女青鬼律》,《道藏》第 18 册,上海书店出版社 1994 年版。

〔六朝〕佚名:《四极明科》,《道藏》第 3 册。

〔六朝〕佚名:《太上洞神洞源神呪治病口章》,《道藏》第 32 册。

〔六朝〕佚名:《太上洞玄灵宝灭度五炼生尸妙经》,《道藏》第 6 册。

〔南朝梁〕殷芸撰:《殷芸小说》,《汉魏六朝笔记小说大观》,上海古籍出版社 1999 年版。

〔南朝宋〕刘义庆:《幽明录》,《汉魏六朝笔记小说大观》,上海古籍出版社 1999 年版。

〔南朝宋〕陆修静:《陆先生道门科略》,《道藏》第 24 册。

〔南朝宋〕陶潜撰,李剑国辑校:《新辑搜神后记》,中华书局 2007 年版。

〔北周〕武帝宇文邕敕辑:《无上秘要》,《道藏》第 25 册,上海书店、文物出版社、天津古籍出版社 1994 年版。

〔隋〕萧吉著,钱杭点校:《五行大义》,上海书店出版社 2001 年版。

〔唐〕杜牧:《樊川文集》,上海古籍出版社 1978 年版。

〔唐〕段成式:《酉阳杂俎》,《唐五代笔记小说大观》,上海古籍出版社 2000 年版。

〔唐〕韩鄂著,缪启愉校释:《四时纂要校释》,农业出版社 1981 年版。

〔唐〕李匡乂:《资暇集》,《丛书集成初编》本,中华书局 1991 年版。

〔唐〕刘肃:《大唐新语》,《唐五代笔记小说大观》,上海古籍出版社 2000 年版。

［唐］陆明德撰，黄焯断句：《经典释文》，中华书局 1983 年版。

［唐］丘光庭：《兼明书》，《文渊阁四库全书》第 850 册。

［唐］王梵志著，项楚校注：《王梵志诗校注》，上海古籍出版社 1991 年版。

［唐］萧嵩等奉敕撰：《大唐开元礼》，民族出版社 2000 年版。

［唐］佚名：《道典论》，《道藏》第 24 册。

［唐］张固：《幽闲鼓吹》，《唐五代笔记小说大观》，上海古籍出版社 2000 年版。

［宋］鲍云龙：《天原发微》，《文渊阁四库全书》第 806 册。

［宋］程颢、程颐著，王孝鱼点校：《二程集》，中华书局 1981 年版。

［宋］黄休复：《茅亭客话》，《宋元笔记小说大观（一）》，上海古籍出版社 2001 年版。

［宋］储泳：《祛疑说》，《文渊阁四库全书》第 865 册。

［宋］傅洞真注：《太上玄灵北斗本命延生经注》，《道藏》第 17 册。

［宋］洪迈：《容斋随笔》，上海古籍出版社 1996 年版。

［宋］洪迈撰，何卓点校：《夷坚志》，中华书局 1991 年版。

［宋］洪兴祖撰，白华文等点校：《楚辞补注》，中华书局 1983 年版。

［宋］黎靖德编，王星贤点校：《朱子语类》，中华书局 1986 年版。

［宋］李昌龄著，唐大潮注译：《太上感应篇》，《劝善书注译》，中国社会科学出版社 2004 年版。

［宋］李昉等编：《太平广记》，中华书局 1961 年版。

［宋］李昉等编：《太平御览》，中华书局 1960 年版。

［宋］刘斧：《青琐高议》，《宋元笔记小说大观（一）》，上海古籍出版社 2001 年版。

［宋］陆游撰，李剑雄、刘德权点校：《老学庵笔记》，中华书局 1979 年版。

［宋］饶洞天定正，邓有功编：《上清骨髓灵文鬼律》，《道藏》第 6 册。

［宋］苏轼：《艾子杂说》，《丛书集成初编》本。

　　［宋］陶穀:《清异录》,《宋元笔记小说大观（一）》,上海古籍出版社 2001 年版。

　　［宋］王溥编:《五代会要》,上海古籍出版社 1978 年版。

　　［宋］王得臣:《麈史》,《宋元笔记小说大观（二）》,上海古籍出版社 2001 年版。

　　［宋］王楙:《野客丛书》,中华书局 1987 年版。

　　［宋］王溥撰:《唐会要》,中华书局 1955 年版。

　　［宋］王真契:《上清灵宝大法》,《道藏》第 30—31 册。

　　［宋］王铚撰,朱杰人点校:《默记》,中华书局 1981 年版。

　　［宋］王洙:《地理新书》,《续修四库全书·子部·术数类》第 1054 册,上海古籍出版社 1997 年版。

　　［宋］吴自牧:《梦粱录》,浙江人民出版社 1980 年版。

　　［宋］徐铉:《稽神录》,《宋元笔记小说大观（一）》,上海古籍出版社 2001 年版。

　　［宋］叶梦得:《石林燕语》,中华书局 1984 年版。

　　［宋］佚名:《灵宝无量度人上品妙经》,《道藏》第 1 册。

　　［宋］佚名:《灵宝玉鉴》,《道藏》第 10 册。

　　［宋］袁采:《袁氏世范》,《文渊阁四库全书》第 698 册。

　　［宋］张君房编,李永晟点校:《云笈七籤》,中华书局 2003 年版。

　　［宋］赵彦卫撰,傅根清点校:《云麓漫钞》,中华书局 1996 年版。

　　［金］又玄子撰,唐大潮注译:《太微仙君功过格》,《劝善书注译》,中国社会科学出版社 2004 年版。

　　［金］元好问撰,常振国点校:《续夷坚志》,中华书局 1986 年版。

　　［元］佚名:《道法会元》,《道藏》第 29 册。

　　［元］周密撰,吴企明点校:《癸辛杂识》,中华书局 1988 年版。

　　［明］冯梦龙编著,栾保群点校:《古今谭概》,中华书局 2007 年版。

　　［明］邱浚:《文公家礼仪节》,《四库全书存目丛书》第 114 册,齐鲁书社。

　　［明］宋濂:《宋学士文集》,商务印书馆 1937 年版。

　　［明］王祎:《青岩丛录》,《五朝小说大观》,中州古籍出版社 1991

年版。

〔明〕王世贞:《弇州四部稿》,《文渊阁四库全书》第 1281 册。

〔明〕文震亨:《长物志校注》,江苏科学技术出版社 1984 年版。

〔明〕徐渭:《青藤书屋文集》,《丛书集成初编》本。

〔清〕王先慎撰,钟哲点校:《韩非子集解》,中华书局 1998 年版。

〔清〕陈立撰,吴则虞点校:《白虎通疏证》,中华书局 1994 年版。

〔清〕端方:《陶斋藏石记》,《石刻史料新编》第 1 辑第 11 册,台北:新文丰出版公司 1982 年版。

〔清〕顾炎武著,〔清〕黄汝成集释:《日知录集释》,上海古籍出版社 1985 年版。

〔清〕钱大昕:《潜研堂金石文跋尾》,《嘉定钱大昕全集》第 6 卷,江苏古籍出版社 1997 年版。

〔清〕钱大昕:《十驾斋养新录》,江苏古籍出版社 2000 年版。

〔清〕阮元校刻本:《十三经注疏》,中华书局 1980 年版。

〔清〕苏舆撰,钟哲点校:《春秋繁露义证》,中华书局 1992 年版。

〔清〕孙诒让:《周礼正义》,中华书局 1987 年版。

〔清〕孙诒让撰,孙启治点校:《墨子间诂》,中华书局 2001 年版。

〔清〕王先谦撰,沈啸寰点校:《庄子集解》,中华书局 1987 年版。

〔清〕王先慎撰,沈啸寰、王星贤点校:《荀子集解》,中华书局 1988 年版。

〔清〕吴则虞:《晏子春秋集释》,中华书局 1962 年版。

〔清〕赵翼:《陔余丛考》,中华书局 1963 年版。

范祥雍:《古本竹书纪年辑校订补》,新知识出版社 1956 年版。

顾实:《穆天子传西征讲疏》,中国书店 1990 年版。

黄晖撰:《论衡校释》,中华书局 1990 年版。

吉川忠夫、麦谷邦夫编,朱越利译:《真诰校注》,中国社会科学出版社 2006 年版。

刘文典撰,冯逸、乔华点校:《淮南鸿烈集解》,中华书局 1989 年版。

王利器:《颜氏家训集解》,中华书局 1993 年版。

王明编:《太平经合校》,中华书局 1960 年版。

王明撰:《抱朴子内篇校释》,中华书局 1985 年版。

徐元诰撰,王树民、沈长云点校:《国语集解》,中华书局 2002 年版。

杨伯峻编著:《春秋左传注》,中华书局 1990 年版。

袁珂校注:《山海经校注》,巴蜀书社 1996 年版。

朱谦之撰:《老子校释》,中华书局 1984 年版。

考古报告

安徽省文物工作队、阜阳地区博物馆、阜阳县文化局:《阜阳双古堆西汉汝阴侯墓发掘简报》,《文物》1978 年第 8 期。

安徽省文物考古研究所:《安徽含山凌家滩新石器时代墓地发掘简报》,《文物》1989 年第 4 期。

曹腾非等:《广东海康元墓出土阴线刻砖》,《考古学集刊·二》,中国社会科学出版社 1982 年版。

陈定荣:《江西吉水纪年宋墓出土文物》,《文物》1987 年第 2 期。

陈定荣:《江西金溪孙大郎墓》,《文物》1990 年第 9 期。

陈定荣:《南宋立鸟龙虎人物堆塑瓶》,《文物》1990 年第 9 期。

陈久金、张敬国:《含山出土玉片图形试考》,《文物》1989 年第 4 期。

陈厉清:《郫县荣兴乡南宋墓》,《四川文物》1992 年第 6 期。

陈显双、廖启清:《四川蒲江县五星镇宋墓清理记》,《考古与文物》1986 年第 3 期。

陈显双:《四川省蒲江县发现两座宋墓》,《考古与文物》1986 年第 5 期。

陈行一、肖锦秀:《江西高安县发现南宋淳熙六年墓》,《考古》1994 年第 2 期。

成都市博物馆考古队:《成都东郊北宋张确夫妇墓》,《文物》1990 年第 3 期。

成都市文物考古工作队:《成都北郊甘油村发现北宋宣和六年墓》,《四川文物》1999 年第 3 期。

成都市文物考古工作队:《成都市李家沱唐宋时期的墓葬》,《四川文物》2000 年第 2 期。

　　成都市文物考古工作队：《四川成都市西郊金鱼村南宋砖室火葬墓》，《考古》1997 年第 10 期。

　　成都市文物考古所：《成都博瑞"都市花园"汉、宋墓葬发掘报告》，《成都考古发现 2001》，科学出版社 2003 年版。

　　成都市文物考古所：《成都市成华区三圣乡花果树村宋墓发掘简报》，《成都考古发现 2001》，科学出版社 2003 年版。

　　成都市文物考古研究所、成都市文物考古工作队：《成都市二仙桥南宋墓发掘简报》，《考古》2004 年第 5 期。

　　成都市文物考古研究所、龙泉驿区文管所：《成都市龙泉驿区南宋宋兴仁夫妇墓清理简报》，《考古与文物》（2002 年汉唐考古增刊）。

　　成都市文物考古研究所：《成都北郊南宋墓清理简报》，《成都文物》1999 年第 4 期。

　　成都市文物考古研究所：《成都市保和乡东桂村宋墓发掘简报》，《成都考古发现 2002》，科学出版社 2004 年版。

　　成都市文物考古研究所：《成都市青龙乡海滨村墓葬发掘简报》，《成都考古发现 2003》，科学出版社 2005 年版。

　　成都市文物考古研究所：《成都市双流县华阳镇绿水康城小区发现一批砖室墓》，《成都考古发现 2003》，科学出版社 2005 年版。

　　成都市文物考古研究所：《成都市西郊外花成小区唐宋墓葬的清理》，《考古》2005 年第 10 期。

　　成都市文物考古研究所：《四川成都北宋宋京夫妇墓》，《文物》2006 年第 12 期。

　　成都市文物考古研究所：《信息产业部三十研究所南宋火葬墓的发掘》，《成都考古发现 2004》，科学出版社 2006 年版。

　　成都市文物研究所：《成都市高新区石墙村宋墓发掘简报》，《成都考古发现 1999》，科学出版社 2001 年版。

　　成都市文物研究所：《成都市龙泉驿区青龙村宋墓发掘简报》，《成都考古发现 1999》，科学出版社 2001 年版。

　　成都市文物研究所：《成都市外化成小区南宋墓发掘简报》，《成都考古发现 1999》，科学出版社 2001 年版。

程达理：《广济县发现北宋时期地契》，《江汉考古》1987 年第 2 期。

大同市文物陈列馆：《山西大同卧虎湾四座辽代壁画墓》，《考古》1963 年第 8 期。

代尊德：《太原小井峪宋墓第二次发掘记》，《考古》1963 年第 5 期。

戴春阳、张珑：《敦煌祁家湾——西晋十六国发掘简报》，文物出版社 1994 年版。

刁山景：《安福发现宋代地券》，《南方文物》1998 年第 4 期。

董洪贵：《仁寿县古佛乡宋墓清理简报》，《四川文物》1992 年第 5 期。

方城县文物工作队：《方城县朱庄宋墓发掘》，《文物》1959 年第 6 期。

方建国：《简阳县发现南宋纪年墓》，《四川文物》1987 年第 3 期。

福建省博物馆：《福州菜园山南宋许峻墓》，《文物》1995 年第 10 期。

福建省博物馆：《福州黄昇墓》，文物出版社 1982 年版。

何福安：《安徽无为县发现一座宋代砖室墓》，《考古》2005 年第 3 期。

何国维：《江西省考古工作的概况》，《考古通讯》1955 年第 3 期。

河南省文化局文物工作队：《河南巩县石家庄古墓葬发掘简报》，《考古》1963 年第 2 期。

河南省文化局文物工作队第一队：《郑州市南关外北宋砖室墓》，《郑州宋金砖室墓》，科学出版社 2005 年版。

湖北省博物馆：《武汉地区四座南朝纪年墓》，《考古》1965 年第 4 期。

湖北省文物考古研究所、武汉市博物馆：《湖北剧场扩建工程中的墓葬和遗迹清理简报》，《江汉考古》2000 年第 4 期。

黄炳煜：《江苏泰州北宋墓出土器物》，《东南文化》1987 年第 3 期。

黄承宗：《凉山州出土的明代买地券》，《四川文物》1997 年第

5 期。

　　黄德荣：《云南发现的大理国纪年文物》，《考古》2006 年第 3 期。

　　黄冈地区博物馆、英山县博物馆、文化馆：《英山县矛竹湾宋墓发掘》，《江汉考古》1988 年第 1 期。

　　黄冈地区博物馆、英山县博物馆：《湖北英山三座宋墓的发掘》，《考古》1993 年第 1 期。

　　黄义军、徐劲松、何建萍：《湖北鄂州郭家细湾六朝墓》，《文物》2005 年第 10 期。

　　江苏省文物管理委员会：《江苏淮安宋代壁画墓》，《文物》1960 年第 8 期。

　　江西省文物工作队、南丰县博物馆：《江西南丰县桑田宋墓》，《考古》1988 年第 4 期。

　　江雄：《邛峡县河乡宋墓清理记》，《成都文物》1990 年第 2 期。

　　解希恭：《太原小井峪宋明墓第一次发掘记》，《考古》1963 年第 5 期。

　　九江县文物管理所：《江西九江县发现两座北宋墓》，《考古》1991 年第 10 期。

　　康孝红：《山西孝义市发现一座金墓》，《考古》2001 年第 4 期。

　　李复华、江学礼：《四川绵阳平政桥发现宋墓》，《考古通讯》1956 年第 5 期。

　　李家和：《介绍江西宋墓出土的几件宋代瓷器》，《文物》1976 年第 6 期。

　　李献奇：《河南嵩县发现金大定董承祖买地券》，《中原文物》1993 年第 1 期。

　　李小平：《新余市渝水区发现南宋纪年墓》，《南方文物》1993 年第 1 期。

　　刘骏：《成都东郊北宋谢定夫妇墓清理简报》，《成都文物》1995 年第 2 期。

　　刘礼纯、周春香：《瑞昌发现两座南宋纪年墓》，《南方文物》1989 年第 2 期。

　　刘礼纯、周春香：《江西瑞昌发现南宋纪年墓》，《考古》1991 年第

1 期。

　　刘礼纯:《江西瑞昌县发现七座北宋纪年墓》,《考古》1992 年第 4 期。

　　刘志远、坚石:《川西小型宋墓》,《文物参考资料》1955 年第 9 期。

　　龙腾、李才:《蒲江发现后蜀李才和北宋魏晋买地券》,《四川文物》1990 年第 2 期。

　　龙腾:《蒲江北宋魏忻、魏大升墓清理简报》,《四川文物》1997 年第 6 期。

　　龙腾:《蒲江县北宋宋燧墓出土文物》,《四川文物》1996 年第 5 期。

　　龙腾:《蒲江县宋朝散大夫宋德章墓出土文物》,《四川文物》1995 年第 2 期。

　　龙腾:《蒲江县宋墓出土文物》,《成都文物》1997 年第 2 期。

　　吕遵谔:《山西垣曲东铺村的金墓》,《考古通讯》1956 年第 1 期。

　　洛阳博物馆:《洛阳西汉卜千秋壁画墓发掘简报》,《文物》1977 年第 6 期。

　　洛阳文物工作队:《洛阳孟津县庆麻屯金墓发掘简报》,《华夏考古》1996 年第 1 期。

　　南京市博物馆:《江苏南京市北郊郭家山东吴纪年墓》,《考古》1998 年第 8 期。

　　南阳市博物馆:《南阳发现东汉许阿瞿墓志画像石》,《文物》1974 年第 8 期。

　　南阳市文物研究所、邓州市文化馆:《河南邓州市北宋赵荣壁画墓》,《中原文物》1997 年第 4 期。

　　倪任福、项进良:《余江县锦江纪年宋墓出土文物》,《江西文物》1990 年第 3 期。

　　彭适凡、刘玲:《江西分宜和永丰出土的宋俑》,《考古》1964 年第 2 期。

　　青白江区文物保护管理所:《青白江区华逸工地宋墓发掘简报》,《成都文物》2006 年第 2 期。

邛崃县文管所：《邛崃县发现一座北宋墓》，《成都文物》1987 年第 4 期。

瑞昌县博物馆：《江西瑞昌发现两座北宋纪年墓》，《文物》1986 年第 1 期。

山西考古研究所、太原市文物管理委员会：《太原市北齐娄睿墓发掘简报》，《文物》1983 年第 10 期。

商洛地区考古队，商州市文管办：《商州市城区宋代墓葬发掘简报》，《考古与文物》2002 年第 2 期。

上海博物馆：《上海福泉山唐宋墓》，《考古》1986 年第 2 期。

四川省博物馆、洪雅县文化馆：《四川洪雅宋墓发掘简报》，《考古》1982 年第 1 期。

四川省文物管理委员会：《四川官渠埝唐宋明墓清理简报》，《文物》1965 年第 5 期。

四川省文物管理委员会：《四川花阳县北宋墓清理简报》，《文物参考资料》1956 年第 12 期。

四川文物考古研究所、广汉县文物管理所：《四川广汉县雒城镇宋墓清理简报》，《考古》1990 年第 2 期。

苏州博物馆、江阴县文化馆：《江阴北宋"瑞昌县君"孙四娘子墓》，《文物》1982 年第 12 期。

宿白：《白沙宋墓》，文物出版社 2002 年版。

滕引忠：《江西横峰县大山坳宋墓》，《南方文物》1992 年第 1 期。

屠思华：《江苏凤凰河汉、隋、宋、明墓的清理》，《考古通讯》1958 年第 2 期。

汪炜、赵生泉、史瑞英：《安徽合肥出土的买地券述略》，《文物春秋》2005 年第 3 期。

王方：《成都市南郊北宋赵德成墓清理简报》，《四川文物》2001 年第 3 期。

王洪涛：《泉州、南安发现宋代火葬墓》，《文物》1975 年第 3 期。

王吉允：《吉安发现一座北宋纪年墓》，《考古》1989 年第 10 期。

王志斌：《河北盐山出土明代买地券》，《文物春秋》2001 年第 6 期。

武汉市文物队:《武汉市青山宋墓清理简报》,《江汉考古》1986 年第 4 期。

武威地区博物馆:《武威西关西夏墓清理简报》,《陇右文博》2001 年第 2 期。

襄樊市博物馆:《襄阳磨基山宋墓发掘简报》《江汉考古》1985 年 3 期。

襄樊市文物管理处:《湖北襄樊刘家埂唐宋墓清理简报》,《江汉考古》1999 年第 2 期。

孝感市文化馆:《湖北孝感大湾北宋墓》,《文物》1989 年第 5 期。

谢辰、徐国强:《河南上蔡县出土一块宋代买地石券》,《中原文物》1992 年第 8 期。

谢辰:《河南驻马店市出土一块宋代买地券》,《中原文物》1991 年第 2 期。

肖青薇:《容县出土宋代陶质朱书地券》,《广西文物》1990 年第 2 期。

熊传新:《湖南湘阴隋大业六年墓》,《文物》1981 年第 4 期。

薛尧:《江西南城、清江和永修的宋墓》,《考古》1965 年第 11 期。

闫建春、石俊贵:《托克托县发现金代买地合同分券》,《内蒙古文物考古》1998 年第 1 期。

姚永春:《武威西郊西夏墓清理简报》,《陇右文博》2000 年第 2 期。

曾清华:《井研县北宋黄念四郎墓清理简讯》,《四川文物》2002 年第 1 期。

张驰:《宁县境内出土的买地券综述》,《陇右文博》2001 年第 1 期。

张合荣:《贵州古代墓葬出土的买地券》,《贵州文史丛刊》2002 年第 4 期。

张红霞:《陇西西阙坪出土金代郭氏地券》,《陇右文博》2001 年第 2 期。

张文鉴:《福建南平店口宋墓》,《考古》1992 年第 5 期。

张文鉴:《南平大凤店口宋墓》,《福建文博》1989 年第 1、2 期合刊。

　　赵洪章：《浦城发现南唐范韬墓志铭》，《福建文博》1989 年第 1、2
期合刊。

　　镇江市博物馆、金坛县文化馆：《江苏金坛南宋周瑀墓发掘简报》，
《文物》1977 年第 7 期。

　　镇江市博物馆：《镇江宋墓》，《文物资料丛刊·10》，1987 年版。

　　镇江市博物馆等：《金坛南宋周瑀墓》，《考古学报》1977 年第
1 期。

　　郑伟：《五津镇宋代砖室墓清理小记》，《成都文物》1995 年第
1 期。

　　郑州市文物考古研究所：《河南新密市平陌宋代壁画墓》，《文物》
1998 年第 12 期。

　　郑州市文物考古研究所等：《河南登封黑山沟宋代壁画墓》，《文物》
2001 年第 10 期。

　　周春香、何国良：《江西瑞昌白杨镇宋墓》，《南方文物》1993 年第
4 期。

　　诸卫红、严辉：《洛阳邙山出土金代买地券》，《文物》1999 年第
12 期。

研究论著

　　埃里亚德著，王建中译：《神圣与世俗》，华夏出版社 2002 年版。

　　安志敏、陈公柔：《长沙战国缯书及其有关问题》，《文物》1963 年
第 9 期。

　　包伟民：《精英们"地方化"了吗？——试论韩明士〈政治家与绅
士〉与地方史研究方法》，《唐研究》第 11 卷，北京大学出版社 2005
年版。

　　鲍吾刚著，严蓓雯等译：《中国人的幸福观》，江苏人民出版社
2004 年版。

　　彼得·伯克著，杨豫译：《图像证史》，北京大学出版社 2008 年版。

　　布罗代尔著，刘北成、周立红译：《历史学和社会科学：长时段》，
《论历史》，北京大学出版社 2008 年版。

曹岳森:《四川出土买地券的初步研究》,《四川文物》1999 年第 6 期。

陈柏泉:《江西出土买地券综述》,《考古》1987 年第 3 期。

陈柏泉:《江西出土墓志选编》,江西教育出版社 1992 年版。

陈国符:《道藏源流考》,中华书局 1985 年版。

陈昊:《汉唐间墓葬文书中的注(疰)病书写》,《唐研究》第 12 卷,北京大学出版社 2006 年版。

陈进国:《考古材料所记录的福建"买地券"风俗》,《民俗研究》2006 年第 1 期。

陈进国:《信仰、仪式与乡土社会:风水的历史人类学考察》,中国社会科学出版社 2005 年版。

陈进国:《闽台买地券的考现学研究》,《隔岸观火:泛台海区域的信仰生活》,厦门大学出版社 2008 年版。

陈焜:《试论〈太平经〉中之承负说》,《宗教学研究》2002 年第 4 期。

陈梦家:《殷墟卜辞综述》,中华书局 2008 年版。

陈梦家:《高谋郊社祖庙通考》,《清华学报》1937 年第 12 卷第 3 期。

陈宁:《汉魏六朝思想界对"报施多爽"问题的讨论》,《中国文哲研究集刊》1998 年第 13 期。

陈槃:《于历史与民俗之间看所谓瘗钱与地券》,《"中央研究院"国际汉学会议论文集》,台北:1981 年版。

陈圣宇:《六朝蒋子文信仰探微》,《宗教学研究》2007 年第 1 期。

陈耀庭:《道教礼仪》,宗教文化出版社 2005 年版。

陈寅恪:《隋唐制度渊源略论稿》,《陈寅恪集:隋唐制度渊源略论稿·唐代政治史述论稿》,三联书店 2001 年版。

成都市龙泉驿区博物馆:《成都龙泉驿区出土的宋、明石制买地券与镇墓券》,《考古与文物》(2002 年汉唐考古增刊)。

池田温:《中国历代墓券略考》,《东洋文化研究所纪要》第 86 号,1981 年版。

池田知久著,田人隆译:《中国古代的天人相关论:董仲舒的情况》，《中国的思维世界》，江苏人民出版社 2006 年版。

杜正胜：《古代物怪之研究（上）》，《大陆杂志》2002 年第 104 卷第 1—3 期。

范家伟：《六朝时代岭南地天师道传播》，《宗教学研究》1996 年第 3 期。

方诗铭：《从徐胜买地券论汉代"地券"的鉴别》，《文物》1973 年第 5 期。

方诗铭：《再论"地券"的鉴别》，《文物》1979 年第 8 期。

费尔巴哈著，荣震华、李金山译：《宗教的本质》，《费尔巴哈哲学著作选集》下，商务印书馆 1984 年版。

冯友兰：《中国哲学史》，华东师范大学出版社 2006 年版。

高罗佩著，李零等译：《中国古代房内考》，上海人民出版社 1996 年版。

葛瑞汉著，程德祥等译：《二程兄弟的新儒学》，大象出版社 2004 年版。

葛兆光：《屈服史及其他：六朝隋唐道教的思想史研究》，三联书店 2003 年版。

宫崎市定：《东洋的近世》，《日本学者研究中国史论著选译（一）》，中华书局 1992 年版。

郭武：《〈净明忠孝全书〉点校》，《〈净明忠孝全书〉研究》，中国社会科学出版社 2005 年版。

韩明士著，皮庆生译：《道与庶道：宋代以来的道教、民间信仰和神灵模式》，江苏人民出版社 2007 年版。

韩森：《宋代的买地券》，邓广铭、漆侠主编《国际宋史研讨会论文选集》，河北大学出版社 1992 年版。

韩森：《为什么将地券埋在坟墓里》，朱雷主编《唐代的历史与社会》，武汉大学出版社 1997 年版。

韩森著，包伟民译：《变迁之神》，浙江人民出版社 1999 年版。

韩森著，黄士姗译：《中国人是如何皈依佛教的？——吐鲁番墓葬揭示的信仰改变》，《敦煌吐鲁番研究》第 4 卷。

韩森著，鲁西奇译：《传统中国日常生活中的协商：中国契约研究》,江苏人民出版社 2008 年版。

郝春文:《〈上海博物馆藏敦煌吐鲁番文献〉读后》,《敦煌学辑刊》
1994 年第 2 期。

郝春文:《敦煌写本社邑文书研究述评 (1938—2006)》,《二十世纪
的敦煌学》,上海古籍出版社 2006 年版。

何志国:《论四川汉代西王母图像的起源》,《中华文化论坛》2007
年第 2 期。

华人德:《谈买地券》,《中国书法》1994 年第 1 期。

黄承宗:《凉山州出土的明代买地券》,《四川文物》1997 年第
5 期。

黄景春:《地下神仙张坚固、李定度考述》,《世界宗教研究》2003
年第 1 期。

黄景春:《王当买地券的文字考释及道教内涵解读》,《南阳师范学
院学报》2003 年第 1 期。

黄景春:《西北地区买地券镇墓文使用现状调查与研究》,《民俗研
究》2006 年第 2 期。

黄景春:《早期道教神仙女青考》,《中国道教》2003 年第 2 期。

黄文弼:《古西王母国考》,《黄文弼历史考古论集》,文物出版社
1989 年版。

黄秀颜:《地券与柏人:宋元江西民俗刍探》,《中国文化研究所学
报》1997 年第 6 期。

黄义军:《湖北宋墓反映的宋代丧葬习俗》,《考古与文物》2002 年
汉唐考古增刊。

霍巍:《关于宋元明墓葬中尸体防腐的几个问题》,《四川大学学报》
1990 年第 1 期。

霍巍:《谈四川宋墓中的几种道教刻石》,《四川文物》1988 年第
3 期。

加地有定:《中国唐代镇墓石の研究死者の再生と崑崙山への昇
仙》,(大阪)かんぽうサービス;(大阪)かんぽう,2005 年版。

江晓原:《天学真原》,辽宁教育出版社 2007 年版。

姜伯勤:《道释相激:道教在敦煌》,《道家文化研究·第十三辑》,

三联书店 1998 年版。

蒋廷瑜：《从广西出土的南朝地券看当时社会经济状况》，《广西民族学院学报》1985 年第 7 期。

雷闻：《郊庙之外：隋唐国家祭祀与宗教》，三联书店 2009 年版。

李零：《中国方术考》，东方出版社 2000 年版。

李寿冈：《也谈"地券"的鉴别》，《文物》1978 年第 7 期。

李淞：《从"永元模式"到"永和模式"——陕北汉代画像石中的西王母图像分期研究》，《考古与文物》2000 年第 5 期。

李淞：《论汉代艺术中的西王母图像》，湖南教育出版社 2000 年版。

李涛：《中国结核病史》，《中华医学杂志》1939 年第 2 期。

李学勤：《再论帛书十二神》，《湖南考古辑刊》第 4 辑，岳麓书社 1987 年版。

李亦园：《中国人信什么教?》，《宗教与神话》，广西师范大学出版社 2004 年版。

李裕群：《宋元买地券研究》，《文物季刊》1989 年第 2 期。

连劭名：《汉晋解除文与道家方术》，《华夏考古》1998 年第 4 期。

林富士：《孤魂与鬼雄的世界：北台湾的厉鬼信仰》，台北：稻乡出版社 1995 年版。

林富士：《释"魅"》，《鬼魅神魔——中国通俗文化侧写》，台北：麦田出版社 2005 年版。

林富士：《中国六朝时期的蒋子文信仰》，《遗迹崇拜与圣者崇拜》，台北：允晨文化出版公司 2000 年版。

林梅村：《漫话十二生肖》，《瞭望》1990 年第 34—35 期。

林巳奈夫：《商周时期的地祇》，《美术史研究集刊》第 9 期。

林巳奈夫著，蔡凤书译：《对洛阳卜千秋墓壁画的注释》，《华夏考古》1999 年第 4 期。

林素娟：《先秦至汉代礼俗中有关厉鬼的观念及其因应之道》，《成大中文学报》2005 年第 13 期。

林忠干：《福建五代至宋代墓葬出土明器神煞考》，《福建文博》1990 年第 1 期。

凌纯声：《中国古代社之源流》，《民族学研究所集刊》1964 年第

17 期。

刘安志：《从泰山到东海——中国中古时期民众冥世观念转变之一个侧面》，《唐研究·第十三卷》，北京大学出版社 2007 年版。

刘国忠：《试论十二生肖与三十六禽》，《清华大学学报》1999 年第 1 期。

刘建华：《浅议元代凡山镇板水弥勒禅寺买地券》，《文物春秋》1995 年第 3 期。

刘浦江：《宋代宗教的世俗化与平民化》，《中国史研究》2003 年第 2 期。

刘淑芬：《灭罪与度亡：佛顶尊胜陀罗尼经幢之研究》，上海古籍出版社 2008 年版。

刘卫鹏：《"五石"镇墓说》，《文博》2001 年第 3 期。

刘屹：《敬天与崇道——中古经教道教形成的思想史背景》，中华书局 2005 年版。

刘屹：《上博本〈曹元深祭神文〉的几个问题》，《敦煌学国际研讨会论文集》，北京图书馆出版社 2005 年版。

刘永明：《〈老子中经〉形成于汉代考》，《兰州大学学报》2006 年第 4 期。

刘昭瑞：《安都丞与武夷君》，《文史》2002 年第 59 辑。

刘昭瑞：《东汉镇墓文中所见"神药及其用途"》，《华学》第 7 辑，中山大学出版社 2005 年版。

刘昭瑞：《关于吐鲁番出土随葬衣物疏的几个问题》，《敦煌研究》1993 年第 3 期。

刘昭瑞：《考古发现与早期道教研究》，文物出版社 2007 年版。

刘昭瑞：《妳女地券与早期道教的南传》，《华学》第 2 辑，中山大学出版社 1996 年版。

刘昭瑞：《太平经与考古发现的东汉镇墓文》，《世界宗教研究》1992 年第 4 期。

刘昭瑞：《谈考古发现的道教解注文》，《敦煌研究》1991 年第 4 期。

柳存仁：《五代到南宋时期道教的斋醮》，《和风堂文集》，上海古籍出版社 1991 年版。

柳立言：《所谓"唐宋变革"?》，《宋代的家庭和法律》，上海古籍出版社 2008 年版。

卢建荣：《北魏唐宋死亡文化史》，台北：麦田出版社 2006 年版。

卢宗义、胡晓军：《陈土司祖茔买地券琐议》，《中国土族》，2005 年秋季号。

鲁西奇：《汉代买地券的实质、渊源与意义》，《中国史研究》2006 年第 1 期。

鲁西奇：《六朝买地券丛考》，《文史》2006 年第 2 辑。

鲁西奇：《宋代蕲州的乡里区划与组织——基于鄂东所见地券文的考察》，《唐研究》第 11 卷，中华书局 2005 年版。

鲁西奇：《隋唐五代买地券丛考》，《文史》2007 年第 2 辑。

吕思勉：《西王母考》，《吕思勉读史札记》，上海古籍出版社 1982 年版。

吕一民：《法国心态史学述评》，《史学理论研究》1992 年第 3 期。

罗振玉：《罗雪堂先生全集》，台北：文华出版社 1968—1975 年版。

茅甘著，杨民译：《论唐宋时代的墓葬刻石》，《法国汉学》第 5 辑，中华书局 2000 年版。

闵智亭、李养正主编：《道教大辞典》，华夏出版社 1994 年版。

内藤湖南：《概括的唐宋时代观》，《日本学者研究中国史论著选译（一）》，中华书局 1992 年版。

宁可：《述"社邑"》，《北京师范学院学报》1985 年第 1 期。

皮庆生：《宋代祠神信仰研究》，上海古籍出版社 2008 年版。

蒲慕州：《神仙与高僧：魏晋南北朝宗教心态》，《魏晋南北朝宗教心态试探》，《汉学研究》第 8 卷第 2 期。

蒲慕州：《墓葬与生死：中国古代宗教之省思》，中华书局 2008 年版。

蒲慕州：《睡虎地秦简〈日书〉的世界》，《台湾学者中国史研究论丛：生活与文化》，中国大百科全书出版社 2005 年版。

蒲慕州：《中国古代鬼论述的形成》，《鬼魅神魔——中国通俗文化侧写》，台北：麦田出版社 2005 年版。

蒲慕州：《追寻一己之福：中国古代的信仰世界》，上海古籍出版社 2007 年版。

普罗普著，贾放译：《故事形态学》，中华书局 2006 年版。

齐东方：《唐代的丧葬观念习俗与礼仪制度》，《考古学报》2006 年第 1 期。

钱钟书：《管锥编》，三联书店 2007 年版。

秦大树：《宋代丧葬习俗的变革及其体现的社会意义》，《唐研究》第 11 卷，北京大学出版社 2005 年版。

秦大树：《宋元明考古》，文物出版社 2004 年版。

卿希泰主编：《中国道教》，东方出版中心 1996 年版。

饶宗颐：《敦煌出土镇墓文所见解除惯语考释》，《敦煌吐鲁番研究》第 3 卷，北京大学出版社 1998 年版。

仁井田陞：《中国法制史研究》，东京：东京大学出版会 1980 年版。

任继愈主编：《道藏提要》，中国社会科学出版社 2005 年版。

任继愈主编：《中国道教史（增订本）》，中国社会科学出版社 2001 年版。

阮国林：《略论南京地区六朝地券、碑志书法》，南京市博物馆编《六朝文物考古论文选》（油印本），1983 年版。

沈睿文：《加地有定〈中國唐代鎮墓石の研究：死者の再生と崑崙山への昇仙〉》，《唐研究》第 12 卷，北京大学出版社 2006 年版。

沈宗宪：《宋代民间的幽冥世界观》，台北：商鼎文化出版社 1993 年版。

施舟人：《〈老子中经〉初探》，《道家文化研究·第 16 辑》，三联书店 1999 年版。

石泰安著，吕鹏志译：《二至七世纪的道教和民间宗教》，《法国汉学·第七辑》，中华书局 2002 年版。

孙作云：《洛阳西汉卜千秋壁画墓考释》，《文物》1977 年第 6 期。

孙作云：《中国傩戏史》，《孙作云文集第四卷：美术考古与民俗研究》，河南大学出版社 2003 年版。

索安著，赵宏勃译：《从墓葬的葬仪文书看汉代宗教的轨迹》，《法国汉学·第七辑》，中华书局2002年版。

台静农：《记四川江津县地券》，《台静农论文集》，安徽教育出版社2002年版。

丸山宏著，张泽洪译：《论台湾南部的功德仪礼——从道教仪礼史角度的考察》，《宗教学研究》1999年第1期。

丸山宏著，张泽洪译：《正一道的上章仪礼——以〈冢讼章〉为中心》，《宗教学研究》1992年第1—2期。

汪炜、赵生泉、史瑞英：《安徽合肥出土的买地券述略》，《文物春秋》2005年第3期。

王承文：《东晋南朝之际道教对民间巫道的批判——以天师道和古灵宝经为中心》，《中山大学学报》2001年第4期。

王德刚：《汉代道教与"买地券"、"镇墓瓶"》，《文献》1991年第2期。

王国维：《观堂集林（外二种）》，河北教育出版社2001年版。

王国维：《知券》，《王国维学术随笔》，社会科学文献出版社2000年版。

王明珂：《慎终追远——历代的丧礼》，《中国文化新论——宗教礼俗篇：敬天与亲人》，台北：联经出版事业公司1983年版。

王铭铭：《幸福、自我权力和社会本体论：一个中国村落中"福"的概念》，《社会学研究》1998年第1期。

王斯福著，赵旭东译：《帝国的隐喻：中国民间宗教》，江苏人民出版社2008年版。

王育成：《东汉道符释例》，《考古学报》1991年第1期。

王育成：《略论考古发现的早期道符》，《考古》1998年第1期。

王育成：《文物所见中国古代道符述论》，《道家文化研究》第9辑，上海古籍出版社1996年版。

王育成：《武昌南齐刘觊地券刻符初释》，《江汉考古》1991年第2期。

王育成：《徐副地券中天师道史料考释》，《考古》1993年第6期。

王育成：《东汉天帝使者类道人与道教起源》，《道家文化研究》第

16 辑,三联书店 1999 年版。

王育成:《洛阳延光元年朱书陶罐考释》,《中原文物》1993 年第 1 期。

王志高、董庐:《六朝买地券综述》,《东南文化》1996 年第 2 期。

王子今、周苏平:《汉代民间的西王母崇拜》,《世界宗教研究》1999 年第 2 期。

王子今:《门祭与门神崇拜》,上海三联书店 1996 年版。

王宗昱:《道教的"六天"说》,《道家文化研究》第 16 辑,三联书店 1999 年版。

韦伯著,康乐、简惠美译:《中国的宗教 宗教与世界》,广西师范大学出版社 2004 年版。

韦伯著,康乐、简惠美译:《宗教社会学》,广西师范大学出版社 2005 年版。

巫鸿:《地域考古与对"五斗米道"美术传统的重构》,《礼仪中的美术》,三联书店 2005 年版。

巫鸿著,柳洋、岑河译:《武梁祠:中国古代画像艺术的思想性》,三联书店 2006 年版。

吴丽娱:《从〈天圣令〉对唐令的修改看唐宋制度之变迁——〈丧葬令〉研读笔记三篇》,《唐研究》第 12 卷,北京大学出版社 2006 年版。

吴荣曾:《镇墓文中所见到的东汉道巫关系》,《文物》1981 年第 3 期。

吴天颖:《汉代买地券考》,《考古学报》1982 年第 1 期。

吴小强:《秦简日书集释》,岳麓书社 2000 年版。

武雅士著,张珣译:《神、鬼和祖先》,《思与言》第 35 卷第 3 期。

萧登福:《陶弘景〈真诰〉中所见修真治病药方及冢讼鬼注说》,《六朝道教上清派研究》,台北:文津出版社 2005 年版。

小林正美著,李庆译:《六朝道教史研究》,四川人民出版社 2001 年版。

小南一郎著,孙昌武译:《中国的神话传说与古小说》,中华书局 2006 年版。

谢和耐著，耿昇译：《中国五—十世纪的寺院经济》，甘肃人民出版社 1987 年版。

徐苹芳：《宋元时代的火葬》，《文物参考资料》1956 年第 9 期。

徐苹芳：《唐宋墓葬中的"明器神煞"与"墓仪"制度——读〈大汉原陵秘葬经〉札记》，《考古》1963 年第 2 期。

许倬云：《先秦诸子对天的看法》，《求古编》，新星出版社 2006 年版。

严敦杰：《式盘综述》，《考古学报》1985 年第 4 期。

杨后礼：《江西宋元纪年墓出土堆塑长瓶的研究》，《南方文物》1992 年第 1 期。

杨华：《战国秦汉时期的里社与私社》，《天津师范大学学报》2006 年第 1 期。

杨炯山主稿：《婚丧礼仪手册》，新竹社交馆 2002 年版。

杨联陞：《报——中国社会关系的一个基础》，《中国现代学术经典·洪业　杨联陞卷》，河北教育出版社 1996 年版。

叶昌炽：《语石　语石异同评》，中华书局 1994 年版。

易守菊、和中浚：《解注文之"注"与注病——从解注文看古代传染病》，《四川文物》2001 年第 3 期。

易守菊：《概述解注文中的传染病思想》，《南京中医药大学学报》2001 年第 3 期。

易西兵：《广州出土南朝龚韬买地券考》，《东南文化》2006 年第 4 期。

游自勇：《吐鲁番新出〈冥诉文书〉与中古前期的冥界观念》，《中华文史论丛》第 88 辑，2007 年版。

于振波：《走马楼吴简中的里与丘》，《文史》2005 年第 1 辑。

余欣：《唐宋敦煌墓葬神煞研究》，《敦煌学辑刊》2003 年第 1 期。

余英时著，侯旭东译：《东汉的生死观》，上海古籍出版社 2005 年版。

余英时：《士与中国文化》，上海人民出版社 2003 年版。

俞伟超：《东汉佛教图像考》，《先秦两汉考古学论集》，文物出版社 1985 年版。

袁明森、张玉成：《从志聪买地券的发现看元代的丧葬习俗》，《四川文物》1996 年第 5 期。

袁祖亮：《汉代〈徐胜买地券〉真伪考》，《郑州大学学报》1984 年第 1 期。

岳钊林：《巴中"九天玄女地券"考》，《四川文物》1999 年第 5 期。

曾布川宽：《昆仑山和升仙图》，《东方学报》1979 年第 51 期。

张邦炜：《两宋火葬何以蔚然成风》，《四川师大学报》1995 年第 3 期。

张传玺主编：《中国历代契约汇编考释》，北京大学出版社 1995 年版。

张传玺：《买地券文广例》，《契约史买地券研究》，中华书局 2008 年版。

张广达：《内藤湖南的唐宋变革说及其影响》，《唐研究》第 11 卷，北京大学出版社 2005 年版。

张合荣：《贵州古代墓葬出土的买地券》，《贵州文史丛刊》2002 年第 4 期。

张均绍：《唐代南巴县令买地券考》，《广东省博物馆馆刊》1988 年第 1 期。

张南：《扬州发现北宋买地券》，《扬州大学学报》1981 年第 3 期。

张勋燎、白彬：《中国道教考古》，线装书局 2006 年版。

张勋燎：《试论我国南方地区唐宋墓葬出土的道教"柏人俑"和"石真"》，《道家文化研究》第 7 辑，上海古籍出版社 1995 年版。

张勋燎：《东汉墓葬出土的解注器材料和天师道的起源》，《道家文化研究》第 9 辑，上海古籍出版社 1996 年版。

张政烺：《张政烺文史论集》，中华书局 2004 年版。

赵超：《十将与地券：读唐代墓志札记》，《考古与文物》1987 年第 4 期。

周福岩：《民间故事的伦理思想研究：以耿村故事文本为对象》，中国社会科学出版社 2006 年版。

周静：《汉晋时期西南地区有关西王母神话考古资料的类型及其特

点》，《四川大学考古专业创建四十周年暨冯汉骥百年诞辰纪念文集》，四川大学出版社 2001 年版。

周一良：《敦煌写本书仪中所见的唐代婚丧礼俗》，《唐五代书仪研究》，中国社会科学出版社 1996 年版。

朱青生：《将军门神的起源》，北京大学出版社 1998 年版。

朱越利：《道藏分类解题》，华夏出版社 1996 年版。

庄英章、许书怡：《神、鬼与祖先再思考：以新竹六家朱罗伯公的崇拜为例》，《台湾与福建文化研究论文集（二）》，台北："中央研究院"民族学研究所，1994 年版。

宗力、刘群：《中国民间诸神》，河北人民出版社 1987 年版。

学位论文

白彬：《吴晋南朝买地券、名刺和衣物疏的道教考古研究》，四川大学博士学位论文，2001 年。

陈锟键：《东汉到晋买地券文字研究》，"国立"成功大学硕士学位论文，2006 年。

陈亮：《汉代墓葬门区符箓与阴阳别气观念研究》，北京大学硕士学位论文，2005 年。

杜正乾：《中国古代土地信仰研究》，四川大学博士论文，2005 年。

黄景春：《早期买地券、镇墓文整理与研究》，华东师范大学博士学位论文，2004 年。

李新城：《东汉铜镜铭文的整理与研究》，华东师范大学博士学位论文，2006 年。

梁建国：《宋代乡村区划研究》，河南大学硕士论文，2004 年。

吕志峰：《东汉石刻砖瓦等民俗性词汇研究》，华东师范大学博士学位论文，2005 年。

唐静：《考古材料中十二生肖形象的类型与演变》，吉林大学硕士学位论文，2007 年。

吴敬：《南方地区宋代墓葬的区域性及相关问题研究》，吉林大学博士学位论文，2008 年。

赵忠波：《从葬制葬俗变革看社会变迁：四川盆地宋墓的考古学观

察》，四川大学硕士学位论文，2007 年。

　　周静：《西王母考古资料的发现和研究》，四川大学硕士学位论文，1996 年。

英文文献

Bernard Galin. *Hsin Hsing*，*Taiwan*：*A Chinese Village in Change*. Berkeley and Los Angeles：University of California Press，1966.

David Jordan. *Gods Ghosts*，*and Ancestors*：*Folk Religion in a Taiwanese Village*. Berkeley and Los Angeles：University of California Press，1972.

Emily M. Ahern. *Chinese Ritual and Politics*. Cambridge：Cambridge University Press，1981.

Jianmin Li. "Contagion and Its Consequences：The Problem of Death Pollution in Ancient China"，Yasou Otsuka，Shizu Sakai&Shigehisa Kuriyama eds. *Medicine and the History of Body*. Tokyo：Ishiyaku Euro America Inc. 1999.

Meir Shahar and Robert Weller eds. *Unruly Gods*：*Dixinity and Society in China*. Honolulu：University of Hawaii，1996.

Michael Loewe. *Ways to Paradise*：*The Chinese Quest for Immortality*. London：George Allen & Unwin，1979.

Peter Nickerson. *Taoism*，*Death*，*and Bureaucracy in Early Medieval China*，Ph. D. Dissertation. University of California，Berkeley，1996.

Robert Hymes. *Statesmen and Gentlemen*：*The Elite of Fu-Chou*，*Chiang-Hsi*，*in Northern and Southern Sung*，Cambridge：Cambridge University Press，1986.

Robert Hartwell Demographic，Political and Social Transformation of China 750 – 1550. Harvard Journal of Asiatic Studies，42. 2，1982.

Robert Weller. *Unities and Diversities in Chinese Religion*. Seattle：University of Washington Press，1987.

Stephan Feuchtwang，"Domestic and Communal Worship inTaiwan". In *Religion and Ritual in Chinese Society*，ed. Wolf. Stanford，Calif：

Stanford University Press，1974.

　　Stephen F. Teiser. Popular Religion，*Journal of Asian*，1995，54
－2.

　　Terry Kleeman. The Expansion of the Wen-ch'ang Cult. In *Religion and Society in T' ang China*，ed. Patricia Ebrey and Peter Gregory，Honolulu：University of Hawaii Press，1993.

附 录

宋代买地券校录

凡例：

一、本书所收录买地券释文均根据原拓片以及有关报告著录文字迻录，并尽可能加以核实、校勘；同时修改了部分录文的标点。

二、有些报告中的录文存在可疑之处，由于未见原石及拓片，不能进行校改，录文仍依其旧。

三、所录买地券按地域和入葬年代的先后顺序排列，入葬失纪年者，则置于各省末尾。

四、凡可依据原拓片或报告、著录了解券石行款者，均在录文中署于原券石每行末尾一字下加/符号，以标示行款，不能识别者则依据原出处录文照录。

五、因残缺及无法识别造成缺字者，皆用□表示。

六、因残损过于严重导致无法判断具体缺字数目时，不论所缺多少一律用 ∕ 表示所缺文字。

七、凡缺字可以依据上下文义补足时，将所补之字置于〔〕内。

八、原券中的错别字和同音假借字一律照录，但在该字之后以（）注出本字。

九、对地券中文字内容存在疑义者，于文字后加（？）表示出来。

十、对于买地券中间语意不明的句子，不予点断。

十一、本书所收录地券的出处均以脚注的形式，予以介绍。

江西1　开宝七年（974年）王氏地券①

该券1987年出土于吉安一座长方形石室墓中，共出有伏听俑1、文吏俑8、侍俑4、青龙1、白虎2、朱雀1、玄武1、卧虎2、鸡1、烛插1、银簪1、柏人券1。地券位于棺外头端竖立，与伏听俑同出。地券呈碑形，石质，券首上阳线雕刻两条三爪龙；长58、宽40、厚2厘米；地券文字从右向左书写，楷书，14行。

释文如下：

维开宝七年岁次甲戌十月乙亥朔廿八日壬寅。/今有江南西道吉州卢陵县宣化乡崇仁里梅□村/没故亡人王氏夫人，行年八十三岁。因自后园采花，路遇/仙人赐酒，回山迷而不返。凡人生居田宅，死还垅墓/。谨用金银钱万□九千贯文，于天地［父］母处，买得地/宅，其地东止甲乙，南止丙丁，西止庚辛，北止壬癸，［上］［止］皇天，下止黄泉。其地左有青龙，右有白虎，前有朱雀/，后有玄武，内方勾陈，分为界畔。乱□自□/死灰烟起，□中鸡子能啼，如山之皓（？），不可顾问。谁为书？水中鱼；谁为读？山中鹿。鹿何在？上高山；鱼何在？入/黄泉。急求之不得还见。欲相见，直待□田□/处相见。急急如律令。/奉太上老君斩之/。见人：张坚固/；保人：李定度。

江西2　大中祥符四年（1011）李大郎地券②

该券1989年出土于余江，墓葬形制不详，共出有堆塑罐1、青瓷钵1、地券呈长方形，青石质；长36.5、宽29.8、厚2厘米；地券文字从左向右竖书，楷书，10行。

释文如下：

维大宋国江南道饶州安仁县坊市殁故亡李大郎，行年/六十五岁。暂往南山看花，遇见仙人，赐酒一杯，迷而不返/，命入黄泉。今用钱万万贯于张坚固、李定度边，买/得乙向地一坟，东止甲乙，南止丙丁，

---

① 王吉允：《吉安发现一座北宋纪年墓》，《考古》1989年第10期。

② 倪任福、项进良：《余江县锦江纪年宋墓出土文物》，《江西文物》1990年第3期。

西止庚辛，北止壬癸，上/止青天，下止黄泉，中殃（央）便是亡人李大郎墓宅。如有外/人争占，捉为奴婢驱使。谁为书？水中鱼；谁为作/？天上鹤。鹤何在？飞上天；鱼何在？入深泉。若要相寻觅/，但来东海边。万万九千年。维大中祥符四年/岁次辛亥十二月二十一日，殁故亡李大郎/随身地契一本。谨记。

江西3　天圣三年（1025）陈僧义女地券①

该券1982年出土于瑞昌一座竖穴土坑墓中，地券平放于墓底。共出有瓷瓶1内置铜钱若干、瓷碗2、瓷盒1、铜刀1。地券呈方形，青石质；长43、宽39、厚1厘米；地券文字从左向右书写，楷书，10行。

释文如下：

维宋江州德化县甘露乡双泉院迁化僧义女，于天圣三年岁次乙丑九月庚辰，亡人陈僧义女寡命，奄今是冢。姓长岁利月吉日□买冢地，付钱五千贯文，□相次付，更无欠少。时知日知见与日交刀。土下二千石、四方营□、都具长、丘□暮夜、[墓][伯]功曹、社稷见君启知，东西南北各有廿步属亡人，其地岁神北近冢之者，不得横相侵夺，当诣土伯，□法科罪，山积不得。其子孙当合亡人者安乐，生人富贵，事宦千千秋万岁，无有姆伤。何人书？□书；何人读？□读。□非（飞）上天。有人来相[寻]，[但]来东海边。急急如律令。

江西4　嘉祐二年（1057）陈氏六娘地券②

该券1965年出土于南城县一座长方形单室券顶砖室墓中，地券位于后壁中央壁龛前。共出有瓷饭依瓶1对、瓷瓶1、瓷碗2、瓷壶2、瓷托盏1对、瓷杯1对、铁鼎1、铁刀1、铁盏1。地券呈长方形，青石质；额称：地契1道，1行；长42、宽38.5厘米；楷书，15行。

释文如下：

维嘉祐二年岁次丁酉九月一日甲戌朔二十三/日丙申，建昌军南城县雅俗乡训俗里/后潭新津保殁故亡人陈氏六娘，行年七十/八岁，命归

---

① 瑞昌县博物馆：《江西瑞昌发现两座北宋纪年墓》，《文物》1986年第1期。
② 薛尧：《江西南城、清江和永修的宋墓》，《考古》1965年第11期。

黄泉。忽被太山敕召灵魂/。禁司土公土母土伯土历土下两千石禄，墓/
门亭长蒿里父老武夷王等：亡者/陈氏六娘，宰阴阳定生，孝顺忠贞，
上即/顺于天地，下即顺于父母。青青松竹，尚［有］枯荣。人非王乔，
宁无凋落？遂赍银钱/九千九百贯文，地名东坡柳家坑坤山/下，永买得
本□乙向地一穴，开为□□/。某地东止甲乙，南止丙丁，西止庚辛，
北止壬癸，中/央福地为宅。应有社里土地，修桥造路，不得/方（妨）
滞陈氏六娘往来。谁为书？水中鱼；谁为读？天上鹤。鹤何在？飞天
上。急急如律令。

江西 5　嘉祐三年（1058）曹十四娘地券[①]

该券 1986 年出土于横峰县一座长方形单室砖室墓中。共出有瓷四
系宝塔瓶 1 对、瓷罐 4、石桌 1、石椅 1，随葬物置放在甬道两旁。地券
呈碑形，石质；长 47、宽 44、厚 3.5 厘米；楷书，12 行。

释文如下：

维嘉祐三［年］岁次戊戌七月庚申朔十六日甲申，耶有大宋国江南
道信州弋阳县招贤乡奉咸里童坑上社正娘姑女弟子曹十四娘，行年六十
二岁，身亡。谨求山王、里社、社公、土地、蒿芊一人，老亡人谨将钱
银三万三千三佰九十九贯九文九分，将买黄龙崖地一坟。东止甲乙青
龙，南止丙丁朱雀，西止庚辛白虎，北止壬癸玄武，中央作亡人塜郭。
买其地从路止路，不得妄有人争占。保人：张坚固；见人：李定度。是
谁书？水中鱼；是谁读？天上鹤。若要相见，但来东庄边。急急如
律令。

江西 6　熙宁三年（1070）袁八郎地券[②]

该券出土于瑞昌一座竖穴土坑墓中。共出有瓷碗 2、瓷盏 3、瓷壶
1、陶壶 1、三足铁炉 1、铜钱 5 枚。地券呈长方形，青石质；残长 32、
宽 38、厚 1 厘米；楷书，13 行。

释文如下：

①　滕引忠：《江西横峰县大山坳宋墓》，《南方文物》1992 年第 1 期。

②　刘礼纯：《江西瑞昌县发现七座北宋纪年墓》，《考古》1992 年第 4 期。

□□□江州德化县金城乡城门社松阳西保殁故弟子／［袁］［八］［郎］□□宋熙宁三年十月二十六，亡人袁八郎生／□□□□□母生子七日，月辰死面皆又十于闾里／□□□□□邑归宅地□协从某地，龙辰吉，宜于野／□□□，谨用黄铜钱万万九千九百九贯文，袖五方龙神，买地／□□。上至黄天，下至黄泉。左至青龙，右至白虎，前至／朱雀，后至玄武，结相亡人。墓内勾陈，分掌四域。丘丞墓伯，冢／□□。封进界畔，道路将军。敕。千秋万万岁无殃，哭若振／□□□君地姓入□□夺，伯谁，将军停（亭）长，收地伯／□□□□之事普移。保见：张坚固、李定度□□□□。急急如律令。敕。当／□□□□庚戌岁十月二十六日谨记。／□□□□是皇雀书，皇雀非（飞）。业大里（？）留父黄泉。

江西 7　熙宁八年（1075）江府君地券[①]

该券 1976 年出土于吉水县，墓葬情况不详。地券呈长方形，青石质；长 108、宽 35 厘米；楷书，27 行。

释文如下：

维南赡部洲大宋国吉州卢陵县城外雍和坊万岁巷殁故承奉郎守秘书丞江府君，甲寅降生。先于熙宁甲寅岁仲夏甲子日，卒于江州湖口县官舍之正寝，享年六十岁。实用钱谷币帛珍宝等，就开皇地主处，买得本州吉水县中鹄乡青原山、旧名若坑，今更名为祖庆岗，阴地一穴，永为祖主。卜取乙卯年正月己卯二十七庚申日安厝。其地东止甲乙青龙，南至丙丁朱雀，西止庚辛白兽，北至壬癸玄武，上止苍天，下彻黄泉，给付与殁故江秘丞远年宅兆。所有本处山神土地，一切神杀［煞］，侧域冢穴，邪精故炁，各不在争占之限，如违牒，赴太上诛斩。急急如律令。敕。时见：年直符；书契：月直符。

江西 8　元丰八年（1085）蔡八郎地券[②]

该券出土于九江一座竖穴土坑墓中。共出有瓷壶 1、瓷碗 4、陶钵

① 陈柏泉：《江西出土墓志选编》，江西教育出版社 1992 年版，第 552 页。
② 九江县文物管理所：《江西九江县发现两座北宋墓》，《考古》1991 年第 10 期。

1、铜镜1、铜钱19枚。地券呈长方形，青石质；长35、宽32、厚0.4厘米；楷书，14行。

释文如下：

南赡部洲大宋国江州德化县甘泉乡高平社/西山保殁故亡人蔡八郎，甲子年行陆拾贰岁，不/幸命终，元丰八年十月廿三日甲申身亡。仙人饮酒，命归/蒿里安葬。仅用钱九万九千九百九十九贯/，五色采□，买得周公山土名下园地一六安葬/。东止甲〔乙〕青龙，南至丙丁朱雀，西止庚辛白虎，北至/壬癸玄武。内□□□，丘城〔丞〕墓伯，冢土下二千石禄，道路□□□□，千秋万岁，永无殃祸。地中有/堂，先居者□□□□余里，不得呵禁亡人。知见人同/亡人酒脯百味香食，共为信契。不令干犯者，葬已后房。□□人内外安□□□，永无殃咎。急急如律令。槎仙人书契，此石道士充保/。元丰八年乙丑岁十月廿五日。孤孝男蔡继诊，女子蔡/四娘。

江西9　元祐元年（1086）胡三郎地券①

该券1983年出土于新余市，墓葬情况不详。地券呈长方形，石质；长42.5、宽37厘米；楷书，15行。

释文如下：

维皇宋元祐元年岁次丙寅七月丙辰朔，临江军新余县凤巢乡凤巢里下馋公保殁故胡三郎，行年五十九岁，于去年三月十五日身亡。切以生居阎浮，死安宅兆，龟筮叶宜，相地袭吉。今用钱禾香酒，共为信币，于皇天父邑社稷主边，买得德兴里土名行桥酉向地一穴，东止甲乙青龙，南止丙丁朱雀，西止庚辛白虎，北止壬癸玄武，上止皇天，下彻冥泉，内方勾陈，分掌四域。丘丞墓伯，封疆界畔。道路将军，齐整阡陌。千秋万岁，永无殃咎。若有干犯，将军令长，收付河伯。工匠修茔，克取今年二十七日大吉安厝。外内存亡，永保原吉。奉太上敕，急急如律令。书契人：功曹；读契人：主簿；保人：岁月主；知见人：直符。

---

① 陈柏泉：《江西出土墓志选编》，第553页。

江西 10　元符二年（1099）张愈地券①

该券 1974 年出土于彭泽县，墓葬情况不详。地券呈长方形，石质；长 47、宽 33 厘米；楷书，12 行。

释文如下：

维皇宋元符元年岁次戊寅二月二十五日甲戌，江州彭泽县五柳西城里张君讳愈，享年七十□岁。因往南山采药，遇见仙人饮酒，蒙赐一杯，至今酩酊不回。遂用金银钱九万九千九百九十九贯九文九分九毫九厘九忽，于武夷王处买得家北溢城山葬地一穴，东止甲乙，南止丙丁，西止庚辛，北止壬癸，上止青天，下止黄泉，永为亡人之宅。□□□□□善神，不得侵捣占。成□□□□□□己卯年十月十一日，归葬此地。书人：张坚固；见人：李定度。若要相寻，但来东海。急急如律令。

江西 11　崇宁四年（1105）李宣义地券②

该券 1956 年出土于武宁，墓葬情况不详。地券呈长方形，石质；长 50、宽 34 厘米；楷书，18 行。

释文如下：

南赡部洲大宋国江南西路洪州武宁县年丰乡石门里，知筠州上高县事李宣义，辛卯生，年五十四岁，于崇宁三年六月二十九以疾终于上高官舍。至次年正月二十八日丁酉，归葬于本里龙潭南山之原。今用钱九万九千九百九十九贯文，买得此地，永为坟冢。其地东止甲乙，南止丙丁，西止庚辛，北止壬癸，中央戊己，并是亡人占管。朱雀在前，玄武在后，青龙蟠于左，白虎踞于右。镇守方宫，神灵拥护。凡有精邪魍魉，不相刑克。急急如律令。卖地人：张坚固；保见人：李定度；书契人：伍子胥。

---

① 陈柏泉：《江西出土墓志选编》，第 554 页。
② 同上书，第 554—555 页。

江西 12　大观三年（1109）孙大郎地券①

该券 1987 年出土于金溪一座长方形三室砖室墓中，地券正对墓室的拱门。共出有瓷盘 2、瓷碗 6、瓷盏 5、瓷盖罐 2、瓷注子 1、铜镜 1、银头饰 1、石砚 1、铁鼎 2、瓷堆塑瓶 4。地券呈长方形，青石质；额称：孙君地券，1 行；长 52、宽 46.5、厚 1.3 厘米；地券文字从右向左书，楷书，14 行。

释文如下：

维大宋岁次戊子大观二年十月初三日殁故/孙大郎卒，以次年十一月二十日茔葬，龟筮协/从，相比（地）袭吉，宜于抚州金谿县归政乡周坊源/鹧鸪岭安厝宅兆。谨用钱九万九千九百九十/九贯文，兼五彩信币，买地一段。东西一百步，南/北一百步，东至青龙，西至白虎，南至朱雀，北至/真武。内方勾陈，分掌四域。丘丞墓伯，分步界畔/。道路将军，齐整阡陌。千秋万岁，永无殃咎。若辄/干犯诃禁者，将军亭长收复河伯。今以牲牢酒/饭，百味香新，共为信契，财地交相分付，工匠修/营安厝，已后永保休吉。知见人：岁月主；保人：今日/直符。故气邪精，不得忏怪，先有居者，永避万里。若/违此约，地府主吏自当其祸，主人存亡悉皆安/吉。急急如太上律令。

江西 13　大观三年（1109）徐氏地券②

该券 1987 年出土于金溪，与孙大郎合葬于一墓中。地券呈长方形，青石质；额称：徐氏地券，1 行；长 52、宽 46.5、厚 1.3 厘米；地券文字从右向左书，楷书，14 行，

释文如下：

维大宋岁次戊子大观二年八月二十八日殁/故徐氏大娘卒，以次年十一月二十日茔葬。龟/筮协从，相比（地）袭吉，宜于抚州金谿县归政乡周/坊源鹧鸪岭安厝宅兆。谨用钱九万九千九百九十九贯文，兼五彩信币，买地一段。东西一百/步，南北一百步，东至青龙，西至白虎，

①　陈定荣：《江西金溪孙大郎墓》，《文物》1990 年第 9 期。
②　同上。

南至朱雀/，北至真武。内方勾陈，分掌四域，丘丞墓伯，分步/界畔。道路将军，齐整阡陌。千秋万岁，永无殃咎/。若辄干犯诃禁者，将军亭长收复河伯。今以牲/牢酒饭，百味香新，共为信契，财地交相分付，工/匠修营，安厝已后，永保休吉。知见人：岁月主；保/人：今日直符。故气邪精，不得忤怪，先有居者，永/避万里。若违此约，地府主吏自当其祸，主人存/亡悉皆安吉。急急如太上律令。

江西 14　政和八年（1118）吴谨地券①

该券 1970 年出土于进贤县，墓葬情况不详。地券呈长方形，石质；长 98、宽 48 厘米；楷书，12 行。

释文如下：

维皇宋岁次政和八年十一月己酉朔二十五日，有洪州进贤县真隐乡郑舍村居住吴公谨助教，行年四十七岁，以疾殁故。龟筮协从，相地袭吉。宜于本乡夏家原安厝宅兆。谨用钱九万九千九百九十九贯九十九文九分，问西夷王买得地一穴，作亥山丙向，其地东止甲乙，南止丙丁，西止庚辛，北止壬癸，上至青天，下至黄泉，六极之外，将与亡人为千年冢宅。其地下有金银铜铁，悉属亡人为主。四方先有住者，大者为邻里，小者为奴婢。木精禁杀，一切伏藏。凶恶之神，不得乱来争占，请地主张坚固、李定度；保见人东王公、西王母；受钱人：天官道士。若索钱，来海畔。日出黄昏，乱□经络。谁为书？天上鹤。鹤何在？飞上天。谁为话？水中鱼。鱼何在？入深潭。急急如律令。

江西 15　宣和三年（1121）张公地券②

该券 1974 年出土于德兴县，墓葬情况不详。地券呈长方形，石质；长 49、宽 38 厘米；楷书，24 行。

释文如下：

维宣和三年岁次辛丑九月壬戌朔□□□□□，大宋国江南道饶州德兴县银山乡仁□□□□□殁故中书舍人张公，行年四十三岁。生居

---

① 陈柏泉：《江西出土墓志选编》，第 555—556 页。
② 同上书，第 556—557 页。

［城］［邑］，［死］［安］宅兆。次宣和二年四月初八日，忽因冥游遇
□□□，饮西王母壶中美酒，乘醉不返。龟筮叶从，□□□□。宜利于
本里珠潭源安厝兆宅。谨用九万九千九百九十九贯文，五彩信币等物，
就此皇天大□□主边，买得天心福地一穴，发作丙向，东止甲乙青龙，
南止丙丁朱雀，西止庚辛白虎，北止壬癸玄武，内方勾陈，分掌四域。
丘丞墓伯，封断界畔。道路将军，齐整阡陌。千秋万岁，永无殃咎。地
主：张坚固；保人：李定度；见人：功曹；书人：玄武。地中［主］
吏，皇神后土，土公土母，土家子孙，左右邻里，地中□府，将军社
稷，见亡人过往，不得妄有勘责侵夺。亡人随身衣物，已给公□。妄有
□相侵夺者，奏上太上天帝付青衣使者□□。谁为书，是玄武；谁为
读，是白虎。何人裁衣，云中织女。谁为修棺，洛阳□师。冥中圣教，
给牒周游十方。平生坐位分明，子午卯酉，福庆良久。寅申巳亥，资生
不遇。辰戌丑未，居家富贵。男女昌盛，年登百岁。无有妨害，仓库盈
溢，歌谣尽日。亡人随身衣物，付与收掌。粮罂贮前年，涌水不绝，五
谷袋储万年之粮。今奉太上老君给地券一道，永为公验。所在神祇，不
得违科犯约。如有犯者，奉准敕斩之。急急如律令。

江西16　宣和六年（1124）何毅地券①

　　该券出土于瑞昌一座竖穴土坑墓中。共出有瓷罐1、瓷碟2、瓷碗
1、瓷盏2、陶罐1、八卦镜1、铜钱13枚。地券呈长方形，青石质；额
称：故何毅地券，1行；长38、宽34，厚6厘米；楷书，11行。

　　释文如下：

　　维皇宋宣和六年岁次□□□□□□□□□□□□□□/六十初七日乙□
死至十三□□□□□□□□□□□□□/冲□□□极肇□□□□二人居
□□□□□□□既禀造化而生，亦□阳□□□归如顾山朝/若□临坟。
坐旦　□□□□□□□玄武位于南北，/青龙白虎列
□□□□□□［二］十八宿照临下按/八山三十八将
□□□□□□□□□孤鬼逍遥庆及/昌时□□赤□□□□□□□□□□

---

　　①　刘礼纯：《江西瑞昌县发现七座北宋纪年墓》，《考古》1992年第4期，该券缺字太多
且文意不通，故不予点断。

并及凶妖造尔□/□□□□□□□□□□□□□□□□□永世无穷急/太上
老君急急如律令敕

江西 17　绍兴三年（1133）刘三十八郎地券[①]

该券 1987 年出土于瑞昌县一座长方形砖室墓中。共出有瓷瓶 1、瓷
壶 1、陶罐 1、铜勺 1、铜钱数枚。地券呈长方形，石质；长 32、宽 33
厘米；地券文字从右向左书写，楷书，10 行。

释文如下：

维宋绍兴三年岁次癸丑十一月朔二十一日壬申。江州瑞昌县清盆乡
上泉/港南保殁故亡人刘三十八郎，墓在此山岗，一生居城邑，死安宅
兆。龟筮/协从，其地袭吉，宜于本乡里社山岗安厝宅兆。谨用九万九
千九百/九十九贯文，五色彩杂信，买地三十六亩。东止千，西止百，
左青龙，右白虎，前/朱雀，后玄武，内方勾陈，外掌四域。丘丞墓伯，
冢中两千石，封步界畔/。道路将军，墓门亭长，收付河伯。今以牲牢
礼币甘针（珍）食百味香杂/，共为信契。财地交付，工匠修营安厝。
已后永保吉昌化。知见/人：岁月主者；保人：将军今日直符。故气邪
精，不得干扰。先有/居者，不干主人内外之事。今使主人，内外存亡
得安稳。急急/如律令。五帝使者女青诏书律令。

江西 18　乾道元年（1165）钱五十四秀才地券[②]

该券 1986 年出土于临川，墓葬形制不详。共出有堆塑罐 2。地券大
小不详，石质；阴刻，楷书。部分文字已无法辨识。

释文如下：

皇宋乾道元年□岁，二月一日丙午朔，即有抚州临川县积善乡，
□□□□□□亡人钱五十四秀才，行年四十九岁。暂□□□，路遇仙
人，赐酒而死。今用币九千贯□甲山坤向地一方，其地东止甲乙，南止
丙丁，西止庚辛，北止壬癸，四止内不许外人侵占☐/。

① 刘礼纯、周春香：《江西瑞昌发现南宋纪年墓》，《考古》1991 年第 1 期。
② 陈定荣：《南宋立鸟龙虎人物堆塑瓶》，《文物》1990 年第 9 期。

江西 19　淳熙二年（1175）秦秘校地券①

该券 1985 年出土于临川县，墓葬情况不详。地券呈长方形，石质；长 36、宽 31 厘米；楷书，17 行。

释文如下：

维大宋国江南西路抚州临川县城内兴鲁坊寄居宝应寺千佛院秦秘校，昨于淳熙元年岁次甲午十二月十四日瞑坐而逝，享年四十。龟筮叶从，相地袭吉。宜于次年乙未十一月戊午二十五日壬申，葬于临川县灵台乡十三都地名小谈源。用钱九万九千九百九十九贯，五彩信币，诣五土冥王、开皇地主司，买得阴地一穴。坐巽山乾亥向，安厝宅兆。东止青龙，西止白虎，南止朱雀，北止玄武，上止青天，下止黄泉。中为亡人万年冢宅。内方勾陈，分掌四域。丘丞墓伯，封步界畔。道路将军，齐整阡陌。千秋永岁，悉无殃咎。四止之内，或有神祇。泊前亡后化，不等妄有争占，惊动亡人。若辄干犯，呵禁将军亭长，收付河伯。财地交相分付，工匠修营安厝。已后山水朝迎，子孙昌炽，永保休吉。见人：张坚固；保人：李定度；书人：天官道士。故炁邪精，不得忤怪。先有居者，远去万里。若违此约，地符主吏，自当其祸。孝宅内外，同皆安吉。急急如律令。

江西 20　淳熙六年（1179 年）佚名地券②

该券 1988 年出土于高安一座长方形券顶砖室墓中，地券位于墓室南端。共出有：陶质四神 4、陶仓 1、堆塑陶瓶 1、铜钱若干，散在墓室各处、"酆都罗山拔苦超生镇鬼真形"碑 1。地券呈长方形，陶质；长 33.2、宽 29 厘米；楷书，13 行。大部分文字已无法辨识。

释文如下：

维皇宋淳熙六年岁次己亥九月 ⟨/⟩ 昨在家□染患， ⟨/⟩ 六年 ⟨/⟩

---

① 陈柏泉：《江西出土墓志选编》，第 559 页。
② 陈行一、肖锦秀：《江西高安县发现南宋淳熙六年墓》，《考古》1994 年第 2 期。

江西 21　淳熙十二年（1185）胡氏二娘地券①

该券 1973 年出土于金溪县，墓葬情况不详。地券呈长方形，砖质；长 36、宽 42 厘米；楷书，14 行。

释文如下：

维皇宋淳熙十二年四月二十三日□□□□□，抚州金溪县顺德乡二十七都樵□保殁故胡氏二娘，享年六十六岁。因去南山采药，忽逢仙人，赐酒一杯。生居火宅，死入泉台。今用钱二万二千贯，就开皇地主边，买得阴地一穴，东止甲乙青龙，南止丙丁朱雀，西止庚辛白虎，上止青天，下止黄泉，中□系亡人万年冢宅。千年万岁，荫益子孙。□下不得有人争占，如有人争占，□□即你亡人执此券，投东岳庙君作主，先斩后奏。地主张坚固、李定度；保人：丘丞墓伯；书人：天上□□□。急急如律令。太上敕下。

江西 22　淳熙十五年（1188）曾三十七地券②

该券 1975 年出土于新干县，墓葬情况不详。地券呈长方形，石质；长 100、宽 63 厘米；楷书，18 行。

释文如下：

维皇宋淳熙十五年岁次戊申十一月一日壬辰朔二十八日己未，有江南西道林将军新淦县安国乡西归里四十六都界步市大桥巷街被居住殁故曾公三十七承事。庚申建生，享年七十有四。有癸卯岁淳熙十年四月初七日，运应灭度，身辞人世。切以生处阎浮，死安兆宅。谨报龟筮，相地袭吉，宜于本县本里雷家岗之原安厝。谨用钱帛万万贯匹，五彩信币酒脯牲牢等，丈凭蒿里父老与神卿士官，就于皇天父邑社主边，买得艮山行龙震山落穴作庚向阴地一穴，左止青龙，右止白虎，前止朱雀，后止玄武，内方勾陈，上下四国，各封半为界。近修茔安厝，已后永作千年山宅，百世坟灵。子孙昌盛，富贵荣华，存完安吉。此地如有不正故炁邪精，妄敢干犯，即仰地券主同道路将军，收付河伯，行令永沉苦海

①　陈柏泉：《江西出土墓志选编》，第 560 页。
②　同上书，第 560—561 页。

者。须至戒曰：宅兆之阳，管在□箱。道路将军，永保安康。如违命约，万里之殃。何神不仗，何鬼不藏。仗斯秘语，化气灵光。今准奉太上五帝女青，急急如律令。卖地人：岁月主；保见人：直符；书契人：功曹；执契人：主簿。

江西 23　绍熙元年（1190）胡氏地券①

该券 1977 年出土于丰城县，墓葬情况不详。地券呈长方形，石质；长 73、宽 42 厘米；楷书，21 行。

释文如下：

维宋绍熙元年岁在庚戌正月丙辰朔十八日癸酉，孝孙管颖实等，谨衔哀昭告于兹山之神曰：顾维此地山□乾亥，向则午丙，穴入于□水朝子坤，四顾回旋，吉□临照，不卜其佳可知。已□先祖考，以乾道九年十□月壬申，归兆于此，已十有三年矣。今先祖妣胡氏□□，忽于淳熙乙巳冬十一月二十有七日以疾终，□□寿甫六十有七。兹奉祖妣之枢而附窆焉。更祝□山之精，地之祇，凡左右前后之灵神，各奠厥位，悉□卫于四隅，毋妄有惊扰。□亡者安静于此，而垂庆□于后昆，永永无疆。则春秋祭祀，神其与之。谨告。

江西 24　绍熙元年（1190）李氏地券②

该券 1980 年出土于清江县（今樟树市），墓葬情况不详。地券呈长方形，石质；长 55、宽 39 厘米；楷书，10 行。

释文如下：

维皇宋绍熙元年九月壬子朔二十有二日癸酉，临江军清江县修德乡荷湖里杜叔义、叔礼、叔智、叔信等，以母亲李氏，享年八十有六，于先年十月庚子日终于寝。卜葬于崇德乡青郭之原。存日买得清江镇李通议户之产，栽殖峦林。迁左乾亥山巽向，面揖阁皂张葛仙峰，左顾新城，右接武陵，后倚乎十万洲之境，山奇水秀。参详乎前贤阴阳地理之书，罔不协吉。永葬于斯，唯神护之。有诸干犯，唯神恕之。亡人其

① 陈柏泉：《江西出土墓志选编》，第 562 页。
② 同上书，第 562—563 页。

安，子孙其昌。神之与祭，久而不妄。

江西 25　庆元三年（1197）姚晖地券①

该券 1998 年出土于安福，墓葬情况不详。地券呈长方形，青石质。长 55、宽 35、厚 2 厘米；楷书。

释文如下：

维皇宋庆元三年岁次丁巳九月一日辛丑越二十有一日辛酉，大宋国江南西道吉州安福县东朝真坊街东居住即有宋故姚公二承事：尊灵名晖，享春秋七十有二。不幸於庆元二年岁次丙辰三月二十七日身终世，寿奄泉台。自后径准青鸟法式，陈白鹤龟仪。备致钱禾五绿利仪镇信，就于本县东新乐乡五十五都地名长塘岗之源，皇天后地社邑住边，收买南山癸向兼子阴地一穴，将充宅北（?），其地东止甲乙青龙，南止丙丁朱雀，西止庚辛白虎，北止壬癸玄武，中止戊己勿陈，分掌四域。将军太岁，齐整阡陌。千秋百岁，子子孙孙，承无殃咎。邪精故炁，不得妄有干犯，稍若不遵，定当收付。太上女青区分律令施行者券。见人：岁主者；保人：月直府；书人：日功曹；读人：时主薄。

江西 26　庆元四年（1198）朱济南地券②

该券 1985 年出土于临川县双穴砖室合葬墓中。共出有金饰物 4、水晶饰物 7、其他饰物 11、张坚固俑 1、李定度俑 1、张仙人俑 2、王公俑 1、王母俑 2、指路俑 1、引路俑 2、童子俑 3、髻带俑 1、带兽俑 1、风帽俑 1、青龙俑 2、白虎俑 2、朱雀俑 1、玄武俑 2、仰观俑 2、伏听俑 2、十二时俑 20、鸡俑 2、犬俑 2、另有"东□□□"、"南□"、"中□"、"□礼□长"、"□□守□神"等题记俑，形如张坚固俑。瓷堆塑罐两对、瓷罐 2、瓷粉盒 1、陶罐 1、玉桃 1、铜笔架 1、石砚 1、铜镜 2、箍线板 1、墓碑 1。地券呈长方形，石质；额称：宋故知郡朝请朱公地券，两行；高 58、宽 40 厘米；楷书，17 行。

释文如下：

---

① 刁山景：《安福发现宋代地券》，《南方文物》1998 年第 4 期。
② 陈定荣、徐建昌：《江西临川县宋墓》，《考古》1988 年第 4 期。

维大宋国江南西路抚州临川县左界具庆坊居住/故知军朝请朱公，于庆元三年岁次丁巳五月初三/日，以疾卒于正寝，享年五十八岁。龟筮协从，相地袭/吉。宜于四年九月二十五日庚申，卜葬于本县静安/乡三十八都，土名上幕之原。用钱九万九千九百九十/九贯文，五彩信币，诣五土冥王、开皇地主司，买得阴地/一段。壬亥山丙向，安厝宅兆。东止青龙，西止白虎，南/止朱雀，北止玄武，上止青天，下止黄泉。中为亡人万/年冢宅。内方勾陈，分掌四域。丘丞墓伯，封步界畔。道/路将军，齐整阡陌。千秋永岁，悉无殃咎。四至之内，或/有古迹神坛，前亡后化，不等妄有争占，惊动亡人。若/辄干犯呵禁者，将军亭长收付河伯。财地相交分付，/工匠修营安厝。已后山水朝迎，子孙昌炽，永保休吉/。知见人：张坚固；保人：李定度；书人：天官道士。故炁/邪精，不得忤怪。先有居者，速去万里。若违此约，地符主/吏，自当其祸。孝宅内外存亡，同皆安吉。急急如/太上律令。敕。

江西 27　庆元五年（1199）万三十地券①

该券出土于瑞昌一座竖穴土坑墓中，地券位于棺床南端。共出有陶罐、陶碗各 1 件。地券呈长方形，青石质；额题：墓致，1 行；长 41、宽 31.5、厚 1.5 厘米；地券文字从右向左书写，楷书，11 行。

释文如下：

维皇宋大宋国江南西路江州瑞昌县安太乡/洪阳社章湖保，岁次庆元五年三月二十八庚/申日，殁故亡人万三十承事，享年五十五岁。命/归黄泉蒿里，斩草住宅。今用黄铜钱九万/九千九百九十九贯九文九分九厘九毫，收买此地一亩/，土名□樵垅，左止青龙，右止白虎，前止朱雀，后止/玄武，上止天苍，下止皇（黄）泉，为界上有四止分明，收买/此地与前件亡人作山宅，其分当且为当人土地，普外神不得侵占地里人。张坚固，李定度，四神祈此。为有外神，速将/文契投皇帝理直。太上奉行急急如律令。敕。

---

①　刘礼纯：《江西瑞昌县发现七座北宋纪年墓》，《考古》1992 年第 4 期。

江西28　庆元五年 (1199) 万三七郎、邵氏令五娘地券①

该券出土于瑞昌一座竖穴土坑墓中,地券位于棺床南端。共出有陶罐1。地券呈长方形,石质;额称:墓致,1行;长40、宽30.5、厚1厘米;楷书,11行。

释文如下:

维皇宋大宋国江南西路江州瑞昌县安太/乡洪阳社章湖保,岁次庆元五年三月/二十八庚申日,有殁故亡人万三七郎,享年二十六岁,并/亡妻邵氏令五娘,享年三十岁,命归黄泉/蒿里,斩草住山宅。今用黄铜钱九万九千/九百九十九贯九文九分买此地一穴,土名樏垅坎,山落申水入明堂,左止青龙,右止白虎/,前止朱雀,后止玄武,上止天苍,下止地户,为界/四止分明,此地与前件亡人作山宅,其系当日/交与当处土地,外神不得侵地里人。张坚故 (固),李定/度,四定祈为。外神侵速,将照会太上奉行。急急如律令。敕。

江西29　庆元五年 (1199) 彭氏念一娘地券②

该券1961年出土于分宜县一座竖穴土坑墓中。共出有瓷皈依瓶1对,铜镜1件,铜钱12枚。文吏俑1、套衣俑1、揖拜俑1、鸡俑2、狗俑2。地券呈正方形,砖质;边长29.3厘米;朱书,楷书,21行。

释文如下:

维皇宋庆元五年十一月己丑朔二十八日丙辰,江西袁州分宜县郭富寿坊居住故孺人彭氏念一娘,行年五十一岁,身辞人世,命奄黄泉。今将不禾酒物于地主张坚固处,买得本县化全乡德全里地名长圹村,申山艮寅向,受地一穴,东至甲乙青龙,南至丙丁朱雀,西至庚辛白虎,上至青天。下至黄泉,方阅一百二十步,与亡人永为山宅,千年不动,万年不移。所有亡人衣木,万年粮食等,并是生存置得。切虑地中或有五方无道鬼神,妄有侵占。奉太上老君敕给地券一所,与亡人冥中自执为

---

① 刘礼纯:《江西瑞昌县发现七座北宋纪年墓》,《考古》1992年第4期。

② 彭适凡、刘玲:《江西分宜和永丰出土的宋俑》,《考古》1964年第2期;陈柏泉:《江西出土墓志选编》,第564—565页。

照。如有此色，即仰立圹太神收押赴蒿里所司，准太上老君敕斩之。急急如律令。卖地人：张坚固；牙保人：李定度；书券人：功曹；读券人：主簿；时见人：东王公、西王母。受地亡人：彭氏念一娘。

江西30　嘉泰元年（1201）叶九地券①

该券1973年出土于宜黄县一座石室墓中，地券位于墓葬前室。共出有瓷碗4、瓷瓡依瓶1对。地券呈正方形，石质；额题：故叶九承事地券，1行；边长35厘米；地券文字从左向右书写，楷书，13行。

释文如下：

维皇宋嘉泰元年岁次辛酉六月己卯朔越六日甲申，抚州宣黄县仙贵乡上丰里先溪中□殁故叶九承事，享年□十一。为身□□，用银钱三千六百贯，就此开皇地主，买得阴地一穴，□山丁向，元辰水□巽庚辛长流。保人：张坚固；证人：李定度；书人：功曹；读人：传送。东至甲乙，南至丙丁，西至庚辛，北至壬癸，四至内，亡人永为万年金陇。魍魉邪神，不得争占。如违者，律令施行。

江西31　嘉泰三年（1203）温氏九孺人地券②

该券1990年出土于新余市一座砖室墓中。墓葬早年被破坏，共出有瓷瓡依瓶1。地券呈长方形，青石质，长59、宽45厘米，额题：故贤淑温氏九孺人地券，楷书，1行。

释文如下：

维皇宋嘉泰三年岁次癸亥九月一日丙寅朔，即有江南西路临江军新喻县擢秀乡善政里没故太原温氏九孺人，享年五十四岁。不幸于庆元三年九月初五日辞世，于嘉泰三年九月二十日乙酉安葬。谨请白鹤仙人相地，青乌子择吉凶，宜于本乡土名聂家山，用钱九万九千九百九十九贯九百九十九文，为东王公、西王母买得地一穴，作坤申山寅甲向，水归结流。东止甲乙青龙，南止丙丁朱雀，西至庚辛白兽，北至壬癸玄武，

① 李家和：《介绍江西宋墓出土的几件宋代瓷器》，《文物》1976年第6期；陈柏泉：《江西出土墓志选编》，第565—566页。
② 李小平：《新余市渝水区发现南宋纪年墓》，《南方文物》1993年第1期。

上止青天，下止黄泉。于中二百二十步将与温氏作千年寿地。道踏将军，齐整阡陌。千年已去，永无殃咎。子口卯酉，官禄长久。寅申己亥，资财不退。辰戌丑未，君家富贵。男女昌炽，年登百岁。故愿（气）邪精，不得干犯。先有君（居）者，永避万里。若为此约，故有干犯，仰将军令长执此契券收付大上案前处斩。谁为书？水中鱼；谁为读？高山禄。鱼禄一去永不回。安葬之后，内外存亡，平皆安泰，急如太上律令。买地：温氏九孺人；交钱人：东方朔；保见人：张坚固；引至人：李定庆（度）。

江西 32　嘉泰四年（1204）周必大地券①

该券 1982 年出土于吉安市，墓葬情况不详。地券呈长方形，石质；额题：宋少傅大观文益国公赠太师地券，1 行；长 200、宽 100 厘米；楷书，14 行。

释文如下：

青乌子曰：按鬼律云，葬不斩草、买地、立券，谓之盗葬。乃作券文曰：维皇宋嘉泰四年岁在甲子十一月己未朔十四日壬申吉，孤哀子周纶，伏为先考少傅大观文益国公赠太师，生于靖康丙午七月十五日，薨于今年十月初一日。卜以是冬十二年（月）丙申而安厝之。龟筮协从，厥州惟吉。维厥县庐陵乡曰儒林原曰斗岗，以西兑山甲卯向为之宅兆。谨以冥货极九阳之数，币帛依五方三色，就于后土阴官鬻地一区。东止青龙，西抵白虎，南极朱雀，北拒玄武。内方勾陈，分治五土。彼疆此界，有截其所。神禹所步，竖亥所度。丘丞墓伯，禁切呵护。驱彼罔象，投畀凶虎。弗迷兽异，莫予敢侮。千龄亿年，永无灾苦。敢有干犯，神弗置汝幽堂，亭长收付地下，主者必罚无赦。乃命子墨客卿为真真宅。天光下临，帝德上载。藏神合朔，神迎鬼避。涂车刍灵，是为器使。夔灵魑魅，莫能逢旃。妥亡佑存，妄有不祥。子子孙孙，克炽克昌。山灵地神，实闻此言。谓予不信，有如皦日。梅仙真时在旁知。急急如太上女青诏书律令。敕。急急如律令。敕。太上灵符，镇安幽宅；神魂有归，子孙永吉；邪精斥逐，蛇鼠徙迹。

---

① 陈柏泉：《江西出土墓志选编》，第 566—567 页。

江西 33　嘉定四年（1211）周氏地券①

该券 1965 年出土于清江县（今樟树市）一座单室砖室墓中。共出有瓷皈依瓶两对、瓷盏 1、瓷粉盒 1、石砚 1、铜镜 2、铜钱 113 枚。地券呈长方形，石质；额称：有宋周氏地券，1 行；长 40、宽 32.5 厘米；地券文字从右向左书写，楷书，14 行。

释文如下：

维皇宋嘉定四年岁次辛未十/一月己酉朔越十有一日己未，夫王德/秀谨告于本里灵槎山之东黄家旧/宅园之神：亡室周氏，生于绍兴己巳之/十一月，卒于嘉定四年之正月。今择兹/土，营建幽宅。其地西兑山，行龙坐癸向/丁。前有方池，水光如镜。横小洲以为案/，隔案之外，复有槎溪港。弓城之水左右/，山势回环拥顾。龟筮协从，谓为吉壤。切/惟兴役动土，斩草伐木，此固人所得，而/杜绝所得而防闲。至于魑魅魍魉，邪崇/妖恠，非人所能止戢，所能诛殛。敢丐明/神，自今以往，守护此山，呵禁不祥，非唯/存没受赐，乃所以彰神之休德。谨券。

江西 34　嘉定九年（1216）李念四地券②

该券出土于瑞昌一座长方形砖室墓中。墓葬上部被破坏，共出有釉陶罐 4、陶碗 1。地券呈长方形，青石质；额题：李君承事地券，1 行；长 36、宽 26.4、厚 0.7 厘米；地券文字从右向左书，楷书，10 行。

释文如下：

大宋国江南西路江州瑞昌县归义乡/瑞兴社太平保天王塘有新李/念四承事，生居天堂，死葬泉宅。今/踏自己地内迁坟一穴，系乾山行龙/坐亥已向，先用银钱一万贯先通/闻山岗龙王、当境土地，在前今/选丙□□成甲寅朔月有壬年安/葬。居山□，奉太上唐老之子/敕令，□写地券与李君承事为照者。/今奉敕□，急急如律令。丙子嘉定九年三月二十九安葬乞。

---

①　薛尧：《江西南城、清江和永修的宋墓》，《考古》1965 年第 11 期。
②　刘礼纯：《江西瑞昌县发现七座北宋纪年墓》，《考古》1992 年第 4 期。

江西35　嘉定十七年（1224）杨氏地券①

该券1980年出土于清江县（今樟树市），墓葬情况不详。地券呈长方形，石质；长29.5、宽22.5厘米；楷书，12行。

释文如下：

维皇宋嘉定十七岁年次甲申十二月癸巳朔十七日己酉，孤袁（哀）子聂应麟谨泣血以告于曲水溪山神而言曰：吾母之生也，长我鞠我。吾母之死也，必当择吉地而安厝焉。然宅兆兴工，不无触犯之虞，惟阴嘿容界之。其地乃曲水之原，行龙自坎过龙与艮，坐寅甲作穴，以庚为向。四山围绕，一水环抱。使葬之后，魑魅魍魉，咆虓于左右。牛鬼蛇神，毋得陆梁于前后。神既有以护卫，灵则得以安妥。春秋二祀，益当报其无穷之休焉。谨券。

江西36　宝庆三年（1227）王德秀地券②

该券1965年出土于清江县（今樟树市）一座单室砖室墓中，但以合墓的形式与另一单室砖室墓连在一起。随葬品周氏地券。地券呈长方形，石质；额称：有宋王公宣义地券，1行；长84、宽49厘米；地券从右向左书写，楷书，20行。

释文如下：

维皇宋宝庆三年岁次丁亥九月丁丑朔越二十一日丁酉。孤/袁（哀）子王晟、道昌、昱、昺，敢昭告于灵槎山之东黄家旧宅园之神/：晟等昔观汉之夏侯婴，尝驾至东都门，马蹄地不前，使人掘地得/石椁，书之曰："佳城郁郁，公居此室。"婴叹曰："天乎，吾死其安此乎。"因/是而知人之归封，皆有定所，非偶然者。我先考百七宣义，存日讳德秀，字秀洪，于嘉定辛未年，亲择兹土，营/建幽宅。已于是年十一月吉日，奉我先妣周氏孺人灵柩，安/厝于旁。尝曰："乐哉斯丘，我死，其同归焉。"其地自西兑山来龙摆拨/起伏，有骨有脉，坐癸向丁，前有池水，清澈如镜。横小洲以为案，案/之外复绕以槎溪。弓城之水，明

---

① 陈柏泉：《江西出土墓志选编》，第568—569页。
② 薛尧：《江西南城、清江和永修的宋墓》，《考古》1965年第11期。

堂广阔，万马可容。左右山势回环/拥顾，阴阳家云，是为吉壤。我先考生于绍兴壬申九月九日，殁/于宝庆丙戌九月朔日，享年七十有五。今龟筮协从，晟等谨遵治/命，奉先考之枢而合葬焉。窃惟先考平日勤谨谦和，雍容/儒雅，事亲以孝，接物以仁，乡里称为善士。今考终，永新令尹张公/洽为志其墓，善言善行备见乎辞；制帅李公鼎为书其碑，宫使汤公璹为题其额，皆所以表我先考为人之贤也。谅神亦知之/素矣。自今以往，惟冀黄家旧宅园土地之神，与夫山伯土君/，四围神将，常切守护，而呵禁其不祥，使我考妣二灵得以安休/于此。以利子孙，则春秋祭祀，神亦与飨之。永永无穷，亦以彰/神之休德云。谨券。

江西 37　绍定二年（1229）舒氏地券①

该券 1987 年出土于进贤县，墓葬情况不详。地券呈长方形，石质；长 31、宽 68 厘米；楷书，13 行。

释文如下：

维皇宋绍定二年十月己酉望越十二日辛酉，孝男吴点，今先妣卜葬于住宅之西，以无筹币缗，就后土富媪，买宅一区为之安葬之地。左抵青龙，右抵白虎，前抵朱雀，后抵玄武。此疆彼界，永截其所。神禹所度，竖亥所步。丘丞墓伯，禁切呵护。安妥亡灵，千秋百岁。魑魅魍魉，各宜相避。敢有干犯，收付地下。主者按罪，罚弗及赦。命石丈人、子墨客卿，永为真宅。天光下临，地德上载。来龙向狩，亦闻此言。谓予不信，有如皦日。梅子真在旁知状。急急如律令。

江西 38　绍定五年（1232）曾氏太君地券②

该券 1985 年出土于进贤县，墓葬情况不详。地券呈长方形，石质；长 61、宽 34 厘米；楷书，18 行。

释文如下：

维皇宋江南西路隆兴府进贤县归仁乡文岭里，危仁杰将安葬亡室太君曾氏既有日矣。青乌子进曰：按鬼谷律云，葬不买地，名曰盗葬。乃

---

① 陈柏泉：《江西出土墓志选编》，第 570—571 页。
② 同上书，第 571—572 页。

立券文曰:亡室同邑樟树牌,生于淳熙乙巳二月二十三日辰时,以嘉泰癸亥岁归于我。绍定壬辰十一月初二日巳时卒,年四十有八。男一人:高,娶熊氏。女:乙娘,适池陂李梦发。孙男一人:计安。女孙一人:卯娘。以今年十二月甲申葬。问于蓍龟,蓍龟协吉。其地在本县东归仁乡□田之原。谨荐诚为币,秉心为缗,就后土富媪,买地一区。艮山来龙,亥山出面,坐壬向丙。东抵青龙,南止朱雀,西至白虎,北距玄武。此疆尔界,有截有所。神禹所度,竖亥所步。丘丞墓伯,禁切呵护。驱彼罔象,投畀豺虎。弗迷之兽,莫予敢侮。千龄亿载,长无灾苦。敢有干予,神弗置汝幽堂,亭长收付地下。主者按罪罚,弗敢云赦。乃命翰林主人,子墨客卿,合为左券。其财与地,交相授受。先有居者,当避来者。亡室居之永为真宅。天光下临,地德上载。藏神合朔,神迎鬼避。涂车刍灵,是驾是使。魑魅魍魉,莫能逢斿。妥亡佑存,罔有不祥。山灵媪神,实闻此言。急急如律令。寻山定穴李淳风先生、郭璞仙人、白鹤仙人、张坚固、李定度。

江西 39　嘉熙元年(1237)李氏地券[①]

该券 1953 年出土于余干县,墓葬情况不详。地券呈方形,砖质;边长 31 厘米;楷书,16 行。

释文如下:

维大宋嘉熙元年岁次丁酉五月初十日。开封府祥符县赵必性,以先考提举吏部乳母李氏,于三月二十一日殁故。龟筮胁(协)从,相地惟[吉],□于□□余干县□市之□山,为□□□□□。用钱九万九千九百九十九贯文,兼□□□□□一段。西止青龙,东止白虎。北止朱雀,南止玄武,内方勾陈,分掌四域。丘丞墓伯,封步界畔。道路将军,齐整阡陌,千秋万岁,永无殃咎。若辄干犯呵禁,将军亭长,收付河伯。今以牲牢酒饭,百味香新,共为信誓,财地交相分付,工匠修茔安厝。已后永保休吉。见人:岁月主;保人:今日直符。故气邪精,不得干犯。先有居者,永避万里。若[违]此约,地府□□□□□□□。内外存亡,悉皆安吉。急急如五帝主者女青律令。

---

①　陈柏泉:《江西出土墓志选编》,第 572—573 页。

江西 40　嘉熙四年（1230）曹氏地券①

该券 1965 年出土于江西永修，双室合葬砖室墓中。共出有瓷皈依瓶 1 对、瓷粉罐 1、石砚 1、铜镜 2、银匙 1、银筷 1 双、银耳挖 1、银簪 1、墓志 1。地券呈正方形，青砖质；边长 31 厘米，厚 3 厘米；地券内容已全不可识。

江西 41　淳祐十年（1250）郑静阅地券②

该券 1954 年出土于清江县（今樟树市），墓葬形制不详。共出有皈依瓶 1 对、鼎形香炉 1、陶仓 1、陶灯盏 1。地券呈长方形，石质；长 57、宽 44 厘米；楷书，17 行。

释文如下：

维皇宋淳祐庚戌九月朔越十有九日壬午，孤子郑文达、文端、文昌，谨奉先考君静阅居士灵柩，岁于同里檀溪边朴木边。用昭告于兹山之神曰：山圩水国，隐者终乎。生以徜徉朴木边，一泓澄清，群峰耸奇。先君乃得寄傲此境，结屋于肖爽处，鸥鹭赏心，虎豹远迹。越十年，堕云山游已遍之笔，终于正寝，停柩已三阅秋风。一生林壑兴想幽冥间，终始在焉。议卜佳城，未有不曰宜于此者。有龙腾综自西兑，起伏六七里，下枕溪流，坐乾向巽，峰峦后先，水挹贪狼，泓停卯甲，迤逦归丑艮东流，皆协吉卜也。先君魂魄衣冠，万古安之。若夫扞不若，呵禁不祥，惟尔神之力是赖。庆流后裔，扶植道德，门而广大焉。春秋祭祀与飨。谨券。

江西 42　淳祐十二年（1252）查曾九地券③

该券 1973 年出土于景德镇市，墓葬情况不详。地券呈长方形，石质；长 42、宽 35 厘米；楷书，10 行。

释文如下：

---

① 薛尧：《江西南城、清江和永修的宋墓》，《考古》1965 年第 11 期。
② 何国维：《江西省考古工作的概况》，《考古通讯》1955 年第 3 期；陈柏泉：《江西出土墓志选编》，第 573—574 页。
③ 陈柏泉：《江西出土墓志选编》，第 574 页。

皇宋淳祐十二年岁次壬子七月癸未朔初五日。殁故查公曾九朝奉，用钱九万九千九百九十九贯九百九十九文，就皇天父台土母社稷主立契。买得饶州浮梁县福西上义都，土名大潮平烟竹坞地，作阴宅安厝。其地亥山巳向。东至甲乙，南至丙丁，西至庚辛，北至壬癸，上至青天，下至黄泉，界至分明，钱□两相分付讫。见人：年神；保人：月将；书契：功曹；印契：主簿。归葬之后，千年安吉，荫益子孙。如有精邪，远避千里，不得干犯。急急如律令。

江西 43　淳祐十二年（1252）余六贡士地券①

该券 1957 年出土于南昌，墓葬情况不详。地券呈长方形，石质；长 49、宽 33 厘米；楷书，9 行。

释文如下：

维皇宋淳祐十二年太岁壬子十二月辛亥朔越十日庚申，孤哀子余正子，敢告于墓岗之神曰：正子世有此土，今得吉卜，奉先考六贡士灵柩，合葬于先妣邹氏孺人茔域。坐乾向巳，左山右水，实为吉藏，神其相之。魑魅魍魉，凭陵幽宫，豺狼狐兔，跳梁墓道，神其殛之，以安先灵。春秋祭祀，神预飨焉。苟越是盟，有如此石。敢告。

江西 44　宝祐二年（1254）张重四地券②

该券 1986 年出土于吉水一座长方形券顶砖室墓中。共出有瓷盘 2、瓷碗 1、瓷盏 2、三彩枕 1、玉带钩 1、铜镜 1、三足铜盘 1、铜香熏 1。地券呈长方形，青石质；额题：有宋张君重四地券，两行；长 68，宽 35 厘米；地券文字从右向左书写楷书，正文 16 行。中有符篆一行。

释文如下：

青乌子曰，按鬼律云，葬不斩草、买地、立券，谓之曰盗葬。乃作券文曰：维/皇宋宝祐二年，岁在甲寅十二月己巳朔越十二日庚辰，孤哀子张叔子伏为/先考重四宣义，生于绍熙庚戌九月十有八日，终于嘉熙丁酉十一月二十七日。以庚子岁/闰月朔，葬于卢陵县膏泽乡汪塘原。

---

① 陈柏泉：《江西出土墓志选编》，第 575 页。
② 陈定荣：《江西吉水纪年宋墓出土文物》，《文物》1987 年第 2 期。

今卜此吉日动土斩草，以是月十七日乙酉改葬而安/厝之。曰吉川县，曰吉水乡，曰中鹄原，曰洞源太平山，即壬亥山乙丙向为之宅/兆。谨以冥货极九九之数，币帛依五方之色，就于后土阴官鬻地一区。东止青龙，西抵/白虎，南极朱雀，北拒玄武。内方勾陈，分治五土。彼疆[四]界，有截其所。神禹所度，竖亥所步。丘/丞墓伯，禁切呵护。驱彼罔象，投畀凶虎。弗迷兽异，莫予敢侮。千龄亿年，永无灾苦。敢有干犯/，神弗置汝幽堂，亭长收付地下，主者按罪，弗敢云赦。乃命翰林主人、子墨客卿为作券文。亡/灵允执，永镇幽宅。天光下临，帝德上载。藏神合朔，神迎鬼避。涂车刍灵，是为器使。夔灵/魑魅，莫敢逢游。妥亡佑存，□有不祥。子子孙孙，克炽克昌。山灵地神，实闻此言。谓予不信，有/如皦日。梅仙真时在旁知。急急如太上女青诏书律令。敕。/太上灵符，镇安幽宅。亡灵永吉，子孙昌炽。邪精伏藏，蛇鼠遁迹。急急如律令。敕。/玉女地券神咒：/太乙金璋，灵□□光，六丁左侍，六甲右傍，青龙拱卫，白虎趋锵。朱雀正视，玄武当堂。川原吉/水，善应兄岁，五方五煞，不得飞扬。今奉太上玉女神祕券咒急急如律令。敕。

江西 45　宝祐六年（1258）李孺人齐氏券①

该券出土于瑞昌一座长方形砖室墓中，地券位于墓室北端。共出有釉陶罐 1。地券呈长方形，青石质；额题：有宋李孺人齐氏券，1 行；长 31.2、宽 24.5、厚 0.6 厘米；地券文字从右向左书写，楷书，10 行。

释文如下：

伏自太极初分，二仪乃立，人居其内，是日三才既因/造化而生，示因造化而死。今有江州瑞昌县市西/政福坊居住殁故李孺人齐氏，存日元命，庚子建/生，享年七十九，成不幸顺辞人世。今用价以立契/买到本县宅下弟一都立□天王堂之原吉地/一殷，安葬其地。左有青龙，右有白虎，前有朱雀/，后有玄武，上有天皇，下有地宿，上按二十八宿之周旋，下三十八将之郓赌。面益儿孙，家门昌成，活业/兴隆。应

---

① 刘礼纯：《江西瑞昌县发现七座北宋纪年墓》，《考古》1992 年第 4 期。

有一切伏尸，左墓右器，不得妄有侵犯，如/□。依□□太上安买法律施行。

江西 46　景定元年（1260）王百四地券①

该券1982年出土于峡江县，墓葬情况不详。地券呈长方形，石质；长67、宽46厘米；楷书，16行。

释文如下：

青乌子曰：按鬼律云，葬不斩草、买地、立券，谓之盗葬。乃作券文曰：维皇宋景定元年岁在庚申，乃八月丙申朔越念一日丙辰。孤子斗元，伏为先考王公百四秀才，生于嘉定己巳正月丁酉，殁于淳祐癸卯二月乙卯，已卜于是月甲寅日开山，今二十一日丙辰而安厝之，龟筮协从。军曰临江，县曰新淦，乡曰扬名，原曰西江之杧木坑，即坎山午向为之宅兆。谨以冥货极九九之数，币帛应五方之色，就于后土阴官，鬻地一区。东止青龙，西抵白虎，南极朱雀，北距玄武。内方勾陈，分治五土。彼疆此界，有截其所。神禹所度，竖亥所度。丘丞墓伯，禁切呵护。驱彼罔象，投畀凶虎。弗迷兽异，莫予敢侮。千载亿年，永无灾苦。敢有干犯，神弗置汝幽堂，亭长收付地下，主者按罪，弗敢云赦。乃命翰林主人，子墨客卿为作券文。亡灵允执，永镇幽宅。天光下临，地德上载。藏辰合朔，神迎鬼避。涂车刍灵，是为器使。夔灵魑魅，莫能逢游。妥亡佑存，罔有不祥。子子孙孙，俾炽俾昌。山灵地神，实闻此言。谓予不信，有如皦日。梅仙真时在旁知。急急如太上女青诏书律令。敕。太上灵符，镇安幽宅。亡灵永吉，子孙昌炽。邪精伏藏，蛇鼠□迹。急急如律令。敕。

江西 47　景定二年（1261）吴氏地券②

该券1987年出土于瑞昌，一座竖穴土坑墓中。共出有瓷罐1、瓷盖2、瓷盒1、铜镜1、玉簪1、银簪1、玉扇坠1。地券呈长方形，青砖质；长69.5、宽29、厚6厘米；地券文字从右向左书写，楷书，

---

① 陈柏泉：《江西出土墓志选编》，第575—576页。

② 刘礼纯、周春香：《瑞昌发现两座南宋纪年墓》，《南方文物》1989年第2期。

10 行。

释文如下：

维皇宋景定二年岁次辛酉十二月初二日庚寅，江南西路/江州瑞昌县金城乡三村社接泥中保寄居杨梦斗，伏为所生/母吴氏，元命戊辰年十月初六日丑时受生，不幸于今年四月/初三日辰时殁故。龟筮协从，相地惟吉。买券江州瑞昌县水宅/保刘师坑术坤山之原，宅兆安厝。谨用价钱九万九千九百九十/九贯五彩信币买地一段，东止白虎，西止青龙，南止玄武，北止朱雀/，内方勾陈，分掌四域，丘丞墓伯，封步疆界。道路将军，齐整阡陌。千秋/永无殃咎。若辄干犯诃禁，将军收捉。谨以酒饭香新为信誓。财地交相/分付，工匠修茔，朔无死，先有居者永保无咎。若违此约，亦□□/乃其祸，主人内外悉皆安。急急如五帝使者女青律令。敕见人：张坚固；□人：李定度。

江西48 咸淳八年（1272）黄氏地券[①]

该券 1983 年出土于瑞昌县一座竖穴土坑墓中，地券靠近南壁中部偏北处（墓室坐西北朝东南）。共出有瓷盒底 1、瓷罐 1、玻璃簪 1、铜镜 1、铜钱 4 枚。地券呈长方形，石质；高 36、宽 25 厘米；地券文字从右向左书写，单数行正写，双数行倒写，楷书，11 行。

释文如下：

维皇宋咸淳八年十月二十八日，本贯淮南西路安庆/府宿松县，今寄居将南西路江州瑞昌县金城乡三村/社接泥中保，礼部待省进士杨梦斗，以妻室黄氏殁故/。龟筮叶从，相地唯吉，宜于江州瑞昌县金城乡二十九/都，地名刘师坑之原为宅兆安厝。谨用钱九万九千九/百九十九贯文兼五彩信币买地一□。东止青龙，西止/白虎。南止朱雀，北止玄武，内方勾陈，分掌四域。丘丞墓/伯，谨肃界封。道路将军，齐整阡陌。若辄干犯诃禁，将军/、亭长，收付河伯。今以牲牢酒饭，共为信誓，财地交相分/付，工匠修营，永保无咎。若违此约，地府［主］吏，自当其祸/。主人内外存亡，悉皆安吉。急急如五帝主者女青律令。

① 瑞昌县博物馆：《江西瑞昌县李洋湖南宋墓》，《考古》1986 年第 11 期；陈柏泉：《江西出土墓志选编》，第 577 页。

江西 49　失纪年翟三郎地券①

该券 1989 年出土于瑞昌一座竖穴土坑墓中。共出有瓷碗 4、瓷壶 1、瓷盏 2。地券呈长方形，青石质；额提："乙酉日埋葬"和"长男长女、中男中女、小男小女"，两行；长 35、宽 29.2、厚 0.8 厘米；地券文字从右向左书写，楷书，13 行。

释文如下：

唯南善岁大宋国江州瑞昌县甘露乡白杨理田/南保七人翟三郎，五十九岁，属大唐皇帝、东皇公、西/皇母买前件地五亩，东止甲乙，南止丙丁，西止庚申，北止壬/癸，中止玄武所是。前件墓用钱九万九千贯，一时交与/当处土地主领纳。此立天地之后、日月之时，葬/埋以后，杯栢人登明，无人争夺□。今将分付七十二贤，张子/高、张坚固、李定度、合林君等，今日分付了，不干/亡人之事。证他东方朔、天地见。三灵、七耀、鹰鸟/不得共相呼（掠）夺。东不犯魅，西不犯恼（凶）神，南不犯阳，北/不犯阴，得功曹传送遥路，不得连类（累）主人之事。明堂上/对□神殡埋，亡人不犯众神，阳官无横祸，阴官两无灾/祸，出入行来善神庆贺。皇帝问：谁人书？水中鱼；谁人读？深山了，入深山。/鲤鱼书，了皇［黄］泉，地诏书。玄都急急如律令。

江西 50　失纪年佚名地券②

该券 1984 年出土于江西南丰县双室合葬砖室墓中，地券位于男室北端。共出有：瓷俑 82 件，集中在男室的壁龛内，其中老翁 1、妇人 1、侍俑若干、僧侣俑 2、武士俑 2、四方神俑四皆为兽首人身，十二时俑 12 亦兽首人身。仰俑 1、伏俑 1、鼠 1、鹿 1、鳖 1、兽首俑 1。鸡俑 1（下刻金鸡男室出）、犬俑 1（女室出下刻玉犬）。铜镜 2、石砚 2，大砚属男室，小砚属女室，瓷盏 2、陶灯盏 1、瓷水盂 1、铁鼎炉 1、银发笄 1、木梳 1、铜钱 30、铁剪 1。地券呈长方形，红砂石质；长 40.2、宽 35.4、厚 4 厘米；楷书。因地券被农民洗去作他用，大部分文字已

①　周春香、何国良：《江西瑞昌白杨镇宋墓》，《南方文物》1993 年第 4 期。
②　江西省文物工作队、南丰县博物馆：《江西南丰县桑田宋墓》，《考古》1988 年 4 期。

不可识别。

释文如下：

　　▢无▢过▢使吏□□如▢断谁为书神□▢书了保□为买。

四川1　开宝四年（971）魏训地券[①]

　　该券出土于成都，墓葬情况不详。地券呈碑形，白砂石质；通高61厘米，碑座底厚10厘米，碑宽49厘米，上宽38.2、高11厘米，半圆形碑帽，直径44、高13厘米；券文从左至右书写，楷书，13行。

释文如下：

维开宝肆年岁次辛未十二月癸亥朔十日壬申。今有邛州蒲江县蒲山乡归化里，殁故亡人魏训，今用钱九十九千九佰九十九贯文，于东王公、西王母边，买得前行墓田一段，周流一顷。下东至青龙，西至白虎，南至朱雀，北至玄武，上至青天，下至黄泉，四至分明。即日钱财分付天地神明了。保人：史坚固、李定度；知见人：东王公、西王母；书契上（人）：天上飞鸟；读契人是江中鱼。书契得了，鸟飞上天；读契了，鱼归大海。急急如律令。亡人魏训合同契。

四川2　天禧五年（1021）杨氏地券[②]

　　该券1994年出土于成都一座长方形单室砖墓中。共出有双耳罐5、瓷酒壶1、釉陶酒杯1、釉陶碗3、釉陶小碟2、釉陶省油灯2。地券呈长方形，石质；长42、宽36、厚3.5厘米。原报告只录出部分释文。

释文如下：

维天禧五年▢杨氏▢

四川3　乾兴元年（1022）何□地券[③]

　　该券1996年出土于成都一座长方形砖室墓中。共出有陶罐1、陶碗1。地券呈碑形，青石质；通高59.5厘米，碑座长42.5、高14厘米，

---

①　龙腾、李平：《蒲江发现后蜀李才和北宋魏训买地券》，《四川文物》1990年第2期。
②　郑伟：《五津镇宋代砖室墓清理小记》，《成都文物》1995年第1期。
③　龙腾：《蒲江县宋墓出土文物》，《成都文物》1997年第2期。

座底厚 11 厘米，碑帽半圆形，阴刻云纹与日、月图案；碑身宽 32、高 28 厘米，上部厚 3 厘米，下部厚 5 厘米；行书，12 行。

释文如下：

维乾兴元年岁次壬戌九月戊辰朔二十五日/壬辰，大宋国剑南西川邛州依政县升平乡归/厚里清信女弟子何□。行年六十五岁，六月生。/但女弟子生居尘境，长在阎浮，假四大以为/形，附阴阳而得体。五温之砲（?），浊世尘倾。所/以建营吉宅，增益寿年。谨用黄铜赤钱、五/彩杂信，就此东王父、西王母处买得延寿/一吉地一所。东至青沙，西至日没，南至幽都，北至/玄武，上至苍天，下至黄泉。一买之后，以山为界，/以海为边，悉属女弟子地界，诸神不得/侵犯。急急地下五帝律令。保见人：张坚/固、李定渡（度）、赤松子等知见。

四川 4　乾兴元年（1022）王仁明地券[①]

该券 1996 年出土于成都一座长方形砖室墓中。共出有陶罐 1、陶碗 1。地券呈碑形，青石质；通高 67.5 厘米，碑座长 44、高 17.5 厘米，座底厚 15 厘米，碑帽半圆形，宽 40、高 16.3、厚 3 厘米，雕刻云彩、日、月图案。碑身宽 31、高 29 厘米；行书，11 行。

释文如下：

维乾兴元年岁次壬戌九月戊辰朔二十/九日丙申。大宋国剑南西川邛州依政县/升平乡归厚里殁故亡人王仁明之灵。今用/自信钱九万九千九百九十九贯文，于东/王父、西王母处买得墓地一段。谨具肆至：东至青龙，西至白虎，南至朱雀，北/至玄武，四至分明。即日明前五并了。保/人是张坚固、李定渡（度）；知见人：/王乔、赤松子；读券人是金主簿；/交关人是鸟飞上天，读券深泉。/急急如律令。

四川 5　皇祐四年（1052）贝府君地券[②]

该券出土于成都一座长方形券顶砖室墓中，地券位于甬道。共出有

①　龙腾：《蒲江县宋墓出土文物》，《成都文物》1997 年第 2 期。

②　成都市文物考古所：《成都市成华区三圣乡花果树村宋墓发掘简报》，《成都考古发现 2001》，科学出版社 2003 年版。

双耳罐 1、真文碑 1。地券呈长方形，红砂石质；长 37.5、残宽 25、厚 2.3 厘米。楷书，9 行。因地券残损，部分文字不可识。

释文如下：

维皇祐四年岁次壬辰十一月壬寅朔/□日丙午。故贝府君地券。生居城邑，/死安宅兆。卜筮叶从，相地咸吉。宜于此华/阳县□□□之原□安厝。谨使信于买地，/□□□□东至青龙，西至白虎，南至朱雀，/北至玄武，［内］方勾陈，分掌四域。立丞□/□□□□□畔。道路将军，整齐□□/殃各安厝□/

四川 6　嘉祐七年（1062）田府君地券①

该券 1998 年出土于成都一座长方形双室砖墓中，地券位于棺台上，据封门墙不远处。共出有罐 3、砚 2、香台座 1、碗 1、擂钵 1 皆为陶制。红砂石座 1，炼度真文券 5、镇墓真文券 1、华盖宫文券 1、敕告文券 1。地券呈正方形，红砂石质；边长 39.7、厚 2.3 厘米；地券文字从左至右书写，楷书，13 行。

释文如下：

维嘉祐七年□□岁次八月乙亥朔二十二/日丙申，故田府君地券。生居城邑，死安/宅兆。卜筮叶从，相地咸吉。宜于此灵泉县/强宗乡之原安厝。□□买地，其界东/至青龙，西至白虎，南至朱雀，北至神武/，中方勾陈，分掌四域。丘丞墓伯，封步界畔/。道路将军，整齐阡陌。千秋万岁，永无［殃］/咎。安厝□□□□□□知见人：［金］主簿/□□持□□□故气邪精，不得忏□/□□□□□□□□违此约，分付地/［府］［主］吏，身□□□主人内外存亡安/吉。急急如［五］［帝］使者女青律令。

① 成都市文物研究所：《成都市龙泉驿区青龙村宋墓发掘简报》，《成都考古发现 1999》，科学出版社 2001 年版；成都市龙泉驿博物馆：《成都龙泉驿区出土的宋明石质买地券与镇墓券》，《考古与文物》（2002 年汉唐考古增刊）。

四川 7 嘉祐年间田氏地券①

1998 年出土于成都一座长方形双室砖墓中,与田府君为夫妻合葬墓,买地券位于棺台上。共出有敕告文券 1、华盖文券 1、真文券 5。地券呈长方形,红纱石质。地券残损严重,文字无法识别。

四川 8 嘉祐年间田世用地券②

该券出土于成都一座长方形单室券顶砖墓中,地券位于棺台前。共出有敕告文券 1、华盖宫文券 1。地券呈方形,红砂石质;地券破碎严重,文字无法识别。

四川 9 治平四年（1067）费得中地券③

该券 1985 年出土于成都一座单室砖室墓中。共出有武俑 2（侍卫状）、文俑 8、牵马俑 1、仰首俑 1、老妪俑 1、仆俑 1、女俑 1、男侍俑 1、十二辰俑 12、捧日俑 1、捧月俑 1、雷公俑 1、牛头人身俑 1、鸟首人身俑 1、人首蛇身俑 1、人首鱼身俑 1、狗 1、鸡 1、鲵 1、陶鼓 2、瓷罐 2、陶罐 5、盏 1、铁环 8、铜钱 10。地券呈长方形,红砂石质;券额呈弧形,中部刻"日"字;地券文字从右向左书写,楷书,13 行。

释文如下:

维大宋国治平四年太岁丁未二月庚☑/日丙申。今有剑南西川邛州临邛县临☑/里殁故亡人费得中。/生居乡邑,死安宅兆。龟筮☑/相地袭吉。于临溪县崇明☑/买田置造墓宅一所。/东至青龙,西至白虎/,南至朱雀,北至真武/,内坊勾陈,分冢四城。整齐阡陌。千秋万代☑/咎。若辄干犯何禁,诸将军亭长☑/牲牢酒饭,百味新香,共为信契,裁地交付☑/莹安厝,已后永保吉昌。/急急如地下五帝律令。

---

① 成都市文物研究所:《成都市龙泉驿区青龙村宋墓发掘简报》,《成都考古发现 1999》,科学出版社 2001 年版。

② 同上。

③ 邛崃县文管所:《邛崃县发现一座北宋墓》,《成都文物》1987 年 4 期。

四川 10　治平四年（1067）佚名地券[①]

该券出土于成都一座长方形单室券顶砖室墓中，地券位于墓门中央。共出有陶罐 2。地券呈方形，红砂石质；地券残损严重，只有少量文字可识。

释文如下：

▱/治平四年/▱

四川 11　熙宁二年（1069）曹氏地券[②]

该券出土于成都一座长方形单室券顶砖室墓中，地券位于墓门中央。共出有陶罐 3、陶瓶 1、陶炉 1、陶碗 1、敕告文券 2。地券呈六角形，红砂石质；大小原报告未有提及；地券文字从右向左书写，楷书，11 行。

释文如下：

维熙宁二年岁次己酉二月戊戌朔/九日丙午。故曹氏地券。生居城邑/，死安宅兆。卜筮叶从，相地咸吉。宜于此/华阳县景福乡福地之原安厝。其界/东至青龙，西至白虎，南至朱雀，北至/玄武，中方勾陈，分掌四域。丘丞墓陌，道/路将军，封步界畔，整齐阡陌。千秋万/岁，永保元吉。知见人：岁月主者；保人/：今日时直符。故气邪精，不得忤恠。先/有居者，回避万里。若违此约，分付地/府主吏，自当其祸。然后存亡安吉。急急如律令。

四川 12　熙宁五年（1072）史氏地券[③]

该券 1979 年出土于成都一座长方形券顶双室砖室墓中。共出有武俑 2、文俑 3、牵马俑 1、扶杖俑 1、提物俑 1、捧物俑 1、立俑 2、男侍俑 23、女侍俑 2、马首人身俑 1、人首蛇身俑 1、鸟首人身俑 2、捧日俑

---

①　四川省文物管理委员会：《四川花阳县北宋墓清理简报》，《文物参考资料》1956 年第 12 期。

②　同上。

③　陈显双、廖启清：《四川蒲江县五星镇宋墓清理记》，《考古与文物》1986 年第 3 期。

1、捧月俑 1、捧星俑 1、十二辰俑 12、陶母鸡 1、陶公鸡 1、陶狗 2、
鲵（娃娃鱼）3、陶兽面 1、陶鼓 4、石坐俑 1、石武士俑 3、石马 4、石
公鸡 2、石母鸡 1、铜钱 21 枚。地券呈不规则状，红砂石质；券额呈梯
形，上宽 20.2、下宽 44.5、高 17.5 厘米；券身长方形，长 47.2、宽
37.5 厘米；地券文字从右向左书写，楷书，12 行。

释文如下：

维熙宁五年岁次壬子九月［丙］［申］［朔］［二］［十］［八］［日］
［癸］［酉］/。大宋国剑南道西川邛州依政县［归］［义］［乡］［蒲］
［川］［里］/殁故亡人史氏大□。间生于北谷州，不入轮［回］［之］
［道］。关界为积凶趣之居。姓氏莫知。古今所记［凡］［有］［未］/葬
之魂，作守尸之鬼亡灵，生居乡邑，死安［圭］［址］。［龟］/筮协从，
相地良吉。宜于当里/准用黄铜赤钱、五［彩］信物，就于东王父、西
王母处，交付分明，买得墓宅一所/。东至青龙，西至白虎，南至朱雀，
北至玄武/，上至天，下至泉。一买之后，以山为界，以海为边，悉属
亡人/。丘承墓陌，整齐阡陌。若有忓犯诃禁之者，将军/亭长收付河伯
水官。今以牲牢酒铺，百味馨香，共［为］/明契。安厝已后，永保亨
昌，急急如律令。

四川 13　熙宁五年（1072）王□湜地券①

该券 1979 年出土于四川成都，与史氏为夫妻合葬墓，墓葬具体情
况同上。地券呈梯形，红砂石质；券额呈梯形，上宽 19.2、下宽 39.2、
高 15.9 厘米；券身呈长方形，长 42.9、宽 34.5 厘米；地券文字从左
向右书写，楷书，13 行。

释文如下：

皇宋熙宁五年太岁壬子九月丙申朔二十八日癸酉。据大/宋国剑南
道西川邛州依政县归义乡蒲川里殁故亡人王□/湜。间生于北谷州，不
入轮回之道。死在南关界，为积凶趣/之居。姓氏莫知。古今所记：凡
有未葬之魂，作守尸之/鬼亡灵，生居乡邑，死安圭址。龟［筮］协从，
相地良吉。宜于当里/准用黄铜朱钱、五彩信物，就于东王父、西王母

---

① 陈显双、廖启清：《四川蒲江县五星镇宋墓清理记》，《考古与文物》1986 年第 3 期。

处，交断分明/，买得墓田一所，东至青龙，西至白虎/，南至朱雀，北至真武/，上至天，下至泉。一买之后，以山为界，以海为边，悉属亡[人]/。丘承墓陌，整齐阡陌。千秋万岁。若辄忓犯何（诃）禁之□，□/军亭掌（长）收付河伯水官。今以牲牢酒铺，百味□□/，共为信契。安厝已后，永保吉昌。急急如律[令]。

四川14　元丰三年（1080）程文贤地券①

该券1973年出土于洪雅一座双室并列砖室墓中，地券平放在棺台前部。共出有双耳罐4、陶俑10：女侍俑2、男侍俑2、男侍从俑3、伏地俑1、铁钱2枚。出土。地券呈长方形，红砂石质；长40、宽24厘米；地券文字单行正写，双行倒写；楷书，13行。

释文如下：

维元丰三年太岁庚申十二月/十二日乙未朔，今有大宋剑南西川/嘉州洪雅县即有殁故亡人程文贤。/使用黄铜钱万万九千九百九十九文，就始皇天父、□后土母、社稷/十二位神边，买得前[件][葬]地一所。周围一[顷]。其地东至青龙，西至白虎/，南至朱雀，北至玄武，上至[青][天]，[下][至]黄泉，四至分明。即日直射分□，保/人：张坚固、李定度；书契人：东王公、西王母；读契人：楼主簿。领契人，下入/黄泉。/元丰三年十二月十二日，亡人程文贤券。

四川15　元丰三年（1080）赵德成地券②

该券出土于成都一座长方形券顶单室墓中，地券位于封门墙后。共出有四系罐3、双耳罐4、碗1。地券呈长方形，红砂石质；额题：赵德成地券，1行；长45、宽42厘米，地券文字从右至左书写，楷书，11行。

释文如下：

维元丰四年岁次辛酉九月甲申朔十/三日丙申，郎（即）有殁故赵德成地券。生/居人世，死安宅地。卜筮叶从，相地咸吉/。宜于此广都

---

① 四川省博物馆、洪雅县文化馆：《四川洪雅宋墓发掘简报》，《考古》1982年第1期。

② 王方：《成都市南郊北宋赵德成墓清理简报》，《四川文物》2001年第3期。

县政路乡福地之原安/厝。谨使信钱九千九万九佰九十文买地，其地东
至甲乙青龙，西至庚辛白/虎，南连至丙丁朱雀，北至壬癸真武，中/方
戊己勾陈，分掌四域，封步界畔。道路将军，整齐阡陌。千秋万岁，
地/下佰鬼，不得侵夺。有知见人：岁主吏/。自当其契，然后存亡。急
急如女青律令。

四川 16　元丰八年（1085）谢定地券①

该券 1994 年出土于成都一座长方形双室券顶砖墓中。共出有武士
俑 5、文官俑 16、文吏俑 4、皂隶俑 3、男侍俑 3、女侍俑 2、坐拥 2、
立俑 3。微型陶俑 11 件。另有陶狗、鸡、狮、独足鼓等数件。青瓷碗
3、青瓷香炉 1、陶房 1、陶舀 2、铜盏 6、铜盏托 1、铜杯 1、铜筷 1
双、钱币 44 枚。四方镇墓真文每方各两件，共 8 件。敕告文 1、华盖宫
文 1。（至少被盗过两次）地券呈方形，红砂石质，具体大小不详。

释文如下：

维元丰八年岁次乙丑十一月□朔十九日己酉/故谢定地券。生居城
邑，死安宅兆。卜筮叶从，相地咸吉。宜于此华阳县积善乡福地之原安
厝。其界：东至青龙，西至白虎，南至〔朱〕雀，北至玄武，中方勾
陈，分掌四域，丘丞墓陌，道路将军，封步界畔，整齐阡陌，千秋万
岁，永无咎殃。知见人：岁月主者；保人：今日时直符。故气邪精，不
得忏□，先有居者，回避万里。若远（违）此约，分付〔地〕〔府〕。急
急如律令。

四川 17　元丰年间佚名地券②

该券出土于洪雅一座长方形券顶双室墓中，地券贴近棺台正对墓门
处。共出有陶执壶 1、小陶罐 2、五系大陶罐 2、陶碗 1、铁镶斗 1、银
发笄 1、铁钱 1。地券呈方形，灰黄色石质；地券残损严重，大小和文
字均不可辨识。

---

① 刘骏：《成都东郊北宋谢定夫妇墓清理简报》，《成都文物》1995 年第 2 期。
② 四川省博物馆、洪雅县文化馆：《四川洪雅宋墓发掘简报》，《考古》1982 年第 1 期。

四川18　元祐二年（1087）李氏地券①

该券1989年出土于成都一座长方形单室砖墓中。共出有陶罐一、陶盏一、陶小盂五、鸟形小器四，铜镜一。地券呈长方形，红砂石质；长50、宽39厘米；楷书。原报告只录出部分释文。

释文如下：

元祐二年☐李氏☐

四川19　元祐八年（1093）张氏二娘地券②

该券1994年出土于成都一座长方形双室券顶砖墓中，与谢定为夫妻合葬墓，墓葬具体情况参见谢定地券。地券呈方形，红砂石质；长41、宽40、厚7.8厘米。原报告只录出部分释文。

释文如下：

维元祐八年☐☐☐酉十月☐巳朔☐☐日庚午，故亡张氏二娘地券/主吏自当其祸，然后存☐☐，急急如律令。

四川20　元祐八年（1093）张确地券③

该券出土于成都一座长方形双室墓中，地券位于右室东北隅。共出有武士俑2、文官俑3、文吏俑2、跪坐女俑1、异形立俑1、龙首1、鸟1、屏风2、案1、棒4、板斧3、熏炉2、五足炉2、罐6、碗1、钱33、荐拔真文券2、墓志1。地券大小形状不详，红砂石质；地券残损严重，无法辨识文字。

四川21　元祐年间三妹地券④

该券出土于广汉一座长方形券顶砖室墓中，墓葬中有券座呈条形，上有凹槽，买地券原当插于凹槽中，现位于封门墙后。共出有武俑2、

---

①　江雄：《邛崃县河乡宋墓清理记》，《成都文物》1990年第2期。
②　刘骏：《成都东郊北宋谢定夫妇墓清理简报》，《成都文物》1995年第2期。
③　成都市博物馆考古队：《成都东郊北宋张确夫妇墓》，《文物》1990年第3期。
④　四川文物考古研究所、广汉县文物管理所：《四川广汉县雒城镇宋墓清理简报》，《考古》1990年第2期。

文俑8、握物仰视俑1、牵物行进俑1、戴帽女佣1、厨炊俑1、男侍俑
4、女侍俑2、兽面人身俑1、兽面鸟身俑1、狗1、鸡1。模型：楼房、
轿、床、踏凳、男女卧床俑（前3件出土时合为一体）屏、桌、椅3、
镜台、火盆、盏、鼓2。生活用具：温酒器1、杯1、托杯2、壶3。铜
钱两枚、四系罐1。地券呈长方形，石质；额题：永镇墓堂，1行；长
50.4、宽30.5厘米。只有少量文字可识。

释文如下：

元祐⃞朔初一酉，今有汶州雒城县广汉⃞三妹之灵⃞

四川22　元祐年间佚名地券①

该券1982年出土于成都一座单室石室墓，地券位于墓室北壁偏东。
共出有瓷罐4、瓷盏1、木架1。地券大小形状不详，红砂石质；地券残
损严重，文字只有少量可识。

释文如下：

⃞元祐⃞

四川23　绍圣元年（1094）刘起地券②

该券2003年出土于成都一座长方形券顶单室砖墓中，地券贴近后
龛正对墓门。共出有双耳罐1、四系罐1、碗1、锡壶1、锡碟1、钱币
2、荐拔真文券3、墓志铭1、武士俑2、文俑15、牵马俑1、侍俑2、
仰观俑1、伏听俑1、人首鸟身俑1、人首蛇身俑1、独脚兽1、鼓1、
鸡1、狗1。地券呈方形，红砂石质；长37.5厘米，宽36.5厘米，厚
2.4厘米。

释文如下：

□□［绍］［圣］元年岁次甲戌十月己巳朔十七日/□酉。故刘起地
券。生居城邑，死安/［宅］兆。卜筮叶从，相地大吉。宜于此华阳县
星/桥乡福地之原安厝。□□东至青龙，/西至白虎，南至朱雀，［北］

---

① 陈显双：《四川省蒲江县发现两座宋墓》，《考古与文物》1986年第5期。
② 成都市文物考古研究所：《成都市青龙乡海滨村墓葬发掘简报》，《成都考古发现
2003》，科学出版社2005年版。

[至]［玄］［武］上［方］勾陈/，分掌四域。丘丞墓［伯］，［封］［步］［界］［畔］，［道］路将/军，整齐阡陌。千［秋］［万］［岁］□□□知见/人：岁月主者。□□□□□［故］［气］邪精，/不得忓惜。先□□□□□□□□此/约分付地□□□□□□□□□□令。

四川 24　绍圣二年（1095）刘观地券①

该券 2003 年出土于成都一座长方形单室砖墓中，地券位于墓葬中后部紧贴西壁。共出有双耳罐 2、洗 1、碟 1、匍匐俑 1、墓志铭 1、荐拔真文券 2。地券呈长方形，红砂石质。因残损较为严重，地券大小不详，并只有部分文字可以辨识。

释文如下：

□年□/日甲。改葬刘□/死安宅兆，□/阳县星桥乡福地之□/龙，西至白虎，南至□/陈，分掌四域。丘丞□/界畔。整齐阡陌□/□□岁月主者□/

四川 25　元符元年（1098）魏忻地券②

该券 1997 年出土于成都一座长方形券顶单室砖墓中。共出有武士俑 2、男侍俑 9、女侍俑 3、日俑 1、月俑 1、雷神俑 1、牛头俑 1、十二辰俑 19、陶盏 1、陶罐 1、铜钱 1。（出土遗物混杂，以上遗物包括魏大升墓出土遗物）地券呈碑形，白砂石质；通高 65.5、厚 4 厘米，碑帽最宽 49.5 厘米，碑身宽 41.5 厘米；行书，12 行。

释文如下：

维元符元年太岁戊寅九月甲子朔二十七日/壬申，今有大宋剑南西川成都府下邛州蒲江县蒲川乡归化里殁故亡人魏忻。生虚（处）/乡邑，死安宅兆。龟筮协从，相地袭吉。宜于/当里买田，置造墓宅一所/。东至青龙，西接白虎/，南连朱雀，北极玄武，/上至苍天，下至黄泉。一

---

①　成都市文物考古研究所：《成都市青龙乡海滨村墓葬发掘简报》，《成都考古发现2003》，科学出版社 2005 年版。

②　龙腾：《蒲江北宋魏忻、魏大升墓清理简报》，《四川文物》1997 年第 6 期。

买之后，以山为/界，以海为边，悉属亡人。丘承（丞）墓陌（伯），整/齐阡陌。千秋万岁。若辄忏犯何（诃）禁之者/，将军停（亭）掌（长）发赴河伯水官。今以三牲酒礼，用表丹诚。奉太上老君急急如律令。

四川26　元符元年（1098）魏大升地券①

该券1997年出土于成都一座长方形券顶单室砖墓中，墓葬情况参见魏忻地券。地券呈长方形，白砂石质；高65、残宽20、厚3.5厘米；行书。因地券残缺，只有部分文字可识。

释文如下：

维元符元年太岁戊寅九月丙子朔二十七日壬申。今/有大宋剑南西川成都府下邛州蒲江县蒲川乡归化里，殁故亡人魏大升，生虚乡邑，死安［宅］［兆］/。龟筮协从，相地袭吉。宜于当里买田，置（造）墓/宅一所。东至青龙，西接白虎/，南连朱雀，北极［玄］［武］☐/

四川27　崇宁元年（1102）宋燧地券②

该券1994年出土于成都一座砖室墓中。共出有三彩陶俑14件，武士俑1，侍俑3、日俑1、生肖俑6、兽首人身俑2、鸟首人身俑1、牛首人身俑1、鸡俑1。地券呈碑形，白砂石质；通高65厘米，碑帽宽40、厚3厘米，碑身长42、宽31厘米；楷书，11行。

释文如下：

维崇宁元年太岁壬午十二月辛亥朔十日庚申，/危日吉，毕宿吉，天符明星吉，曲星吉。今有/大宋剑南西川邛州依政县升平乡归厚里殁故先生宋燧之灵。维灵之用白银信钱在于黄天/父邑处，买得宫姓墓田一所，东至青龙，西至/白虎，南至朱雀，北至玄武，上至苍天，下至/黄泉，四至六甲分明。即日钱财交付此神名（明）了。保人/：张坚固、李定度；书契人：功曹；读契人：金主簿。高山亦移，但书券永保地下亡魂安吉，男女千年万岁/，大吉大利也。抚琴侯莫陈疑达刊石。/大宋

---

① 龙腾：《蒲江北宋魏忻、魏大升墓清理简报》，《四川文物》1997年第6期。
② 龙腾：《蒲江县北宋宋燧墓出土文物》，《四川文物》1996年第5期。

崇宁元年十二月二日立石。

四川 28 崇宁五年（1106）佚名地券[①]

该券 1998 年出土于成都一座长方形券顶单室火葬砖墓中，地券位于封门墙后。共出有双耳罐 1、瓷碗 1。地券呈方形，红砂石质；长 39、宽 38、厚约 2 厘米；地券文字从右向左书写，楷书，12 行。因地券质地较差，只有部分文字可识。

释文如下：

▯崇宁五年岁次丙午▯娘子死▯死安宅兆，卜筮叶从，相地咸吉▯今日直符。

四川 29 大观元年（1107）张承贵地券[②]

该券出土于广汉一座长方形券顶砖室墓中。共出有陶俑 1、陶炊事俑 1、陶生肖俑头 3、陶高领四耳罐。地券呈圭形，红砂石质。因地券残缺，具体大小不详，并只有部分文字可识。

释文如下：

大观元年岁次丁□十一月十九日庚午▯汶州郡雒城县广汉乡庙德里▯张承贵▯

四川 30 政和八年（1118）佚名地券[③]

该券 1984 年出土于成都一座长方形券顶单室砖墓中，地券位于墓主脚部。共出有瓷碗 1、砚台 1、铜镜 1、铭文为"大汉新□强"、陶罐 2、陶碗 1、陶碟 4。地券呈长方形，红砂石质；长 40、宽 37.5、厚 2厘米。原报告只录出部分释文。

释文如下：

---

① 成都市文物研究所：《成都市龙泉驿区青龙村宋墓发掘简报》，《成都考古发现 1999》，科学出版社 2001 年版。

② 四川文物考古研究所、广汉县文物管理所：《四川广汉县雒城镇宋墓清理简报》，《考古》1990 年第 2 期。

③ 刘平、王黎明：《双流县发现北宋砖室墓》，《成都文物》1984 年第 1 期。

｜维政和八年｜

四川 31　宣和三年（1121）杨氏地券①

该券 2001 年出土于成都一座形砖室券顶墓中，地券位于封门后。共出有碗 1、双耳罐 1、四系罐 1、罐 1。地券呈长方形，红砂石质；地券文字从右至左书写，楷书，10 行。

释文如下：

维大宋宣和三年太岁辛□□月甲午朔六日/己酉。今有角□□亡遇家母杨氏相地券。生/居城邑，死安宅地。卜筮叶徒（从），相地咸吉。宜于/此成都县金砂乡福地之原安冢墓宅。基/地□□信□，买得此地。用作□□。/左至青龙，右至白虎，/前至朱雀，后至玄武，/中方勾陈，分掌四神，封步阶畔。道路将军，丘/承（丞）墓佰（伯）。千秋万岁，永保［休］［吉］。□人：岁月；/保人：生值□。不得圢□，存亡大吉。

四川 32　宣和五年（1123）孟氏三娘子地券②

该券出土于成都。墓葬情况不详。地券呈正方形，红砂石质；边长 35、厚 2 厘米；地券文字从右自左书写，楷书，12 行。

释文如下：

维大宋宣和伍年岁次癸卯拾壹/月庚戌朔初二日辛亥。今有殁故/祖母孟氏三娘子，信用铜钱伍拾/贯文，就此十二山神边，买得本姓/西南山下瓮穴之地。造□□年，坟宅/壹［所］，［东］［至］青龙，南至朱雀，西至/白虎，北至玄武，中至己土，上至/苍天，下至黄泉。保人：张坚固；证人：/李定度、东王公、西王母。书契人：金/主簿。亡人衣服，不得侵夺。山中/所有诸猛兽，不图惊动。今准太上/口敕律令。

---

① 成都市文物考古所：《成都博瑞"都市花园"汉、宋墓葬发掘报告》，《成都考古发现 2001》，科学出版社 2003 年版。

② 成都市龙泉驿博物馆：《成都龙泉驿区出土的宋明石质买地券与镇墓券》，《考古与文物》（2002 年汉唐考古增刊）。

四川 33　宣和六年（1124）黄念（廿）四郎地券①

该券出土于井研一座仿木结构石室墓中。共出有钱币、铁钉、陶罐。地券呈八卦形，石质；对角线长 39 厘米；地券文字由圆心向圆周呈环状旋转排列。

释文如下：

［维］宣和六年岁次甲辰十二月一日甲辰朔十七日庚申，谨有剑南西川成都府新都下仙井监井研县来凤乡永吉里□故亡人黄念四郎。使钱九万九千九百九十九贯文，就□皇天父、后土母、社稷十二神，购得墓□□所，周流一顷。西至青龙，东至白虎，北朱雀，南至玄武，上至苍天，下至黄泉，□□□□，/分付天地神明了。保人：张坚固、李定度；证见人：东王父、西王母；书契人：石切（功）□；读人：金主簿。书了，□上天。读券了，［入］黄泉。一切诸神不得抢夺。急急如律令。

四川 34　宣和六年（1124）间氏十八娘地券②

该券 1996 年出土于成都一座长方形单室券顶砖墓中，地券接近墓门中部被四方镇墓真文包围。共出有双耳罐 2、画像砖 1（刻画树枝）、镇墓真文券 4。地券呈方形，青灰色砖质；边长 38.7、厚约 3.4 厘米；地券文字从右至左书写，楷书，13 行。

释文如下：

维宣和六年大岁甲辰七月丙子朔初七日。今有大宋/国剑南西川蜀郡成都府新都县化林乡/居住，大道高疆，故亡人间氏十八娘。生居神邑，死/归蒿里。龟筮袭吉，元龟有四足。即日用银钱财/伍佰贯文，就此青天父、后土母、十二位社稷主边处/，买得前件墓田一所。东至青龙，西至白虎，南至/朱雀，北至玄武，上至青天，下至黄泉，中至明堂，四/至分明。即日钱财分付与天地神明了。其地保人：张/坚固、李定度、仙人王存。海中童子、青鸟、玄武等/；登见人：东王公、西王

---

① 曾清华：《井研县北宋黄念四郎墓清理简讯》，《四川文物》2002 年第 1 期。

② 成都市文物考古工作队：《成都北郊甘油村发现北宋宣和六年墓》，《四川文物》1999 年第 3 期。

母;书契人:天上石功曹;读人:地下金/主簿。书人了,归上天;读人了,入黄泉。葬已后留贵高迁,地券一通永镇墓,急急一如律令。/宣和元年袁家烧造地券一福了。

四川 35　宣和七年（1125）宋京地券①

该券 1998 年出土于成都一座长方形单室券顶砖室墓中,地券置于墓门后部。墓葬分上、下两室中间用青石条隔离。上室出陶立俑 13 和人首鸟身俑 1。下室出同出有陶武士俑 2、（位于门的两侧）文俑 17、女侍俑 1、伏听俑 1、鼓俑 1、人首蛇身俑 1、人首猪身俑 1、独脚兽 1、鸡 1、狗 1、陶罐 1、锡壶、锡器 12、铜镜 1（双兽镜）、墓志 1、镇墓真文券 5、华盖宫文券 1、敕告文券 1。地券呈方形石质,边长 40 厘米,厚 3 厘米,地券文字从右向左书写,楷书,14 行。

释文如下:

[宣][和][七][年]岁次乙巳十二月戊戌朔十八日乙亥。/□□夫陕府西路计度转运副使、权泾原路/[经][略][安][抚]使兼马步军都总管、权知渭州军事/□□霄云清万寿宫借紫金鱼袋宋京,□□/□[相][地][袭]吉,宜于此华阳县星桥乡天公山之/□□□□□□。用信钱九万九千九百九十九[贯]/[文],[兼][五][彩][信][币],买地一段。其界:东至青龙,西至[白][虎],[南][至][朱][雀],[北][至][玄][武],中方勾陈,分掌四域。丘/[承][墓][伯],[封][步]界畔。道路将军,齐整阡陌。千秋千岁/,[永][无][殃][咎]。若辄干犯诃禁者,将军亭长,收付河伯。[今][以][牲][牢]酒饭,百味香新,共为信契。[财]地交相分/□付,[工][匠]修营安厝,已后□永保[休]吉。知见人:岁月主/;[保][见][人]:今日时真符。故[气][邪]精,不得忤犯。先有居/[者],[永][避]万里。若违此约,分付地府主吏,[自]当其祸/。[内][外][存]亡,悉皆安吉。[急]急一如[五][帝][使]者女[青][律][令]。

---

① 成都市文物考古研究所:《四川成都北宋宋京夫妇墓》,《文物》2006 年第 12 期。

四川 36　靖康元年（1126）蔡氏小九娘子地券①

该券 2001 年出土于成都一座长方形券顶双室砖墓。共出有文俑、侍俑、武士俑、匍匐俑、公鸡、独足兽、碗、双耳罐、铜镜真文碑券、华盖宫文券、敕告宫文券。地券呈方形，红砂石质；长 34.6、宽 34.5、厚约 25 厘米；地券文字从左至右书写，楷书，12 行。

释文如下：

维靖康元年岁次丙午十月癸巳朔/二十九日辛酉，远故蔡氏小九娘子/地券文。生居城邑，死安宅兆。卜筮叶/从，相地咸吉。宜于此华阳县普宁乡/福地之原安厝。其界：左至青龙，右至/白虎，前至朱雀，后至玄武，内方勾陈/，分掌四域。立（丘）丞墓伯，道路将军，封步/界畔，整齐阡陌。千秋万岁，永无逢殃。/知见人：岁月主者；保人：今日时直符。/故气邪精，不得忏怪。先有居者，回避/万里。若违此约，地有主吏，自当其祸。然后内外存亡/安吉。急急如律令。

四川 37　北宋年间张氏地券②

该券 2002 年出土于成都一座长方形券顶单室砖墓中，地券位于贴近墓门偏北处。共出有武俑 2、文俑 18、男侍俑 1、女侍俑 2、牵马俑 1、匍匐俑 1、伏听俑 1、人面鸟身俑 1、人首蛇身俑 1、猪面人身俑 1、双面独角兽 1、陶狗 1、陶鸡 1、陶鼓 1、床 1、椅 3、桌 1、火盆 1、瓷罐 3、瓷碗 1、敕告文券 1、华盖宫文券 1。地券呈方形，石质。残损严重，大小不详，文字无法辨识。

四川 38　北宋中晚期佚名地券③

该券 2003 年出土于成都一座长方形单室砖墓，地券位于甬道西侧。

---

① 成都市文物考古所：《成都市成华区三圣乡花果树村宋墓发掘简报》，《成都考古发现 2001》，科学出版社 2003 年版。

② 成都市文物考古研究所：《成都市保和乡东桂村宋墓发掘简报》，《成都考古发现 2002》，科学出版社 2004 年版。

③ 成都市文物考古研究所：《成都市双流县华阳镇绿水康城小区发现一批砖室墓》，《成都考古发现 2003》，科学出版社 2005 年版。

同出有双耳罐 1、碟 1、碗 2。残损严重,大小形状不详,红砂石质;文字无法辨识。

四川 39　绍兴二十一年（1151）蒲氏地券①

该券 1998 年出土于成都一座长方形单室券顶砖室墓中,地券位于墓志旁边靠近封门墙处。同出有陶武士俑 2、文俑 3、女侍俑 1、立俑 2、鼓俑 1、轿 1、瓷水盂 1、陶罐 2、银筷 1 双,瓷粉盒 1、墓志 1、镇墓真文券 4。地券呈方形,红砂石质。地券残损严重,具体大小不详,文字无法辨识。

四川 40　绍兴二十二年（1152）卫氏地券②

该券 1999 年出土于成都一座长方形双室砖墓中,位于封门墙后。共出有陶武俑 2、文官俑 20、男侍俑 2、女侍俑 3、女墓主人像 1、匍匐俑 1、人首蛇身俑 1、人首鸟身俑 1、生肖俑 1、狗 1、瓷双耳罐 1、瓷碗 1、陶鼓 1。并出有敕告文 1、华盖宫文 1,荐拔真文券 5。地券呈长方形,红砂石质;长 43、宽 27.5、厚 1 厘米;楷书,11 行。

释文如下:

维绍兴二［十］［二］［年］［岁］［次］□□□十二/月辛酉朔,□□□□□□路绛/州翼城县人事,今有故卫氏/地券。生居城邑,死/安宅地。卜筮叶从,相地咸吉。宜于/此华阳县善积乡永宁里□地之/原安厝。其界左至青龙,右至白虎/,前至朱雀,后至玄武,中方勾陈,分/掌四域。丘承墓伯,封步界畔。道路/将军,整齐阡陌。千秋万载,永无殃/［咎］。见人:岁月主者;保人:今日直符。/故炁邪精,不得忓犯。□亡安吉今。

---

① 成都市文物考古研究所:《四川成都北宋宋京夫妇墓》,《文物》2006 年第 12 期。

② 成都市文物考古研究所、成都市文物考古工作队:《成都市二仙桥南宋墓发掘简报》,《考古》2004 年第 5 期。

四川 41　绍兴二十五年（1155）程氏六娘子地券①

该券 1998 年出土于成都一座长方形双室券拱砖室墓中，位于封门墙后。共出有罐 2、锡杯托 1、锡体 1、铜镜 2、武士俑 2、文俑 11、女侍俑 2、狗俑 1、人身猪首俑 1、鼓俑 1、敕告文 1、华盖宫文 1、安墓真文 5。地券呈长方形，红砂石质；长 34、宽 41、厚 2 厘米；楷书，12 行。

释文如下：

维皇宋绍兴二十五年岁次乙亥，九月乙/巳朔，二十九日癸酉。孝葬故太口［程］氏六/娘子。生居人世，死安宅兆。地券。［卜］［筮］叶从，/相地大吉。宜于此成都府华阳县普宁乡/□□里吉地之原，安厝窀穸。谨以信财，买/此吉地［壹］穴。左至青龙，右至白虎，前至朱/雀，后至玄武，内方勾陈，分掌四域。丘丞墓/陌（伯），道路将军，整齐阡陌，封步界畔。千秋万/［岁］，/［永］［无］殃咎。若辄忓犯呵禁者，将军亭长/收付河伯。掌吏自当其祸。为愿保人。内外［存］［亡］各安泰。急急一如五帝使者女青律令。/孝男宋钦铸立石。

四川 42　绍兴二十八年（1158）胡□地券②

该券 1955 年出土于官渠埝小型砖室墓中。砖质，长 36 厘米，宽 18 厘米，厚 3 厘米。表面磨光上有朱书文字。紧靠东壁，距北壁不远处。原报告只录出部分释文。

墓葬情况：共出有双耳陶罐 1，双耳小杯 1。陶瓶 1、华盖宫文券 1。

释文如下：皇宋绍兴二十八年／

---

① 成都市文物考古研究所、龙泉驿区文管所：《成都市龙泉驿区南宋宋兴仁夫妇墓清理简报》，《考古与文物》（2002 年汉唐考古增刊）；成都市龙泉驿博物馆：《成都龙泉驿区出土的宋明石质买地券与镇墓券》，《考古与文物》（2002 年汉唐考古增刊）。

② 四川省文物管理委员会：《四川官渠埝唐宋明墓清理简报》，《文物》1965 年第 5 期。

四川 43　绍兴年间宋兴仁地券①

该券出土于成都一座长方形双室券拱砖室墓,地券位于封门墙后正中处。共出有武士俑 2、文俑 13、坐俑 1、立俑 2、异形立俑 1、人首蛇身俑 1、鸡俑 1、神怪俑 1、双耳罐 2、盏 1、碟 1、瓷碗 1、锡执壶 2、锡杯托 2、铜镜 4、八天荐拔真文 5、敕告文 1、华盖宫文 1。地券呈长方形,红砂石质;长 35、残宽 29、厚 2.8 厘米。地券字迹风化严重。无法辨认文字。

四川 44　绍兴年间任□地券②

该券 1999 年出土于成都一座长方形双室砖墓中,地券位于封门墙后。共出有陶武士俑 2、文官俑 8、男墓主人像 1、匍匐俑 2、生肖俑 1、陶狗 1、瓷碗 1、陶鼓 1、铜镜 1。并出有敕告文 1、华盖宫文 1,五方荐拔真文 5。长方形红砂石质,长 43 厘米,宽 27.5 厘米,厚 1 厘米;楷书,12 行。地券文字只有部分可以辨识。

释文如下:

▨五▨故▨城邑,死安▨吉。宜于此▨里福地之▨青龙,右至白▨后至玄武,中方勾陈/,▨丘承(丞)墓伯,封步界畔/。▨整齐阡陌。千秋万载/,▨亡□人:岁月主者,保▨符,故气邪精,不得忏/▨地府存□安吉。一如律令。

四川 45　隆兴元年（1163）佚名地券③

该券 2001 年出土于成都一座梯形砖室券拱墓中,地券位于封门后正中位置。共出有小罐 1、碗 1、双耳罐 1、钱币 1。地券陶质。因地券

---

①　成都市文物考古研究所、龙泉驿区文管所:《成都市龙泉驿区南宋宋兴仁夫妇墓清理简报》,《考古与文物》(2002 年汉唐考古增刊)。

②　成都市文物考古研究所、成都市文物考古工作队:《成都市二仙桥南宋墓发掘简报》,《考古》2004 年第 5 期。

③　成都市文物考古所:《成都博瑞"都市花园"汉、宋墓葬发掘报告》,《成都考古发现 2001》,科学出版社 2003 年版。

破损、风化严重，具体形状大小不详，只有部分文字可以辨识。

释文如下：

维大宋隆兴元年岁次▢三月▢▢筮▢▢买吉地，左至青龙，右至白▢虎。前至朱雀，后至玄武▢▢道路将军，整齐▢阡陌。千秋万岁永▢▢·▢知▢

四川46　乾道六年（1170）任氏五娘喻氏六小娘地券①

该券出土于成都一座长方形三室砖室火葬墓中，地券位于墓室前部。共出有武士俑2、陶鸡1、陶狗1。女俑2、文俑4、匍匐俑1、双耳罐1、瓷碟1。地券呈正方形，红砂石质；边长27、厚2.3厘米；楷书，11行。

释文如下：

维乾道六年太岁庚寅十月丁▢未朔初三日己酉，亡故任氏五▢娘喻氏六小娘地券。生居城邑，死▢安宅兆。〔卜〕筮叶从，相地咸吉。宜▢于此成都县文学乡福地之原▢安厝。其界左至青龙，右至白虎，▢前至朱雀，后至玄武，中方勾陈，▢分掌四域。丘承（丞）墓伯，整齐阡陌▢。千秋万载，永无殃咎。知见人：岁▢月主者；保人：今日直备？□。〔故〕▢〔气〕〔邪〕精，不得忏犯。急急如律令。

四川47　淳熙六年（1179）赵客地券②

该券出土于成都一座长方形券顶单室砖墓中，地券位于墓室左壁接近通道口处。共出有武士俑2、文吏俑1、陶狗1、鸡1、人首鸡身俑1、镇墓兽2、陶碟1、陶小酒杯2、陶罐3。地券呈方形，陶砖质；边长40.6厘米，厚4.3厘米。

释文如下：

维淳锡（熙）六年乙亥十月，监死今有赵容地□合墓居一镇。买得

---

① 成都市文物考古研究所：《信息产业部三十研究所南宋火葬墓的发掘》，《成都考古发现2004》，科学出版社2006年版。

② 陈厉清：《郫县荣兴乡南宋墓》，《四川文物》1992年第6期。

一仟□□□□毛青阳西南三坟，□□来往巧倍二□魂。上苍芬□□□一言罐禺董公区□□□天地神，□□倦入，张［坚］［固］［李］定度知见，入王□二人西□□郡。券人：淳赵客，□□□亩，享□□□□□天修。

四川 48　淳熙九年（1182）吕亨文氏顺娘地券①

该券 1992 年出土于成都一座长方形券顶单室砖室火葬墓中，地券贴近墓室北壁，接近烧过的人骨。共出有武俑 2、女侍俑 1、男侍俑 1、文俑 7、狗 1、鸡 1、匍匐俑 1、釉陶双耳罐 2、彩釉陶 1。地券呈方形，红砂石质；具体大小不详。地券文字从右向左书写，楷书，共 11 行。

释文如下：

大宋淳熙九岁岁次壬寅十/二月丁酉朔初四日庚子。故父吕亨、母文氏顺娘地券。生居城邑，死安宅兆。卜筮叶从。相地/大吉。宜于此成都县延福乡/福地之原安厝。其界左至青/龙，右至白虎，前至朱雀，后至/玄武，中方勾陈，分掌四域。丘/丞墓伯，封步界畔。道路将军/，整齐阡陌。千秋百载，永保元吉/。故炁邪精，不得忏犯。

四川 49　淳熙九年（1182）吕忠盛、杨氏八娘地券②

该券出土于成都一座长方形券顶单室砖室火葬墓。共出有陶武俑 2、文俑 7、女侍俑 1、匍匐俑 1、神怪俑 1、生肖俑 1、狗 1、釉陶双耳罐 1、釉陶碗 1。地券呈方形，红砂石质。具体大小和地券内容不详。

四川 50　淳熙十年（1183）古氏十九娘地券③

该券出土于成都一座长方形双室券顶砖室火葬墓中。同出有釉陶蟠螭提梁小罐 5、釉陶五足炉 1、釉陶碟 1、彩陶双耳罐 2、并出石质镇墓券 1。地券呈方形，红砂石质。具体大小和地券内容不详。

①　成都市文物考古工作队：《四川成都市西郊金鱼村南宋砖室火葬墓》，《考古》1997 年第 10 期。

②　同上。

③　同上。

四川 51　绍熙三年（1192）张氏地券①

该券 1999 年出土于成都一座长方形双室砖室火葬墓中，地券位于近墓门处。共出有文俑 6、武俑 2、匍匐俑 2、双耳罐 2、陶三足炉 1、瓷双耳壶 1、瓷碟 2。地券呈方形，红砂石质，边长约 28 厘米；楷书。

释文如下：

大宋绍熙三年岁次壬子十二月庚午初十四日甲寅。故张氏□□地券。生居城邑，死安宅兆。卜筮叶从，相地大吉。宜于此广都加会乡福地之原安厝。其界左至青龙，右白虎，前朱雀，后玄武，中方勾陈，分掌四域。丘丞墓伯，道路将军，今日直符，存之安吉。

四川 52　庆元元年（1195）杜光世地券②

该券 1980 年出土于广元一座长方形券顶双室石刻墓中，券置于后壁前正中的棺台下的腰坑里。共出有陶双耳罐 4、陶小罐 2、碗 1、铜镜 1、钱币 192 枚 23 种、金发饰 1、残金饰 1、金耳环大小两对、圆形玉饰 1。地券呈方形，黄沙石质；边长 31、厚 6 厘米；地券文字从左向右书写，行书，9 行。

释文如下：

维大宋庆元元年岁次癸卯十月□□朔□□日□□/。谨有亡□男弟子杜光世，命□□丙寅□月二十四日生，享年/五十岁，今者卜其宅兆，于此利州绵县第一都地名水牛/溪，艮岗艮穴一顷，起造坟堂，将为安□□□玖仟玖佰□□□□□、皇天父、后土母处买得□□坟田，〔周〕流一亩，/〔其〕〔地〕东至青龙，西至白虎，南至朱雀，北至玄武，中方勾陈/，〔分〕掌四域。丘承（丞）墓伯，封步界畔。道路将军，齐整阡陌。〔千〕/年〔万〕〔岁〕，永无殃咎。若辄干犯诃禁，将军〔亭〕〔长〕，收付河伯。□□〔工〕〔匠〕修营。已后永保吉安。光□□□。知见人：岁/月主，保人：今日直符。〔若〕有故炁□□□□□□□蒿里

---

①　成都市文物研究所：《成都市高新区石墙村宋墓发掘简报》，《成都考古发现 1999》，科学出版社 2001 年版。

②　四川省博物馆、广元县文管所：《四川广元石刻宋墓清理简报》，《文物》1982 年第 6 期。

如□□□□/□□□□□□文内外存亡悉皆安吉。急急一如太上女青律令。

四川53　庆元三年（1197）三五知郡地券①

该券出土于成都一座长方形双室砖墓中。共出有：陶武士俑2、陶罐2、陶盏1、铜镜1、铁钉10、墓志2。地券呈长方形，砖质；额题：横刻三五知郡地券，1行；长53、宽38厘米；楷书，8行。

释文如下：

立兹券契/谨以将弊葬于后土，□□□□/□□幽堂以藏遗体，上极太虚，/下尽□地。东南西北，各广一里。所有□郡伏尸故气，盘太山泽/，妖邪鬼魅，各仰明知，急急远避。如有干犯，主者收治，藏在巳未/，月建丙堂，其日丁酉于蒿里。

四川54　庆元六年（1200）□氏四小娘子地券②

该券出土于成都一座长方形双室砖室火葬墓中。共出有双耳罐2、碗1、盏4、武俑4、侍俑4、匍匐俑2、狗1、鸡1、独足兽2、鼓2。地券呈方形，红砂石质；残长19、宽约21、厚约1.5厘米。地券文字从左至右书写，楷书，11行。因地券残损，部分文字不可辨识。

释文如下：

大宋庆元六年岁次□□□，正/月□子朔，二十二日巳□。□故/□氏四小娘子地券。生居城邑/，死安宅兆。卜筮叶从，相地大/吉。宜于此华阳县普宁乡/□福地之原□安厝。其界：左至/青龙，右至白虎，前至朱雀，/后至玄武，内方勾陈，分掌/四域。立/

四川55　嘉定二年（1209）姚氏地券③

该券1955年出土于绵阳一座石室墓中，地券位于墓室后壁的龛内。

---

①　龙腾：《蒲江县宋朝散大夫宋德章墓出土文物》，《四川文物》1995年第2期。

②　成都市文物考古所：《成都市成华区三圣乡花果树村宋墓发掘简报》，《成都考古发现2001》，科学出版社2003年版。

③　李复华、江学礼：《四川绵阳平政桥发现宋墓》，《考古通讯》1956年第5期。

随葬器物与其他宋墓混杂，已无法区分。四墓葬共出有陶俑 11 件、瓷碗 4、铜镜 2、墓志 2。地券呈八棱柱形，石质。八面皆刻有铭文。地券内容仅有部分可以辨识。

释文如下：

维皇宋剑南西川成都府▯姚氏▯买到拍下乡墓田二（？）所▯其田系是亡人孺人姚氏所居之地，如有合千鬼神不得侵占▯

四川 56　嘉定三年（1210）喻仲安地券[①]

该券 2003 年出土于成都一座长方形三室砖室火葬墓中，地券位于右室前部。共出有：罐 1、碗 1。地券呈正方形，红砂石质；边长 21、厚 2 厘米；楷书，6 行。

释文如下：

大宋嘉定三年岁次庚午/三月己丑朔▯▯▯。故/喻仲安地［券］。［生］［居］城/邑，死安宅兆。［卜］［筮］［叶］［从］，相地/大吉。宜于此成都县［文］学乡/福地之原安厝。其界：［左］［至］青［龙］人合（？）▯▯▯▯▯安吉。

四川 57　嘉定四年（1211）唐▯▯地券[②]

该券 1999 年出土于成都一座方形双室砖室火葬墓中，地券位于近墓门处。共出有文俑 6、武俑 2、匍匐俑 2、双耳罐 2、陶三足炉 1、瓷双耳壶 1、瓷碟 2。地券呈方形，红砂石质；边长约 28 厘米；楷书。

释文如下：

大宋嘉定四年岁次▯▯四月丁丑朔▯▯▯庚▯。故唐▯▯地券。生居城邑，死安宅兆。卜筮叶从，相地大吉。宜于此广都▯加会乡福地之原安厝。其界左至青龙，右白虎，前朱雀，后玄武。今日直符，存之

① 成都市文物考古研究所：《信息产业部三十研究所南宋火葬墓的发掘》，《成都考古发现 2004》，科学出版社 2006 年版。

② 成都市文物研究所：《成都市高新区石墙村宋墓发掘简报》，《成都考古发现 1999》，科学出版社 2001 年版。

安吉。

四川 58　嘉定四年（1211）吕忠庆地券[①]

该券出土于成都一座长方形双室券顶砖室火葬墓中，地券靠近封门墙。共出有釉陶蟠螭提梁小罐 5、彩陶五彩炉 1、彩陶碟 5、彩陶盏托 4，铁钱若干，在右室一壁龛内置墓主人坐像，应为石真。墓券 1。地券呈方形，红砂石质。具体大小不详。

释文如下：

〔大〕〔宋〕嘉定四年大（太）岁辛未二□□寅朔二十五日戊寅。故吕忠庆地券。生居城邑，死安宅兆。卜筮叶从。相地□吉。宜于〔此〕成都县延福乡福地之原安厝。其界左至青龙，右至白虎，前至朱雀，后至玄武，中方勾陈，分掌四域。存亡安吉。

四川 59　嘉定六年（1213）陈氏地券[②]

该券 2003 年出土于成都一座长方形双室券顶墓中，地券位于封门墙后。共出有双耳罐 2、四系罐 1、茶盏 1、盏 1、陶俑 14、铜镜 1、镇墓真文券 3。地券呈正方形，泥质灰陶质；边长 39 厘米，厚 3 厘米。地券内容仅有部分可识。

释文如下：

大宋嘉定陆年岁次癸酉╱二十╱丁酉，今者地╱成都府成都县╱亡人□陈氏回╱内方╱人陈氏╱

四川 60　嘉定九年（1216）冯氏地券[③]

该券 1987 年出土于安县一座长方形单室砖墓中。共出有文俑 2、侍俑 10、仆俑 4、陶猪 1、陶狗 1、神兽 1、青龙 1、陶鸡 1、独脚兽 1、温

---

① 成都市文物考古工作队：《四川成都市西郊金鱼村南宋砖室火葬墓》，《考古》1997 年第 10 期。

② 成都市文物考古研究所：《成都市青龙乡石岭村宋墓发掘简报》，《成都考古发现 2003》，科学出版社 2005 年版。

③ 谢明刚、刘佑新：《安县南宋纪年墓清理记》，《四川文物》2000 年第 6 期。

酒灶1。地券呈长方形，石质；长50、宽40、厚5厘米。地券内容仅有部分可识。

释文如下：

　　∥冯氏∥淳熙二年∥嘉定九年∥成都路石泉军神泉县神福乡光明里∥

四川61　嘉定十年（1217）九天玄女地券[①]

该券出土于巴中为阳券，无墓葬情况。地券呈碑形，石质；额题：九天玄女地券，1行；圆首，平底高37、宽1、厚4.5厘米。在券文旁还有一些未识符号。

释文如下：

大宋蓬州伏虎县顶山乡饮贤里居，进士/李溍，同妻室梦氏六娘，先于今年八月内，买/到此丁山之下，寿堂基址二段。今以嘉定十年/十二月初五日，下席兴工。切恐此地山神龙神曾/未得知，地下百龟（鬼），妄生信亡，故立此券，以为永久之凭者。

四川62　嘉定十一年（1218）张氏三娘地券[②]

该券2003年出土于成都一座长方形三室砖室火葬墓，地券位于墓门中央。共出有武士俑2、文俑4，在两武士俑、兽面鼓、鸡、狗、鼓俑各1，碗1、罐1。地券呈方形，红砂石质；边长19.8、厚约1.5厘米；楷书，8行。

释文如下：

大宋嘉定十一年太岁/戊寅十月乙亥朔□日/己酉。故张氏三娘地券。/生居城邑，死安宅兆。［卜］/筮叶从，相地大吉。宜于此/成都县文学乡福地/之原安厝。其界：左至青/龙，右至白虎，存亡安吉。

---

① 岳钊林：《巴中"九天玄女地券"考》，《四川文物》1999年第5期。

② 成都市文物考古研究所：《信息产业部三十研究所南宋火葬墓的发掘》，《成都考古发现2004》，科学出版社2006年版。

四川 63　嘉定十六年（1223）董士和、任氏大卯地券①

该券出土于成都，墓葬情况不详。地券呈长方形，红砂石质；长33.5、宽23、厚5厘米；地券文字从右至左书写，1行顺书，1行倒书，交错排列；行书，9行。

释文如下：

唯大宋嘉定十六年太岁癸未十月庚/午朔二十八日丁酉，直西川成都府灵泉/县石泉乡义会里，殁故董士和任氏/大卯。存日使钱万佰贯，买得卯山吉［穴］/。具立肆至：东至青龙，西至白虎，南至/朱雀，北至玄武，上至苍天，下至黄泉。/即日交钱付□证，保见□人：张坚固、/李定度、右功曹、金主簿去设。［亡］人/随身［棺］椁［衣］服，大力鬼［不］得侵占。

四川 64　嘉定十六年（1223）苟氏二娘地券②

该券出土于成都，墓葬情况不详。地券呈长方形，红砂石质；长41、宽23.5、厚5厘米；地券文字从右至左书写，1行顺书，1行倒书，交错排列；行书，9行。

释文如下：

唯大宋嘉定十六年太岁癸未十月庚午朔二十八日丁/酉，直剑南西川成都府灵泉县石泉乡义会里，殁故/［苟］氏二娘。存日使钱万万九千九百九十九贯文□，/买得东山之丁卯穴一所。具立肆至如后：东至/青龙，西至白虎，南至朱雀，北至玄武，上至苍天，下至黄泉。即日交钱付［毕］。见［身］人：张/坚固、李定度、石功曹、金主簿。亡人随身［棺］椁/［衣］服，大力鬼不得侵占。

---

① 成都市龙泉驿博物馆：《成都龙泉驿区出土的宋明石质买地券与镇墓券》，《考古与文物》（2002 年汉唐考古增刊）。

② 同上。

四川 65　嘉定年间佚名地券①

该券 2003 年出土于成都一座长方形双室券顶墓中，地券位于封门墙后。共出有双耳罐 1、盏 1、陶俑 11、陶鼓 1、炼度真文券 2。地券呈正方形，泥质灰陶质；边长 42、厚 3 厘米。地券内容不详。

四川 66　宝庆元年（1225）陈氏中娘地券②

该券出土于仁寿一座长方形双室仿木结构石室墓中。共出有武士俑 4、文吏俑 29、匍匐俑 1、狗 1、鸡 1、四系罐 2、瓷碗 2、铁钱 1。（被盗）地券为八棱柱角攒顶，石质；通高 39、底座 15 厘米，四边形，边长 14 厘米，券幢高 32 厘米；地券文字单数行顺写，双数行倒写；楷书，7 行。

释文如下：

皇宋宝庆元年太岁乙酉四月三日/□□□庚申。谨存殁故陈氏中娘。/□命归大□，周公□，择卜良辰，送葬还山。先使大钱九万九千九佰九十九贯，买得西南山下坤/穴墓田一所。东至青龙，南至朱雀，西至白/虎，北至玄武，上至苍天，下至黄泉，四至界/畔分明。即日钱财分付与天地神明讫。保□□□□，东王公、西王母。铁券亡人陈氏收执□用。

四川 67　绍定二年（1229）谢□□地券③

该券出土于成都一座长方形券顶双室砖室火葬墓中。共出有陶武俑 2、文俑 4、狗 2、鸡 2。地券红砂石质。地券具体的形状大小及内容不详。

---

① 成都市文物考古研究所：《成都市青龙乡石岭村宋墓发掘简报》，《成都考古发现2003》，科学出版社 2005 年版。

② 董洪贵：《仁寿县古佛乡宋墓清理简报》，《四川文物》1992 年第 5 期。

③ 成都市文物考古工作队：《四川成都市西郊金鱼村南宋砖室火葬墓》，《考古》1997 年第 10 期。

四川 68　端平二年（1235）刘□熙地券①

该券 1999 出土于成都一座长方形双室砖墓中地券位于墓葬左室左壁，距离封门墙不远处。共出有陶武士俑 4、文俑 9、女俑 2、立俑 1、神怪俑 1、鼓俑 1、青龙 1、白虎 1、朱雀 2、玄武 1、独脚兽 1、狗 1、瓷碗 2、瓷双耳罐 1、碟 1。地券近呈正方形，红砂石质；长 17、宽 16.5、厚 1.5 厘米。楷书，7 行。

释文如下：

大宋端平二年太岁乙未/正月乙未朔二日丙申/。故刘□熙□□地券。生居城/邑，死安宅［兆］，［龟］筮叶从。宜从/成都县延福乡福地，左/青龙，右白虎，前朱雀，后/玄武，中方勾陈，一如律令。

四川 69　端平三年（1236）邓荣仲地券②

该券 1973 年出土于简阳一座长方形单室石室墓中。共出有陶缸 1、有盖陶罐 2、水盂 2。地券呈长方形，灰陶质；长 88、宽 85、厚 10 厘米；地券文字单数行顺写，双数行倒写；楷书，12 行。

释文如下：

大宋端平三年大岁丙申十月乙酉朔初一日。简州阳安县/龙门乡福田殁故亡人邓荣仲。今将冥财，皇天后土，买/得本乡巽山□穴之下墓田一所，四界分明：东至青龙，南至朱雀/，西至白虎，北至玄武，内方勾陈，分掌四域。丘承（丞）墓伯，封步界畔。道/路将军，整齐阡陌。千秋百岁，永保元吉。知见人：岁月主；保见人：今/日直符。先有居者，远避万里。故［气］邪拌（精），不得干犯。灵骨归化/，仙化成人。利佑见存，克昌厥后。所有买地钱物，获时交付社/稷十二神讫。急急一如/太上女青盟文律令。/地券给付亡人邓荣仲收执。

---

①　成都市文物研究所：《成都市外化成小区南宋墓发掘简报》，《成都考古发现 1999》，科学出版社 2001 年版，成都市文物考古研究所：《成都市西郊外化成小区唐宋墓葬的清理》，《考古》2005 年第 10 期。

②　方建国：《简阳县发现南宋纪年墓》，《四川文物》1987 年第 3 期。

四川 70　失纪年佚名地券①

该券出土于成都一座长方形券顶双室砖墓中，地券位于墓室中部近于墓门处。共出有罐 3、碗 1、香炉 1、武士俑 2、文官俑 1、文吏俑 4、立俑 1、侍俑 2、匍匐俑 2、狗俑 2、鸡俑 2、铜镜 3，镇墓真文 7。地券呈近方形，石质；长 32、宽 31、厚 3 厘米。只有少量文字可以识别。

释文如下：

☐朔丁卯二☐地券生☐死☐青龙☐

四川 71　失纪年佚名地券②

该券出土于成都一座长方形单室砖墓，地券位于甬道靠近封门墙后。共出有 1 瓷盂。地券呈长方形，红砂石质；长 31.5、宽 22、厚 2 厘米。地券内容不详。

四川 72　失纪年佚名地券③

该券出土于成都一座长方形双室砖室火葬墓中。共出有陶文俑 7、立俑 2、仰听俑 1、女侍俑 1、武俑 1、匍匐俑 1、狗 1、鸡 1、陶鼓 1、釉陶碟 1。地券呈方形，红砂石质。

四川 73　失纪年佚名地券④

该券出土于成都一座长方形单室砖室火葬墓中。共出有陶文俑 8、匍匐俑 1、陶鼓 2、釉陶双耳罐 1、釉陶碟 1、铁钱若干。地券红砂石质。地券具体的形状大小及内容不详。

---

① 成都市文物考古工作队：《成都市石羊乡新加坡工业园区宋墓发掘简报》，《四川文物》1999 年第 3 期。

② 成都市文物考古工作队：《成都市李家沱唐宋时期的墓葬》，《四川文物》2000 年第 2 期。

③ 成都市文物考古工作队：《四川成都市西郊金鱼村南宋砖室火葬墓》，《考古》1997 年第 1 期。

④ 成都市文物考古工作队：《四川成都市西郊金鱼村南宋砖室火葬墓》，《考古》1997 年第 10 期。

四川 74　失纪年佚名地券①

该券出土于成都一座梯形单室券顶砖室墓中,地券位于人头与封门之间。共出有四系罐 1、碗 1、铜钱 1。地券呈方形,红砂石质;地券文字从右至左书写,楷书,15 行。由于风化严重,地券只有部分文字可识。

释文如下:

▨未朔二十/▨客当/▨地券生/▨吉宜拎/▨原安/▨白虎南至/▨中方勾陈,分掌四域。丘承/▨整齐阡陌,千/秋万岁▨者将▨/▨安已/▨保人:今日/▨居者,永/▨当其祸/▨律令/▨

四川 75　失纪年佚名地券②

该券 1998 年出土于成都一座长方形双室砖室火葬墓中,地券位于封门墙后。共出有陶罐 1、陶碟 3、武士俑 2、女侍俑 1、匍匐俑 1、狗 1、鸡 1。地券红砂石质。地券具体的形状大小及内容不详。

四川 76　失纪年佚名地券③

该券 2005 年出土于成都一座长方形双室砖墓,地券立于墓门处。共出有瓷罐 10、陶杯 8、真文券 8。地券呈正方形,陶质;边长 38、厚 4 厘米。地券内容不详。

湖北 1　治平二年（1065）郭五娘地券④

该券现藏于浠水县博物馆,据他人研究文献征引,具体情况不详。

---

① 成都市文物考古所:《成都博瑞"都市花园"汉、宋墓葬发掘报告》,《成都考古发现 2001》,科学出版社 2003 年版。

② 成都市文物考古研究所:《成都北郊南宋墓清理简报》,《成都文物》1999 年第 4 期。

③ 青白江区文物保护管理所:《青白江区华逸工地宋墓发掘简报》,《成都文物》2006 年第 2 期。

④ 刘安志:《从泰山到东海——中国中古时期民众冥世观念转变之一个侧面》,《唐研究》第 13 卷,北京大学出版社 2007 年版。

释文如下：

维大唐国蕲州蕲水县开元乡义丰里中保。今有殁故亡人郭氏五娘，年登六十二岁，于治平二年正月初四日殁幸（？）身亡。皇帝约敕此地，今在此山罡里緅厝宅地，龟筮卜从，其地吉。用银钱九仟九万九伯九十九贯九文，五色香饭，买地若干。东止甲乙，南止丙丁，西止庚辛，北止壬癸，内方勾陈，分掌四辰。丘丞墓伯，千秋万岁，永无殃差。有轲叱诃禁者，[将][军]停（亭）长，收付河伯。今以酒饭[百]味香辛共为契[信]，□□付，功匠修营。已后永保安吉。见人：岁月主；保□□：今日直符。故气精不得扰。光章有居，墓各有分界。若违此约，地苻（府）主使自当其祸，不干主人之事。内外安吉。急急如律令。敕。治平二年正月初七戊寅朔日，亡人郭氏五娘状记。书人：张坚固；见人：李定度。要相见，东海左道边，急急令。

湖北2 熙宁十年（1077）田三郎地券①

该券1987年出土于英山一座双室砖室墓中。共出有瓷碗10、陶砚1、釉陶执壶1、釉陶炉1、铜钱32枚、铁棺钉26枚、云母矿石1。地券呈长方形，青灰石质；上端两角被切削，长43、宽39、厚1.3厘米；地券文字从右向左书写，楷书，15行。

释文如下：

[南][瞻]部州（洲）[大]宋国蕲州蕲□□□□□福里□/□保□有殁故亡人田[三]郎□□十五岁，于熙宁十/年三月□五日□世。往后园花遇仙人至酒，酒醉/不回□□□泉□□用钱□九万九千九佰九/十[九][贯]九[百][九]十九文买□□□地一所，东止/[甲][乙][青][龙]，[南][止]丙丁朱雀，西止庚辛白虎，北止壬/[癸][玄][武]，中止戊己勾陈，上止皇天，下止后土。四/□□□系亡人为主，此间古气需埋，先□□/□□去千里不□争占。丘承（丞）墓伯，同共□/□□人在□永保，急急如律令。/□□人：张坚□□（固）、李定度。何人书？天上鸟。何人/读？海中鱼。鸟非（飞）上天，鱼入水泉。急

---

① 黄冈地区博物馆、英山县博物馆：《湖北英山三座宋墓的发掘》，《考古》1993年第1期。

急如律令。/丁巳岁熙宁十年十二月二十日，亡人田三郎。

湖北 3　熙宁十年（1077）孔氏地券①

该券 1987 年出土于英山一座双室砖室墓中，与田三郎为夫妻合葬墓，墓葬情况参田三郎地券。地券呈长方形，青灰石质；长 42、宽 38、厚 1.34 厘米；地券文字从右向左书写，楷书。地券内容仅有部分可识。

释文如下：

▯契信人▯君要来寻，但来东海边，急▯丁巳岁熙宁十年▯

湖北 4　熙宁十年（1077）谢文诣地券②

该券 1987 年出土于英山一座石砌单室墓中。共出有瓷碗 3、瓷盏 2、瓷碟 1、执壶 2、瓜棱罐 1、深腹罐 1、铜镜 1、铁鐎斗 1、金佩饰 2、石砚 1。地券呈长方形，青灰石质；额题：地券文，1 行；地券文字从右向左书写，楷书，13 行。地券内容仅有部分可识。

释文如下：

▯地券▯花遇/仙人□□玉女传杯赐王□醉死，至今不返/今▯西止庚▯

湖北 5　元丰四年（1081）胡六娘地券③

该券现藏于英山县博物馆。据他人研究文献征引，具体情况不详。

释文如下：

维淮南道大宋国蕲州蕲水县直河乡安仁里北场保住，殁故女弟子胡氏六娘，辛丑生人，年登六十一岁。于元丰四年四月一日朔日，忽随仙人，惧往南山采于花药，忽被仙人赐酒，玉女传杯，致醉失路，迷而不返。▯卖地人：张坚固。知见人：李定度；保人：今日直符。虾蟆数

---

① 黄冈地区博物馆、英山县博物馆：《湖北英山三座宋墓的发掘》，《考古》1993 年第 1 期。

② 同上。

③ 刘安志：《从泰山到东海——中国中古时期民众冥世观念转变之一个侧面》，《唐研究》第 13 卷，北京大学出版社 2007 年版。

钱，燕子度过，与栢人公分付。交纳入东王公军中，并无错误。何人书？水中鱼；何人读？天上鹤。鹤何在？飞上天；鱼何在？入深泉。若要相寻觅，但来东海海东边。急急如律令。官班三券墓记。

湖北6　元丰五年（1082）王二十三郎地券[①]

该券现藏于罗田县博物馆。据他人研究文献征引，具体情况不详。

释文如下：

维皇帝元丰五年十二月丁未二十四日庚午朔。蕲州蕲水县开元乡昭义里路□保，殁故亡人王二十三郎，丁巳生，年六十六岁。年月日。暂向后园采花，遇见仙人，吃酒弄杯，醉荒来路，被太山所召。上无强兄，下无弱弟。今舍头随身衣物，将身自往应文，迷而不返。今用银钱九万九千九贯九伯九十九文九篱（厘），于虎牙将军处买得闲土地五百□。殡葬亡人，将充山陵宅地，各土各坎山作丁向，前面辰巳水。东至甲乙青龙之下，南至丙丁朱雀之下，西至庚辛白虎之下，北至壬癸玄武之下，上至青云，下至黄泉。四畔□之所□，尽熟（属）亡人所管。丘丞墓伯，土下二千石，安都玄武使王，不得横来侵夺。辄故违者，收付太玄老君斩头夺截。耳（尔）后依此契为定。何人书？海边鱼；何人读？□山鹿。要来相寻相情（请），但来东海边。急急如律。敕。

湖北7　元丰七年（1084）邓七郎地券[②]

该券1983年出土于广济一座竖穴土坑墓中。地券呈长方形；长36、宽33、厚0.8厘米，楷书，13行。

释文如下：

地契一道：维唐国南瞻部州（洲）大宋国淮南道西路蕲/州广济县永兴乡歧里六郡中村，岁次甲子十二月丁丑十九日甲申。殁故亡人邓七郎，太岁于今月/十日，遂往东行游道，正见仙人饮酒，王女博（传）杯，醉后随佛/返山，看花不回。当蒿里人老，谨用铜钱万万九千九/佰

① 刘安志：《从泰山到东海——中国中古时期民众冥世观念转变之一个侧面》，《唐研究》第13卷，北京大学出版社2007年版。
② 程达理：《广济县发现北宋时期地契》，《江汉考古》1987年第2期。

九十九贯文，就土府买中□，此间龙子山，地一坟，安疆/亡人邓七郎，东止甲乙青龙，□□□丁朱雀，西止庚辛白虎，地/止壬癸玄武，上止五月天，下止白□□□之内，并是亡人收管/。其龟分契，点穴地下仙人、蒿里父老，土下二千石/。更相约，左右外姓鬼神，不得递相很夺。保人：张坚故度二人。何人书？天上鸟；书书了，飞上天；何人读？水中鱼，读读了，入深泉。急急罗会？/元丰七年十二月十九日地契一道。

湖北 8　绍圣三年（1096）胡十一娘地券①

该券现藏于英山县博物馆。据他人研究文献征引，具体情况不详。

释文如下：

维唐大宋国绍圣三年二月十二日蕲州罗田县直河乡马安社北保，殁故亡人胡十一娘，昔于东王公、西王母边买得此地。今交用钱九万九千九十九贯九百九文，分付当处地主领讫。/〔谁〕为书？水中鱼；谁为读？天上鹤；鹤何在？飞上天；〔鱼〕〔何〕〔在〕？〔深〕入泉。若要相寻觅，但来东海东边。□□□□律令。

湖北 9　崇宁二年（1103）张氏二娘地券②

该券 1979 年出土于襄阳一座仿木结构砖室墓中，地券在人头骨附近。共出有影青瓷碗 1、瓷盂 3、双耳釉陶小罐 1、漆奁 1、漆小盒 1、铜簪 1、铜镜 2、铁钱 3、棺钉 41、铭文砖 1。地券呈正方形，砖质；边长 33、厚 6 厘米；地券文字排列形式是：1 行正写、1 行倒写，按"之"字形念法；楷书，16 行。

释文如下：

维南赡部州（洲）大宋国京西路山南东道襄州左厢第二界/居住夫主刘密，昨于崇宁二年二月十七日有妻张氏二娘，/奄逝天命，见徽城东。卜以龟筮协从，相地袭吉。宜于当州/襄阳县三塘村安骨宅兆。仅用银钱三万九千九百九/十九贯〔文〕兼五采信币，买地壹段，东西八

①　刘安志：《从泰山到东海——中国中古时期民众冥世观念转变之一个侧面》，《唐研究》第 13 卷，北京大学出版社 2007 年版。

②　襄樊市博物馆：《襄阳磨基山宋墓发掘简报》，《江汉考古》1985 年第 3 期。

十一步半，南北七十/二步半，其地上至皇天，下至后土，东至青龙，西至白虎，前至朱/雀，后至玄武，内方勾陈，分擘掌四域，丘丞墓伯，封地界畔。道/路将军，齐整阡陌。千秋万岁，永无殃咎。若辄干犯诃禁者，将军亭长收付河伯。余以酒菜饭食，百味香新，共为信/契。账地相交分付。工匠修营安厝，已后永保休吉。知见/人：岁月主；保人：今日直符。故气邪精，不得怪咨。先有居/者，永避万里。若违此约，地府主吏，自当其祸。主人内外/存亡悉皆安吉，急急如五帝使者女青律令。口明见了契人：张坚固；见成契交地与张氏二娘人：李定庚（度）；见人：/东王公、西王母。营地人：皇天后土。崇宁三年正月二十二日。/钱主张氏二娘。

湖北 10　崇宁二年（1103）延胡地券①

该券现藏于英山县博物馆　据他人研究文献征引，具体情况不详。

释文如下：

☐/此是何人书？东海鲤鱼书。李定度、张坚固踏地界。人但来东海东头相寻讨。奉天师敕令。崇宁二年癸未岁十二月一日安茔墓记。

湖北 11　徽宗崇宁四年（1105）何延祚地券②

该券现藏于英山县博物馆。据他人研究文献征引，具体情况不详。

释文如下：

维南膳（赡）部州（洲）大宋国淮南道蕲州罗田县直河乡安仁里合安保，殁故亡者何延祚七郎，庚辰生，六十六岁。于崇宁四年正月二十三日，今因所患梦中魂魄消散，仙人赐酒，大醉而去不回，前程无处安身。已卜筮安厝归山。今立契于东皇公、西王母，买得土地一所，土名。今备价钱九万九千九百九十九贯九分九厘，当时分付与当□人张坚固土主领讫，将充千载价贯。/若要来相见，但来东海伴。开天门闲地，户亡人执此照据者。崇宁四年　月　日。亡者何延祚地契。同保引人蒿

　　①　刘安志：《从泰山到东海——中国中古时期民众冥世观念转变之一个侧面》，《唐研究》第 13 卷，北京大学出版社 2007 年版。

　　②　同上。

里父老。

湖北 12　政和四年（1114）胡氏地券①

该券 1986 年出土于黄山县一座仿木结构的岩坑竖穴双室石椁墓中。地券呈长方形，青灰色石质；额题：宋故胡氏墓记，1 行；长 38、宽 32、厚 0.8 厘米；楷书，18 行。

释文如下：

维南赡部［洲］□□□□□□□□□□□□□□□□/合安保，今有殁□□□□□□□□□□□□□□/于甲午年九月初，□□□□□□□□□□□□□□/一段安厝宅兆，□□□□岗□□□□□□□/金银钱财九万九千［九］百九十□□□□□□□□/五谷买得此地一所，□□□□，南止丙丁朱雀，西止/庚辛白虎，北止壬癸□□□□［上］止皇天，下止九泉/，内方勾陈，分步四城（域）。□□□□界畔，道路将军，禁/者诃禁，收付河伯。主□□□□□居者，远避千里/。此地并属亡者胡氏□□□□□□灵快乐，家活/兴隆，多生贵子，男孝□□□□□□，八代荣光/，世世富贵。田地胜强，□□□□□□系什倍，男女/命长，父慈子孝。年月□□□□文章。世代衣禄/，家道昕冒，钱帛进益。牛马□□。如律令。敕。路地界人/：张坚固；书契人：李定度。将军亭长，收付河伯。如要相/寻讨，来东海，东海东岸。急急如律。敕。政和四年十二/月二十四日辛酉壬戌朔，胡氏夫人碑记。

湖北 13　宣和二年（1120）徐延袭地券②

该券现藏于浠水县博物馆。据他人研究文献征引，具体情况不详。

释文如下：

／来东海边／

---

①　黄冈地区博物馆、英山县博物馆、文化馆：《英山县矛竹湾宋墓发掘》，《江汉考古》1988 年第 1 期。

②　刘安志：《从泰山到东海——中国中古时期民众冥世观念转变之一个侧面》，《唐研究》第 13 卷，北京大学出版社 2007 年版。

湖北 14　靖康元年（1126）杜氏一娘地券①

该券 976 年出土于孝感一座长方形双室墓中，地券位于北室西端。共出有：铁猪 4、铁牛 4、铜钱 15 枚、瓷碗 2、瓷碟 2。地券呈长方形，铁质；长 31.5、宽 22、厚 1.5 厘米；地券文字从右向左书写，楷书，16 行。

释文如下：

维靖康元年岁次丙午三月丁卯朔初七日癸酉。祭主郭/度等，伏为先妣杜氏一娘，以宣和二年三月十三日殁故，/龟筮协从，祖（相）地袭吉。宜于德安府安陆县太平/马子石乡村长乐之原，安厝宅兆。谨用钱九万九千九百/九十九贯文，兼五彩信币，买地一段。东至青龙/，西至白虎，南至朱雀，北至玄武，内方勾陈，分擘/掌四域。丘承（丞）墓伯，封步界畔/。道路将军，齐整阡陌。千秋千岁，永无殃咎。若/辄干犯诃禁者，将军亭长收付/河伯。余以牲牢酒饭，百味香新，共为信契。财地交/相分付，工匠修营安厝，以后永保休吉。知见人：岁/月主；保人：今日直符/。故气邪精，不得忏怅。先有居者，永避万里。若违此约/，地府主吏命当其祸。主人内外存亡悉皆安吉/。急急如五帝使者女青律令。

湖北 15　宝祐四年（1256）蒋氏孺人地券②

该券 1983 年出土于武汉一座长方形双室砖石墓中，地券位于墓室西端朝向墓门。同出有龙虎瓶 1、陶碗 2、瓷碗 2、铜镜 1（鹊桥相会图案）、铁铺首 4 件、铜钱 36 枚。地券呈方形，砖质；额题：宋故蒋氏孺人契券，1 行；边长 30.8 厘米；地券文字排列形式是：1 行正写，1 行倒写，按"之"字形念法；楷书，15 行。

释文如下：

维皇宋宝祐四年岁次丙辰，八月己未朔，二十四日☐/☐江夏县西兴乡青城村/居住，孝婿☐/☐孺人享年六十五，于宝祐四年六月/☐☐

---

① 孝感市文化馆：《湖北孝感大湾北宋墓》，《文物》1989 年第 5 期。
② 武汉市文物队：《武汉市青山宋墓清理简报》，《江汉考古》1986 年第 4 期。

在襄阳府☐吉☐于郢/江夏县青城村震山之原，买到☐田☐义地内座甲向庚宅。托护用钱九万九千九百九十九贯文，兼五彩信币，买/地一为。东止青龙，西止白虎，南止朱雀，北止玄武，内有☐/，分掌［四］［域］。☐☐佰/，☐界畔。道路将军，齐整阡/陌。千秋万岁，永无［殃］咎。若［辄］干犯［诃］禁，将军亭长/，收府（付）何（河）伯。今以/百味［香］新，［共］为信誓/。☐地交☐分付，/永保［休］吉。见人：☐☐☐主；保人：今［日］［直］符。［故］［气］邪精，不得干犯。☐有/☐居者，永避万里。若违此约，地符☐☐当其祸。主人☐/☐存亡悉皆安吉。急如玉帝主者☐☐☐☐。

湖北 16　宝祐四年（1256）任公总管忠训地券[①]

该券 1983 年出土于武汉一座长方形双室砖石墓中，地券位于墓室西端朝向墓门。与蒋氏孺人为夫妻合葬墓，墓葬情况参见蒋氏孺人地券中的论述。地券呈方形，砖质；额题：宋故任公总管忠训契券，1 行；边长 30.8 厘米；地券文字排列形式是：1 行正写，1 行倒写，按"之"字形念法；楷书，15 行。

释文如下：

维皇宋宝祐四年☐，八月已未☐/☐祖/信阳军/江夏县☐☐☐青城村居住/，孝婿朱文亮、孝儿任氏☐/☐，于宝祐四年七月十九/日在郢管下漕滩，因病☐/☐地内坐甲/向庚宅。体用钱九万九千九百九十九贯☐/☐青龙，［西］［止］白虎，［南］［止］朱雀，北止/玄武，内方☐/，☐方保☐吉。［知］/见人：岁月；保人：今日，自保☐/☐其祸。主人内外/存亡悉皆安☐

湖北 17　失纪年潘五娘地券[②]

该券现藏于罗田县博物馆。据他人研究文献征引，具体情况不详。

①　武汉市文物队：《武汉市青山宋墓清理简报》，《江汉考古》1986 年第 4 期。
②　刘安志：《从泰山到东海——中国中古时期民众冥世观念转变之一个侧面》，《唐研究》第 13 卷，北京大学出版社 2007 年版。

释文如下：

维南膳（赡）部（洲）大宋国淮南道蕲州蕲水县龙门乡石里白阳
保，殁故亡人潘五娘，年登四十八岁，因往后园采花，仙人赐酒，命
终，迷而不返。今备银钱九万九千九百九十九贯，买得此地一坟，安殡
亡人。东止甲乙青龙，南止丙丁朱雀，西止庚辛白虎，北止壬癸玄武，
上止青天，下止黄泉。此是亡人冢宅。谨录随身衣服，直路过所，身
归。三魂归黄泉蒿里所在。鬼神不得横来侵夺。男为奴，女为婢。何人
书？水中鱼。何人读？山头鹿。［鹿］读了上高山，鱼书了入深泉。如
有人相寻觅，但来黄河东海边。急急如律。敕。

湖北 18　失纪年佚名地券①

该券出土于襄樊一座仿木结构砖室墓中，地券位于墓室后端的上方
靠近人骨处。共出油盏 1。地券呈正方形，石质；边长 22.8、厚 0.8 厘
米；地券正文 16 行，现已脱落。仅余另一面文字十六。

释文如下：

［天］［圆］地方，律令九章，合立宝契，永镇墓堂。

江苏 1　至和二年（1055）孙四娘子地券②

该券 1980 年出土于江阴一座浇浆木椁单穴墓中，地券置于棺前。
同出有牒文，绢本，握于墓主人手中。经卷共 11 卷。为《金刚般若波
罗蜜经》、《佛说观世音经》、《般若波罗蜜多心经》、《金光明经》、《太上
老君说常清静经》和《佛说北斗七星延命经》。木俑 33 件，皆为杉木雕
刻。四灵 4、武将俑 2、文吏俑 6、侍俑 5、十二生肖俑 9，另有穿衣俑、
鸟俑、镇墓俑、蛇俑等。家具两件为供桌和靠椅。藤奁盒 1，内有漆盒
2、铜镜 2 面、梳子 3 把及剪刀等物。插花 2、金钩 1、铜钱近百枚，陶
罐 4。地券呈长方形，杉木质；长 52、宽 40 厘米；楷书，墨书。

释文如下：

---

① 襄樊市文物管理处：《湖北襄樊刘家埂唐宋墓清理简报》，《江汉考古》1999 年第 2 期。

② 苏州博物馆、江阴县文化馆：《江阴北宋"瑞昌县君"孙四娘子墓》，《文物》1982 年
第 12 期。

维皇宋至和二年岁次乙未殁故瑞昌县君，得寿年六十一，于三月二十日终于家。取当年七月二十九乙酉化龙乡祖茔西仄（侧），用价钱九万九千九百九十九文，买得吉地壹段。东止甲乙青龙，西止庚辛白虎，南止丙丁朱雀，北止壬癸玄武，其他各分，封步分明。或有四畔封疆道路之神，不得恅忏，整济（齐）阡陌。丘丞之神，今宜日符，分明收掌。急急如律令。敕。

江苏 2　元丰八年（1085）马氏四娘地券[①]

该券 1953 年出土于泰州，墓葬形制不详出土。共出有木桶 1、四角木亭 1、木猪两只、锡编钟 1、锡飞鱼 3。地券呈长方形，木质；长42.5、宽 33.5、厚 1 厘米；木板一面四边用墨笔画八卦符号，中墨书"殁故马氏四娘子买地记"，另一面为正文；地券文字从右向左书写，墨书，12 行。

释文如下：

维大宋元（丰）八年岁次乙丑十月壬戌朔初六日丁卯。丰□殁故马氏四娘子，享年五十七岁。生居城邑，死葬宅地。龟［筮］叶从，相地袭吉，宜于安厝。乃到□泰州海陵县招贤乡小纪村之原，遂用钱买得葬地壹所，其地东至日出，南至火乡，西至金城，北至洞真，□周旋中央，上至九赫青天，下蒸九坎黄泉。四维之内，并是亡人所管。故器（气）邪精，莫相侵害。蒿里黄泉，共相安置。知见人：天上丐；保人：海底鱼。鱼归沧海，丐卫长空。若要相见，直待海变桑田，□亡□葬后，子孙富贵吉昌。急急如律令。

江苏 3　绍圣元年（1094）佚名地券[②]

该券 1959 年出土于淮安一座三室壁画墓中，地券位于中室棺前。共出有带花瓣铜镜 1、半月形木梳 2、盘、盒、碟等漆器 11 件。地券木质。地券具体的形状大小及内容不详。

---

①　黄炳煜：《江苏泰州北宋墓出土器物》，《东南文化》1987 年第 3 期。
②　江苏省文物管理委员会：《江苏淮安宋代壁画墓》，《文物》1960 年第 8 期。

江苏 4 政和六年（1116）李遇、吕氏二娘地券[①]

该券 1981 年出土于扬州，地券木质，大小不详，墨书。

释文如下：

⊘政和六年⊘陇西李遇同妻吕氏二娘

江苏 5 宣和五年（1123）佚名地券[②]

该券 957 年出土于凤凰河一座竖穴土坑墓中。墓葬被盗。地券呈长方形，铁质；长 58、宽 31 厘米。原报告只录出部分释文。

释文如下：

⊘宋宣和五年⊘

江苏 6 宣和年间张氏地券[③]

该券出土于扬州，墓葬情况不详。地券呈正方形，边长 25.5 厘米；17 行。

释文如下：

大宋宣和年间扬州府江都县东水□运河东面南居住祭主谢锦等。伏缘故室人张氏之灵奄逝，未卜茔坟，夙夜忧思。未遑□厝。□令日者，择此高原，来去潮迎，地占□吉。地属本府江都县民人朱镇子，勘违宅兆。□己出修钱采，买到墓地一方。东至草埊为界，西至沟心为界。南至朱宅□为界，北至沟心为界，四至明白。左至青龙，右至白虎，前朱雀，后玄武。四域丘承（丞）墓伯，封步界畔，道路将军，整齐阡陌亩。使千年百载，永无殃咎。若有干犯，并令将军停（亭）长，收付河伯。今备牲牢酒脯、百味香韵，共为信契。新茔迁作乙山辛向，兼卯酉三分安葬。财地交相各已分付，工匠修营。安葬后永保人口子孙永远清吉。知见人：岁月主；代保人：今日直符。故气邪精，不得忏悷。□者居者，地府主者存亡，急急如五帝使者玄青律令。券奉。承天郊法后土

① 张南：《扬州发现北宋买地券》，《扬州大学学报》1981 年第 3 期。
② 屠思华：《江苏凤凰河汉、隋、宋、明墓的清理》，《考古通讯》1958 年第 2 期。
③ （清）端方：《陶斋藏石记》，《石刻史料新编》第 1 辑第 11 册。

皇灵地祇阴府之神位。合同。

江苏7 绍定六年（1233）陈氏二孺人地券①

该券道光十九年出土于江都，地券呈方形，砖质；砖径1尺。13行。

释文如下：

大宋国江都县太平乡北里方陵前堰居住。宋故陈氏二孺人，今将钱财九万九千九百九十九贯，就皇天父后土母、三十八将灵祇等众，买得丁地坟山。即日钱财天地神明交过□足。见人：东王公、西王母；保人：张陆李；庭书契人：石功曹；度书契人：金主簿。度书契人，寿万年；执书契人，入黄泉。急急如律令。

江苏8 淳祐年间周瑀地券②

该券出土于金坛一座长方形券顶砖室墓中，地券位于前壁小龛内。共出有锡模型器1件，内放大木梳、竹篦各1件。盘2、唾盂1、圆盒1、碗1、小瓶1、盅和盅托各1件。书写文具有砚盒1、毛笔1。银棒两根、银戒指10只、竹杖1根、铜钱6枚、团扇两把。牒文1，以手卷形式置于棺内。衣物：计有短衣2、裤7、衫、丝棉袍2、抹胸1、裳2、丝绵蔽膝1、履1双、袜1双、褡裢1、幞头1，以及丝绵被胎、陶瓶1。地券呈长方形，铁质；长25.5、宽、厚0.5厘米；锈蚀严重，字迹不辨。

江苏9 失纪年佚名地券③

该券1975年出土于镇江一砖室墓中，地券位于后壁中部壁龛内。地券铁质。地券具体的形状大小及内容不详。

---

① 池田温：《中国历代墓券略考》，《东洋文化研究所纪要》第86号，1981年，第251—252页。

② 镇江市博物馆、金坛县文化馆：《江苏金坛南宋周瑀墓发掘简报》，《文物》1977年第7期；镇江市博物馆等：《金坛南宋周瑀墓》，《考古学报》1977年第1期。

③ 镇江市博物馆：《镇江宋墓》，《文物资料丛刊·10》1987年。

山西1　天圣十年（1032）王信父母地券^①

该券 1956 年出土于太原一座洞室墓中，地券靠近骨架。共出有塔式罐、小陶罐、陶罐小瓷杯。地券呈碑状，青石质；额题：永昌大吉，1 行；高 39、上宽 23、下宽 27 厘米。

释文如下：

大宋天圣十年岁次壬申庚子朔二十/一日庚申。并州右厢开食店王信，迁奉/上代父母于阳曲县武台乡盈村税户白千处/，立契买到地一亩二分。置围两座，各长十一步/，各阔九步。准作价钱九贯文，折计阴司钱九万九千九百九十九贯文。鬼门之地，并无差税/。石请师而事礼，乃卜其圣地，下卦吉庆也。延福之乡。感政洪休，封置而非不丁宁□□/道得，子孙则世世昌荣，金帛则年年丰□。/券契此里，居成贵四方。有德之称，无□□□。/百纪子孙，长知福地之宗，克明斯理，故保铭记/，卖地□白千男白□。

山西2　明道三年（1034）陶美地券^②

该券 1956 年出土于太原一座圆形土坑墓。共出有小陶罐 1。地券呈长方形，石质；长 47、宽 27 厘米。

释文如下：

墓至（志）。/明道三年岁次癸酉十月癸巳朔八日庚子，陶美迁奉三世者/主，在并州左弟一厢大铁炉为活，买到阳曲县武台乡孟（盈）村百姓刘密地/二亩，准作价钱一十二贯伍佰文币陌，其地阳间并无差税，阴司/东王公、西王母。贯折分（钱）九万九千九百九十九贯九文。内封壬园二口。前面/有得于地右□，买到地四至分明。请事礼，乃卜其圣地，下卦告应也/。年年有盛明。立券契，礼居成，贵达四方，有德之称，无侵厥/止。万百以记（纪），子孙长知福地之宗，克明斯理/。后代故作铭记/。阳世葬主人陶美，男永吉、孙子洋有男/阳世地主人刘密、男刘海。/西邻地主人代保孙□。

①　解希恭：《太原小井峪宋明墓第一次发掘记》，《考古》1963 年第 5 期。
②　代尊德：《太原小井峪宋墓第二次发掘记》，《考古》1963 年第 5 期。

山西 3 大安元年（1085）佚名地券①

该券 1962 年出土于大同一座砖砌单室壁画火葬墓，地券位于棺床上。共出有灰陶盆 1。地券呈正方形，边长 40 厘米；行书，13 行。地券部分文字不可辨识。

释文如下：

／买地一间，东至青龙／后至玄武／上至青天，下至黄泉，四／东北各长二十七／步，周流步座合三十／收牛公于云／中县□家庄住人刘祥等／买到地伍／亩。要置先祖丘坟，反后土皇／九千九百九十九贯足陌文，其力并地，当月／如卖后／或有士夫辙来忤□直待谷从生□官庄／□从礼□鸣白头祁见张□曾石定□官／文直妻杨氏，耶耶文件妻守氏，三耶耶氏／四耶耶文郜氏，收牛公谅妻，赵氏叔公妻／牛妻宋氏综□冯奇／维大安九年岁次癸酉，四月丁未朔，十五日辛酉乙时／破土也。二十七日癸酉申时扣檩。

山西 4 大定二十三年（1183）张□地券②

该券 953 年出土于垣曲一座仿木结构雕砖墓中。地券砖质，大小不详；地券文字排列形式是：1 行正写，1 行倒写。

释文如下：

金〔国〕大定二十三年岁次癸卯三月丙寅朔十九日甲申。亡过张□，今用钱□□九万九千九百九十九贯文，买地一段。东西若干步，南北若干步。东至青龙，西至白虎，南至朱雀，北至玄武。时知见人：岁月主；保人：直符。故气邪精，不得〔忤〕〔恠〕。先有居〔者〕，〔永〕〔避〕〔万〕〔里〕。若违此约，地府主反自当其祸。主人内外存亡，悉皆安吉。急急如□。

---

① 大同市文物陈列馆：《山西大同卧虎湾四座辽代壁画墓》，《考古》1963 年第 8 期。
② 吕遵谔：《山西垣曲东铺村的金墓》，《考古通讯》1956 年第 1 期。

山西5 大安元年（1209）郭裕地券①

该券出土于孝义一座八角券顶式单室合葬砖墓中。共出有陶楼 1、铁牛 1、铁环 4、铜钱 1、瓷碗、瓷枕 1。地券呈长方形，长 45、宽 28.5、厚 5 厘米；地券文字从右向左书写。

释文如下：

维大安元年岁次己巳十一月辛卯朔十八日戌时，破土/择（斩）草，择定来年正月八日丁酉安葬/。河东北路汾州孝义县悦礼社，祭主：郭滋□/亡考进义副尉郭裕，龟筮协从，相地［袭］吉，宜于□西北三尺已来安厝宝兆壹座。谨用钱三百九十贯文，无织币/，买墓地壹段，南北长一十步，东西阔九步四尺五寸。东至［甲］［乙］/，西至庚辛，南至丙丁，北至壬癸，内方勾陈，分厅堂域。立（丘）/承（丞）墓伯，封步界畔，道路将军，齐整阡陌，永无殃咎。若/辄干犯诃禁者，将军亭长，收付河宿（伯）。□□□牲酒饭，百味/香新，亦（共）［为］信［契］。财地交相分付，工匠修当安厝，已后永保/休吉。知见人：岁月主；保［人］：［今］日直符。故气［邪］精，不得/□。先有居者，永避万里。若违此约，地府主吏，自当其祸。主人内外存亡悉皆□吉，急急如/五帝使者女青律令。

福建1 绍兴十九年（1149）郭三郎、太孺聂十五娘地券②

该券于 1996 年出土。地券呈碑形，陶质。据他人研究文献征引，具体情况不详。

释文如下：

魏绍兴十九年岁次己□十月二十三日戊寅，大宋国管内泉州府晋江县晋江乡临江里故助教郭三郎、太孺聂十五娘，于本县本乡鸾歌里上得辛兖山，来龙乾亥入路，兖仙□穴□，甲卯向，发□水，折艮癸，归艮甲，长流甲，分九万九千九百九十贯，就地主封侯明王边买地一穴，当得张坚固、李定度、地下武夷王同共给，与故亡人郭助教及本孺女葬永

---

① 康孝红：《山西孝义市发现一座金墓》，《考古》2001 年第 4 期。
② 陈健鹰：《读碑三题》，《闽台民俗》创刊号，1997 年。

古为祖。东至青龙，西至白虎，南至朱雀，北至玄武，上至青天，下至黄泉。应地下诸神恶鬼，不得妄故侵占。太上老君急急如律令，阴阳事□□□。

福建2　淳熙十三年（1186）蔡氏地券[①]

该券1973年出土于泉州一座砖室火葬墓中，共出有小铁牛4，中方青瓷骨灰罐1、双系陶罐4、绿釉鼎状炉4、黑页岩墓志铭1。地券呈长方形，铁质；长39、宽32、厚1厘米。地券文字从右向左书写。

释文如下：

维淳熙十三年岁次丙午闰七月丙午朔十四日己未。恭人蔡氏以辛巳年九月十二日殁故。龟筮叶从，相地袭吉。宜于泉州南安县归化里西峰龙安禅院之后山，安厝宅兆。谨用钱九万九千九百九十九贯文，兼五彩信币，买地一段。东西一百步，南北一百步。东至青龙，西至白虎，南至朱雀，北至玄武，内方勾陈，分壁（擘）四域。丘丞墓伯，封步界畔。道路将军，齐整阡陌。千秋万岁，永无殃咎。若辄干犯诃禁者，将军亭长，收付河伯。今以牲牢酒饭，百味香新，共为信契。财地交相分付，工匠修营安厝。以后永保休吉。知见人：岁月主；保人：直符。故气邪精，不得忤忸。先有居者，永避万里。若违此约，地府主吏自当其祸。主人内外存亡悉皆安吉。急急如五帝使者女青律令。

福建3　淳祐三年（1243）黄氏地券[②]

该券1975年出土于福州一座长方形石室砖椁墓中，买地券紧靠后壁正中竖放。共出有铁牛1、包裹尸体的丝被中出铜钱17枚，和死者年龄相同；共出有衣物：衣64、裤23、鞋6双、被衾5、绶带2、香囊2、荷包1、粉扑1、围兜子1、卫生带1、裹腿布2、裹脚布1、丝巾14、朱带10。漆器：奁1、粉盒1、漆尺1、缠线板1、镜架1。木器：念珠1、男俑1、竹器：竹签1、竹枝1、竹刮刀1、竹柄棕刷1。团扇

1、棕毛刷 1、角梳 2。金坠 1、银熏 1、银钗 3、环连银蝶 1 对、银盅 1、银盖罐 1。铜镜 2、铜钱 22 枚（有 12 种不同的年号）。褐色粉块 20，玻璃碎件（被压碎的器物），另有水银 684 克，散在棺底衣服和鞋中。砖椁四周有大量松香，棺底有少量灯芯。地券呈长方形，砖质；长 37、宽 29.5、厚 4 厘米；楷书，16 行。

释文如下：

维淳祐三年岁次癸卯朔二十二日甲子辰时未。以符告天一、地二、孟仲四季、黄泉后土、土文武、土历、土伯、土星、土宿、土下二千石神、蒿里父老、武夷山王、玄武鬼律、地女星照。今有大宋国福州怀安县人座乡观风里殁故黄氏五二孺人，元命丁亥，四月二十五日午时受生，不幸于今年十月初十日酉时身亡，享年一十七岁。生居城郭，死居窀穸。音利吉方，于本县忠信里，地名沧仓山，坤山坐丁向癸，利居安坟。用伸安厝此岗，更不迁移，不改村名。谨赍银钱一万九千九百九十九贯文，分付地主：张坚固；保人：李定度。买得此山乙（一）所。东至甲乙，南至丙丁，西望庚辛，北至壬癸，上至青天，下至黄泉，内至陈分壁。今以牲牢酒食，其为信契。或有元道思神，不得干犯亡灵。先有居者，永避万里。若违此约，直符使者，自当其祸。保护亡魂安稳，荫佑生人平康。五帝使者奉太上敕，急急如律令。卖地主：张坚固；保人：李定度。

福建 4　淳祐七年（1247）孺人李氏地券[①]

该券 1975 年出土于福州一座长方形石室砖椁墓中，共出有白瓷小灯盏 1。地券砖质。地券具体大小及内容不详。

福建 5　失纪年吴七娘地券[②]

该券 1989 年出土于南平一座长方形券顶双室砖墓中。共出有瓷器：黑釉碗 1、印花盒 3、青白釉碟 2、犬 1；陶器：罐 1、三系罐 2、蟠龙

---

① 福建省博物馆：《福州市北郊南宋墓清理简报》，《文物》1977 年第 7 期。
② 张文鉴：《南平大凤店口宋墓》，《福建文博》1989 年第 1、2 期合刊；张文鉴：《福建南平店口宋墓》，《考古》1992 年第 5 期。

纹盖瓶 2、灶 1、谷仓 1、火盆 1。石砚、铜镜、铜钱、注子镇墓砖、另有铁券 1。地券呈长方形，砖质；长 24、宽 15、厚 4 厘米。

释文如下：

维□□□□□□□岁次壬子十二月□□六申（?）日癸亥，间□□□为□，吴七娘行□□七十一岁，值身亡，今用铜钱九万九千九百九十九文九厘，于乡地主，买此地。东至甲乙，南至丙丁，西至庚辛，北至壬癸。绞横百人（?），申子辰夏三月，亥卯末秋三月，□□□□□，谁□□□□□谁□□□□□，有木自成林，□云倚处翠。

福建 6　失纪年佚名地券[①]

该券 1990 年出土于福州一座平顶三圹砖石墓结构墓中。共出有银碗 1、银杯 2、银盖罐 1、银钵 1、银壶 2、银盘 1、银洗 1、银盏 3、银碟 1、银渣斗 2、银筷 1 双、银匙 1、银镜盒 1、银粉盒 1、铜夹子 1、漆盒 1、木梳 2、木篦 1、银发冠 1、骨簪 1、葵花形铜镜 1、长方形铜镜 1、香炉形铜镜 1、银坠饰 1、银饰 3、银条脱 7、木珠项链 1、毛笔 1、墨 1、砚 1、铜镇纸 2、铁牛 1、寿山石俑 4、铜钱 8、壁上有淳祐十年铭文砖、墓志 3。地券呈方形，青砖质。地券具体的大小及内容不详。

甘肃 1　天圣二年（1024）杨知璠地券[②]

该券出土于宁县，墓葬情况不详。

释文如下：

维大宋国天圣二年岁次甲子，二月己未朔，二日/庚申。宜于宁州界安县九陵乡□里/村杨知璠。今将五色信币、金银钱财九千/九佰九十余贯，遂皇天后土母社稷主/边，买阔地一所。长十一步，阔九步，/东至青龙，西至白虎，南至朱雀，北至玄武，/上至青天，下至黄泉。/内方勾陈，分掌成邑。即日钱财分付与天地/神明了足。先有居者，永避

---

① 福建省博物馆：《福州菜园山南宋许峻墓》，《文物》1995 年第 10 期。
② 张驰：《宁县境内出土的买地券综述》，《陇右文博》2001 年第 1 期。

万里。故去（气）邪精，/若当其祸。地府主吏，亡者安，后人常向福/吉利，急急如律令。摄知见人：岁月；/保人：东王公、西王母；读契人：石公曹。/书契人：海东童子入水。

甘肃2 仁宗天圣九年（1031）刘△劣地券①

该券出土于宁县，墓葬情况不详。

释文如下：

宁州界定安县永安乡定安村人刘△劣，/无□使亡人△乙用钱万万九千九佰/九十九贯文。和保山罡、赤松子、地/下老母鬼边，买得阔地一所。东接青/龙，西至白虎，南至朱雀，北至玄武，/上至青天，下蒿里黄。保证墓田仁戊/坚固。见人：李定度。一定以后于□□/于□□岁为其买□人六△。今用三月六/日殡还。/天圣九年三月辛未朔□日刻。

甘肃3 金世宗大定十年（1170）郭氏地券②

该券1974年出土于陇西，墓葬情况不详。地券呈碑形，青石质；额题：殁故郭氏地券文，1行；长45、宽35.8、厚6.5厘米；楷书，12行。

释文如下：

维大金大定拾壹年岁次辛卯正月丙子朔初拾日乙酉。今有殁故郭氏，宜于通远军陇西县管下正西山下安厝宅兆。用钱玖万玖千玖百玖拾玖贯文兼五丝信币，买地一段，方壹拾叁步，东至青龙，西至白虎，南至朱雀，北至玄武，内方勾陈，阡陌。（？疑漏刻一行）仟（千）秋。亏（亭）长暮（墓）陌（伯），分步界畔，道路将军，齐整收付河伯。今以牲芳酒食示，百味香新，为信契。财地交相分付，工匠修营安厝，永保休吉。知见人：岁月主；保人：今日直使。故气邪精，不得忏怪。先有居者，永避万皇。若为（违）此约，地存（府）生（主）吏，其祸自当。主人存亡安吉，急急如律。五帝使者女青律令。杨冲至造。

---

① 张驰：《宁县境内出土的买地券综述》，《陇右文博》2001年第1期，原文即为△字。

② 张红霞：《陇西西阙坪出土金代郭氏地券》，《陇右文博》2001年第2期。

甘肃 4　乾祐十五年（1184）曹铁驴地券①

该券 1997 年出土于武威一座长方形单室砖墓中。共出有彩绘人物木版画 1（上有 4 男 1 女）、小木棺 1、小木案 1、小木瓶 1、白瓷碗 1、瓷碟 3、铜钱 7。地券呈长方形，松木质；长 38、宽 25.5、厚 2 厘米。地券文字自右向左书写，楷书，15 行。

释文如下：

维大夏乾祐岁次乙巳六月/壬子朔十九日庚/午。直祭主曹铁驴以乙巳年四月内故殁父/亲。龟筮/协从，相地袭吉。宜于西城廓外，安厝宅兆。谨用钱九万/九千九百九十九贯文兼五彩信币，买地一段。东西柒/步，南北玖步。东至青龙，西至白虎，南至朱雀，北至真武，内/方勾陈，分擘掌四域。丘丞墓伯，封步界畔。道路将军，齐整阡陌。千秋万岁，永无殃咎。若辄犯河（诃）禁/者，将军亭长收付河伯。今次性（牲）牢酒饭，百味香新，共为信契。财地交相分付，工匠修营安厝，已/后永保吉利。知见人：岁月主。/保人：今日直符。/或（故）气邪精，不得忓悇。先有居者，永避万皇（里）。主人/内外存立（亡），悉皆安吉。急急如五帝使者女青律令。

甘肃 5　西夏仁宗乾祐二十三年（1192）窦依□地券②

该券 1998 年出土于武威一座长方形单室砖墓中。共出有两具松木制寿棺状的灵骨匣，一件前案头，正面墨书竖写西夏文字，意为"墓主人儿子为母亲所供葬"。共出有木桌 1、木椅 2、木供器 1、木酒壶 1、木托盏 1。地券呈长方形，松木质；长 31.5、宽 17.5 厘米；楷书，16 行。

释文如下：

维大夏乾祐廿三年岁次壬□二月/二十九日壬寅。直祭主男窦依□□于西苑外咩布勒鬼卖地一段。殁故，鬼至□/，相地袭吉，安厝宅兆，谨用银［钱］九万九仟/九百九十九贯文兼五［彩］信帛，□卖地

---

①　武威地区博物馆：《武威西关西夏墓清理简报》，《陇右文博》2001 年第 2 期。

②　姚永春：《武威西郊西夏墓清理简报》，《陇右文博》2000 年第 2 期。

□/。东西七步，南北七步。东至青龙，西至白/虎，南至朱雀，北至玄武，内分四陈，分擘/掌四城。/丘丞墓伯，封畔道路。将军□/千秋佰万岁，永无殃咎。□于□河禁者，/将军亭长收付河佰（伯）。今姓□酒□/香新，共为信契。财地交于分付，工匠修营/安厝宅兆，以后永保休吉。知见人：岁一（？）；保人：/今日直符。故气邪精，不得忏恢（？）先有居者，永避万皇（里）。若违此［约］，新地府主/使自当其祸。主人内外存亡，悉皆吉□/总如五帝使者女青律令。

河南 1 庆历四年（1044）王典地券①

该券 1987 年出土于上蔡，墓葬情况不详。额题：葬主 王典 男 王父，1 行；地券呈正方形，石灰石质；边长 39、厚 3.5 厘米；楷书，10 行。

释文如下：

上蔡县郭下市北街西住宅，没故亡人王典，/今用银钱玖万玖仟玖佰玖拾/贯文，就此黄泉赴邑射主边/阆，买得此地，墓地周流一顷/，东至青龙，西至白虎，南至朱/雀，北至玄武，四至分明。即日地/钱交相分付讫。知见：东王公/、西王母；书契：功曹；读契人：主簿；保人：张坚固、李定度。于/后不得侵夺。执此契券为据/。庆历四年八月初七买地亡人：王典。

河南 2 至和三年（1056）胡进地券②

该券 1955 年出土于郑州一座浮雕壁画砖室墓中，地券出土时紧靠西壁。地券呈方形，砖质；边长 31.6、厚 5 厘米。

释文如下：

维至和三年岁次丙申，三月癸/丑朔八日庚申。没故［亡］人胡进/。今用钱九万九千九百九十九贯/文，买墓地，南北长四步，东西阔三步。东至青龙，西至白虎/，南至朱雀，北至［玄］［武］，保人：张

① 谢辰、徐国强：《河南上蔡县出土一块宋代买地石券》，《中原文物》1992 年第 8 期。
② 河南省文化局文物工作队第一队：《郑州市南关外北宋砖室墓》，《郑州宋金砖室墓》，科学出版社 2005 年版。

坚 [固] /；见人：李定 [度]。□□□得辄夺，/先有居者，[永][避]
千里之外/。急急如律令。

河南 3　北宋晚期佚名地券①

该券 1957 年出土于巩县一座土洞横室墓中，地券位于人头旁边的
砖刻长盒中。共出有陶罐 4。地券呈长方形，铁质。地券具体大小及内
容不详。

河南 4　元祐元年（1086）赵荣地券②

该券出土于邓州一座壁画墓中，共出有铜镜、梅瓶、瓷碗、瓷罐。
地券呈正方形，青灰色大理石质；边长 40 厘米；楷书，兼有草书，
15 行。

释文如下：

维南瞻部州（洲）大宋国邓州式胜军右□/弟，四界居住，弟子赵
怀伏为父赵荣，□/今不行早，终今去穰县西堤村外，今对/皇天父、后
土母，社郎等，今用大（钱）九万九千九佰九十九贯九十九文，买得此
处墓/地一段。其地东至青龙，西至白虎/，南至朱雀，北至玄武。牙
人：张坚固；/引领人：李定度；书契人：东王公/；读契人：金主簿。
书契人非（飞）上天，读契人/入黄泉，四至分明。其大分付天地神交/
相讫。自后各不许侵，先有远婢（避），文字为/[凭]，急急如令/。元
祐元年八月 日，天水赵郡赵荣契/尊主男赵怀，孤赵直/赵青八儿，次
孤赵立女夫菫□。

河南 5　绍圣四年（1097）李守贵地券③

该券 1999 年出土于登封一座仿木结构砖砌单室壁画墓中。地券呈
长方形，石质；长 39、宽 38、厚 10 厘米；地券文字从右向左书写，

---

17 行。

释文如下：

维大宋国西京河南府登封县天中乡/居住殁故亡人李守贵□□□□记蒲未/有住葬之震。今选定绍圣四年十二月/二十九日己酉大葬，愿此黄（皇）天父、后土母/，社稷主边，买得墓田一所，周流一顷。用钱/九万九千九百九十九贯文，其地左至青/龙，右至白虎，前至朱雀，后至玄武，上至苍/天，下至黄泉。四至分明，各有光震。其买地/钱分付与天地神明了，两无悬欠。一书契人/：石功曹；一读契人：金主簿。要见书契人，变/飞鸟上天；若见读契人，化鱼龙入东海。急/急如律令。如地下有诸夺，付与五道将/军，领过阎罗天子，永判玄堂。李守贵住/宅，万代吉昌。一代保人，加后一代保人/张坚固，一代保人加后李定度，见人如后/一见天神，一见人地祁（祇）。/绍圣四年十二月二十日己酉大葬，李守贵券契一大。

河南 6　元符二年（1099）赵□地券[①]

该券 1951 年出土于禹县一座仿木结构雕砖墓中，地券倚在后室北壁假门前。共出有残铁器 1 堆，长方形铁块 2、铜钱 1 枚、地券盖 1、陶瓮片 2、瓷碗 2 件、瓷片 18 件。地券呈长方形，砖质；长 38、宽 28、厚 2.3 厘米。

释文如下：

大宋元符二年九月十□日，赵/□急□□□□□女青律令□合□□/□□吏自□其间，主人内外存亡皆/□□□□□居者，永避万里。若违此/□□□月□星？保人：今日直符。故气邪精不□□□□自工匠修营安厝，已后永保休宁/。□□□□，□牢酒饭，百味香新，共为信［契］。/□□□□□若辄干犯诃禁者，将军亭长□□/□□□□□□界畔，道路将军，安（？）整隋（？）千□□□/□□□□□□至□□内方勾□，分？掌四□□/东西广十九步，南北长二十二步。东至青龙，西至□/□，□□□□□□□贯文，兼五彩信［币］买□□/□□□□□□□□□将下曲（？）□□□□□□□□/□□□□□□□□□□□□□□　监　□□□□□□

---

①　宿白：《白沙宋墓》，文物出版社 2002 年版。

□/□□□□□□□□□□□□□□□□□□。

河南7　大观二年（1108）赖尚明地券[①]

该券 1998 年出土于新密一座仿木结构壁画砖室墓中。同出有瓷碗残片。地券近呈方形，砖质；边长 30.5—30.7 厘米；8 行，只有少量文字可以辨识。

释文如下：

大宋国朝□/赖尚明□/至西/□/仟玖佰玖拾□/大□/西里□/南至/□北至□/上至□/□/同□/大观二年三月初拾□

河南8　宣和六年（1124）高通地券[②]

该券 1951 年出土于河南禹县，材质及大小不详。

释文如下：

维大宋宣和六年□/高通奉为故亡祖父高怀宝、祖母谢氏及亡夫高中立并亡兄高政妻李氏，各见在浅土，载谋迁座，选拣得今年十月初六己酉之晨安葬，以于五月十四日庚寅之晨，祭地斩草破土，□□□龟策协从，相地悉吉，宜于当乡本村赵□地内安葬。

河南9　宣和七年（1125）刘真地券[③]

该券出土于驻马店，墓葬情况不详。地券呈长方形，石质；长 57、宽 39、厚 3.5 厘米；楷书，9 行。

释文如下：

大宋国蔡州确山县新定乡左张寨/村。孝孙男刘真，今用自己地内置/祖茔一所。共计地壹亩三角。谨具/界至如后：一东至青龙为界，/一西至白虎为界，/一南至朱雀为界，/一北至元武为界。/一丘陵墓伯，封/步界畔。/一道路将军，齐/整吁（阡）陌。/右买地谨用价钱/一玖

---

①　郑州市文物考古所：《河南新密市平陌宋代壁画墓》，《文物》1998 年第 12 期。

②　宿白：《白沙宋墓》，第 63 页，注 95。

③　谢辰：《河南驻马店市出土一块宋代买地券》，《中原文物》1991 年第 2 期。

万贯文并云马/一骆驼等，共成信契。/一伏愿买地之后，家/门清廉，常居安荣/之显，子孙昌盛，/一乃获福庆之光。宣/和七年五月十三/日，买地人孝孙男/刘契，/代保人：岁德、月德；引领人：真符使；/牙人：张不明，见人：本土地/。淮西术士曹子中葬，/右替善大夫孙男进士朱浩然书。

河南10　天德二年（1150）钱择地券①

该券 1994 年出土于洛阳一座单室土洞墓中。共出有白瓷瓶 3。（已被盗）地券呈正方形，灰陶质；边长 29.5、厚 6 厘米；楷书，12 行。

释文如下：

维大金天德二年岁次庚午，四月丁未朔二十四（日）庚午，奉为殁故钱择等诸灵，大葬立券。生居城邑，死安宅兆。鬼（龟）筮协从，相地袭吉。宜于河南府洛阳县金谷乡南北张村之原，谨用银钱九万九千九百九十九贯文，兼五彩信币，于后土皇地祇处买地一段，坟域用地，南北长二十一步，东西阔一十七步。其地东至青龙，西至白虎，南至［朱］雀，北至玄武，内方勾陈，分擘四域。今以牲牢钱币，共立信契。财地交相分付。工匠修营安厝。后永保祥吉。见知人：岁月星；主保人：今日直符。故气邪精，不得忏□。先有主者，永避万里。主人内外存亡，悉皆安吉。急急如五帝使者律令。

河南11　金世宗大定十年（1170）张外翁外婆地券②

该券 1996 年出土于洛阳，墓葬情况不详。地券呈正方形，泥质灰陶质；边长 30.3、厚 5.6 厘米。楷书，17 行。

释文如下：

［维］大定十年岁次庚寅十月丁丑朔初八日甲申，孝女杜氏/为□殁故父母及张外翁外婆诸灵。生居城［邑］，［死］安宅兆。龟筮协从，相地袭吉。宜于河南府/［洛］［阳］县第十一都，谨用银钱九万九千九百九十九/［贯］文，兼五彩信币，［于］后土皇地祇处，买地一段。坟围

---

① 洛阳文物工作队：《洛阳孟津县庆麻屯金墓发掘简报》，《华夏考古》1996 年第 1 期。

② 诸卫红、严辉：《洛阳邙山出土金代买地券》，《文物》1999 年第 12 期。

用地自□/九步于围外东南，葬张外翁外婆之灵。今以□/币酒馔牲牢，共为信契。财地交相分付，工［匠］［修］茔安厝，已后永保祥吉。知见人：岁月星主，保人：今/日直符。故气邪精，不得忤［犯］。先有居者，永避［万］/［里］。［若］违此约，地/府主吏自当其祸。主人内外存亡/［悉］皆安吉。急急如［五］帝使者女青律令。

河南 12　金世宗大定二十九年（1189）董贵地券①

该券于 1987 年出土，墓葬情况不详。地券呈正方形，砖质；边长 32、厚 5 厘米；楷书，12 行。

释文如下：

维大定二十九年闰五月二十六日乙酉，祭主董承祖以于天眷/三年五月十九日，殁故祖父董贵，龟筮协侣（从），相地袭吉。/宜于嵩州伊阳县宜阳乡黄寨村西北源，安厝宅兆。仅用/钱九万九千九百九十九贯文，兼五彩信币，买地一段。东西/一十九步，南北一十九步。东至青龙，西至白虎，南至朱雀，北至/玄武，内方勾陈，分擘四域。丘承墓伯，封步界畔。道路将军，［齐］整/阡陌。千秋千岁，永无殃咎。若辄千（干）纪（犯）词（诃）者，将军亭长/，收付河伯。今以牲牢酒饭。百味香［新］，持为信契。财地交相分付/，工匠修营安厝，已后永保安吉。知见人：岁月主，保人：今日执（直）符/。故气邪精，不得［忤］怊。先有居者，永避力（万）里。若/违此约，地付主吏自当其祸。主人内外存亡悉皆安吉。急如五帝使者女青律令。

河南 13　金章宗明昌二年（1191）赵通地券②

该券出土于洛阳，墓葬情况不详。地券呈正方形，砖质；边长 1 尺 3 寸 5 分；14 行。

释文如下：

维大金明昌二年岁次辛亥七月丁未朔十五日辛酉。祭主界赵通，奉为殁故先祖父母诸灵。龟筮协从，相地袭吉。宜于河南府洛阳县金谷乡

---

① 李献奇：《河南嵩县发现金大定董承祖买地券》，《中原文物》1993 年第 1 期。
② 罗振玉：《地券征存》，《罗雪堂先生全集》，台北：文华出版社 1973 年版。

上清宫北后河村之原，安厝宅兆。谨用银钱九万九千九百九十九贯，又兼五彩信币，买地一段，东西十五步，南北十六步二分。东至青龙，西至白虎，南至朱雀，北至玄武，内方勾陈，分擘穴域。丘丞墓伯，封步界畔。道路将军，齐整阡陌。千秋万载，永无殃咎。若辄犯涸禁者，将军亭长，收付河伯。今以牲牢酒饭百味香新，共立信契。时地交相分付。工匠修营安厝，已后永保祥吉。如（知）［见］［人］：岁月星；保人：今日直符。故气邪精，不得忤［恡］。［先］［有］居者，永避万里。若违此约，地府主吏，自［当］［其］［祸］。［主］［人］内外存亡，悉皆安吉，急急如［五］帝使者律令。

河南 14　失纪年佚名地券[①]

该券出土于方城一座砖室墓中。共出有豆青色瓷壶 1、红陶立俑 1。地券呈长方形；砖质；长 30、宽 15、厚 4.5 厘米；楷书，8 行。

释文如下：

/女丙凮（?）三月乙丙朔//卜□□□□人买其墓田/里□东至□器，西□□楚，南至凤凰/，北至王堂，列土传达，四城之内，□处之人，百□□□□里方，□今九佰九十九贯□北□□□昆□女领造闲，银□丙□九/书侧者是/见是东王公、西王母/

河南 15　失纪年佚名地券[②]

该券 1999 年出土于商州小型单室砖墓中，地券竖靠在墓主头前。同出有灯 1 盏。砖质。地券具体的形状大小及大部分内容不详。

释文如下：

大宋国商州/

---

① 方城县文物工作队：《方城县朱庄宋墓发掘》，《文物》1959 年第 6 期。

② 商洛地区考古队、商州市文管办：《商州市城区宋代墓葬发掘简报》，《考古与文物》2002 年第 2 期。

广西 1　绍兴二十三年（1153）易氏五娘地券①

该券 1990 年出土于容县，墓葬情况不详。地券近正方形，青灰色陶质；长 31.5、宽 30.5、厚 3.2 厘米；楷书，14 行。

释文如下：

维绍兴二十三年，小岁癸酉，十月一日丙辰（朔），十八日癸酉。即有大宋国广南西路容州普宁县欣道西乡沙容里易村生长易氏五娘，行年六十六岁，于绍兴二十三年三月二十日殁故。今［以］［银］钱九万九千九百九十九贯九分九厘九毫，并五［彩］钱币，亭于地名。谢村谢瞳山，其山是光来□落。丙日永入朝。出□□汰，安厝定兆。此十月十八日酉时，迁坐幽室，坐乾向巽，［龟］筮□施，相地袭吉。左至青龙，右至白虎，前对朱雀，后□玄武，内方勾陈，分掌四域。丘承（丞）墓伯，对安□时，道路□里，井齐□□，千秋万岁，永远殃［咎］。若翰干□何安，各将军亭长，收付河伯。今以牲［牢］酒［饭］，百味香［新］，［共］［为］［契］倍（信）。财地交相分付。□□条，营安［厝］日后，永保［休］［吉］。知见人：岁月主；保人：今日直符。于□□精得干□，先有居者，永避万里，若违此约，地府主吏，□□其咎。主人内外存亡，□□皆安吉，□五□□□□令敕。

陕西 1　元符二年（1099）王宗奉父母地券②

该券 1958 年出土于蓝田，墓葬情况不详地券呈正方形，砖质，边长 36、厚 4 厘米。

释文如下：

券文一道，地分耳。/维大宋永兴军京兆府蓝田县/白鹿下乡槐真坊税户王宗奉，为/先亡父母，今迁葬用钱九万九千九/百九十九贯文，买到墓一段，周流一顷。东/至青龙，西至白虎，南至朱雀，北至玄武/。见保人：李定度、张坚固。如有先/居者，远避千里之外。下此券文，不/得乱有侵夺。故立券文照对为/凭。元符二年，己卯岁仲秋八月二十

---

① 肖清薇:《容县出土宋代陶质朱书地券》,《广西文物》1990 年第 2 期。
② 立新、子敏:《蓝田出土宋代买地券》,《文物》1965 年第 5 期。

日/庚时葬下为期。如律令。敕。

陕西 2　绍兴九年（1139）朱进地券[①]

该券出土于凤翔，墓葬情况不详。地券呈长方形，石；长 1 尺 3 寸 5 分、宽 1 尺 3 寸；地券文字排列形式是：1 行正写，1 行倒写；13 行。

释文如下：

凤翔府虢县磻溪乡卢家社朱进，于阜/昌六年六月七日，于令远社赵元处，村南/买到白地十亩。内卓新門四□葬五父/。前用钱一万九千九伯九十文，就皇天父/、后土母、社稷十二边，买得前墓田，周流一/顷。东至青龙，西至白虎，南至朱雀，北至/玄武，上至苍天，下至黄泉，四至分明。即日钱/财分付天地神明。牙保人：张陆、李定度/；知见人：东王父、西王母；书契人：石功曹；读/契人：金主簿。书契人飞上天，读契人入/黄泉。急急如律令。/绍兴九年岁次己未十一月一日戊寅朔七/日甲申日。迁葬。朱进。

陕西 3　绍兴九年（1139）潘顺地券[②]

该券 1988 年出土于西安一座竖穴土洞墓中，地券靠近土坯封门。共出有陶罐 3、陶釜 5、铁猪 1、铁牛 1。地券呈正方形，砖质；边长 32、厚 5.5 厘米；地券文字从右向左书写，楷书，12 行。

释文如下：

维大金明昌二年岁次壬子正月乙巳朔二十六日庚午。祭主男潘志迁葬亡夫潘顺以明昌二年次月初二日亡化，亡妇李氏于今年二十日亡化。龟筮协从，相地袭吉。宜于京兆府长安县葬西乡万城门西北原下，安厝宅地。谨用钱九万九千九十九贯，兼五彩信币，买地一段。东西闰宽九步，南北长三步。东至青龙，西至白虎，南至朱雀，北至真武，内方勾陈，擎掌四域。丘承（丞）墓伯，封步界畔。道路将军，齐整阡陌。千秋万岁，永无殃咎。若辄干犯封禁者，将军亭长收付。今以 [牲] [饭]

---

① 罗振玉：《地券征存》，《罗雪堂先生全集：五编》，台北：大通书局 1973 年版。

② 倪志俊、韩国河、程林泉：《西安市北郊金代墓葬发掘简报》，《考古与文物》1991 年第 6 期。

牢酒，百味香新，同为信契。财地交相分付，工匠修营安厝。已后永保休吉。知见人：岁月主；保人：今日直符。故气邪精，不得□兆。先有居者，永避万里。若/违此约，地府主吏自当其祸，莫祸主人，内外存亡、墓皆安吉。急如五帝使者女青律。

上海 1　失纪年佚名地券①

该券 1983 年出土于上海一座长方形砖室墓中，地券位于骨架头部附近。共出有铁牛 2、白玉簪 1、青釉瓶 1、绍兴通宝 10 枚。地券呈长方形，铁质；长 27、宽 1、厚 0.4 厘米；锈蚀严重，字迹不可辨认。

安徽 1　元祐七年（1092）梁大郎地券②

该券 1987 年出土于合肥，墓葬情况不详。地券呈梯形，木质；上宽 38、下宽 39.5、通高 23.5、厚 2—3 厘米；地券文字自左向右书写，行书，11 行。

释文如下：

维南赡部州（洲）大宋国庐州合肥/县左厢慕善坊殁故亡人梁大郎，/行年四十四岁，己丑生，不幸于元祐/七年岁次壬申四月癸丑朔十三日/乙丑身故。为佛探（采）花，阻天雾露，迷/荒不返，因兹命终。券。生居城邑，死/安宅地。生时未有葬地，故后宜于/府城正北方公城乡西村之内安厝。/宅兆具券如前。今于当年九月/辛巳朔初四日甲申。吉日良辰，/安葬于讫。急急扣（如）律令。敕。

安徽 2　失纪年佚名地券③

该券 1999 年出土于无为一座长方形竖穴双室砖室墓中。共出有铁牛 4、铜镜 2、铜印章 1、石砚 1。地券呈长方形，铁质；长 33.5、宽 23 厘米；锈蚀严重，已无法辨别文字。

---

①　上海博物馆：《上海福泉山唐宋墓》，《考古》1986 年第 2 期。

②　汪炜、赵生泉、史瑞英：《安徽合肥出土的买地券述略》，《文物春秋》2005 年第 3 期。

③　何福安：《安徽无为县发现一座宋代砖室墓》，《考古》2005 年第 3 期。

安徽3 失纪年佚名地券①

该券1999年出土于无为一座长方形竖穴双室砖室墓中。共出有：铁牛4、铜镜2、银碗2、银盏托2、银碟1、银钵1、银盘1、木篦1。共出铜钱144枚。地券呈长方形，铁质；长33.5、宽23厘米。锈蚀严重，已无法辨别文字。

云南1 大理宪宗广运二年（具体年代不详）佚名地券②

该券1985年出土于腾冲一座火葬墓中。地券呈长方形，青灰色板瓦质；长34、宽25、厚1.7厘米；地券文字从左至右书写，楷书，12行。

释文如下：

维广运二年岁次己未十一月戊寅朔廿九日／。尔（？）使者告墓中法主，中兴内堺。今有大理／府／女伏女子生／死／宅屯／古从，相地集吉，置／山／宗安／南里地／亡人买墓／用钱／九千九／／买得／墓地东至青龙，西至白虎，南至朱／／至玄／／者／府主／永／百年／／女／丛／主人／已安吉／／使者［女］青［律］令／。

贵州1 失纪年王兴地券③

该券1986年出土于荣昌坝，墓葬情况不详。地券呈长方形，铁质；长39、宽28厘米。

释文如下：

维皇宋太岁庚寅十月初十己巳未朔越八丙寅年，□□夔州路南平军□川城曰锦堡实粉栅，（即？）有阳道弟子王兴、李八娘夫妇□。兴系辛丑，本命八月初一日，行年五十一岁。切念人生［在］世，难克无常，□□生气之□，禀五行循环之德，今则运逢八卦，二命相生；谨依先贤

---

① 何福安：《安徽无为县发现一座宋代砖室墓》，《考古》2005年第3期。

② 黄德荣：《云南发现的大理国纪年文物》，《考古》2006年第3期。

③ 张合荣：《贵州古代墓葬出土的买地券》，《贵州文史丛刊》2002年第4期。

秘要,踏相山陵福胜之本旁西山乾戊之原,建立寿堂二所。己丁于亥岁七月初四日辛巳,谨备大钱也阡(?)九万九百九十九贯文,在于皇天父、后土母土岗地骨□□十二时辰边贴买到吉穴二所。四至界畔,东至青龙,南至朱雀,西至白虎,北至玄武,上至皇天,下至黄泉,周流己□,□立誓约,具立契券,断以石人能语,石马能行,石契(焦?)□,相始相呼,仰依此誓,寿保千春。建造之后,寿同彭祖,愿如年百,□子千孙,富若石崇堆金壁。天地昭彰,日月鉴照,神灵共知,次愿山水□□,福禄增高,急急如盟文。

贵州 2　失纪年李八娘地券[①]

该券 1986 年出土于荣昌坝,墓葬情况不详。地券呈正方形,铁质。具体大小不详。

释文如下:

维皇宋太岁庚寅,十月初一日未朔□□丙寅年,□有□□□□□□城曰锦堡实粉栅□有阳道弟子王兴、李八娘夫妇□。兴系辛丑,本命八月初一日,行年五十一岁;八娘系癸卯,本命行年四十八岁。切念人生难免无常,□□生气之□,禀五行循环之德。今则运逢八卦,二命相生,谨依先贤秘要,踏相山陵福胜之地,本旁西山乾戊之原,建立寿堂二所。已于丁亥岁七月初四日辛巳谨备大钱九千九百九十九贯文,在于皇天父、后土绩土岗地骨社稷十二时辰边贴买到吉穴二所。四至界畔,东至青龙,南至朱雀,西至白虎,北至玄武,上至皇天,下至黄尔(泉),同流巳□,谨立誓约,具立契券,断以石人能语,石马能行,石契(焦?)(岁?),方始相呼。仰依此誓,寿保千春,建造之后,寿同彭祖,愿如年百,□子千孙,富若石崇堆金壁。天地昭彰,日月鉴照,神灵共知,次愿山水愈□,福禄增高,急急如盟文。

贵州 3　失纪年黎氏二地券[②]

该券出土于怀仁,墓葬情况不详。地券呈长方形,白砂石质;长

---

① 张合荣:《贵州古代墓葬出土的买地券》,《贵州文史丛刊》2002 年第 4 期。
② 同上。

32、宽 26 厘米。

释文如下：

大宋夔路播州石粉栅居黎氏二，今将钱万万余贯，向其皇天后土，五岳山神，贴买巽山下坟穴一所，建立寿堂，至东西南北青龙白虎界至分明。乐保人张坚、李定；知见人，东王父，西王母；保证人助功曹主簿；知见人月腾仙，保证分明。在岁□年□月吉日□过去同券照□荣华富贵。

内蒙古 1　大定二十九年（1189）邢禹地券①

该券 1996 年出土于托克托，地券呈长方形，砖质；长 36.5、宽 24、厚 5.7 厘米；地券文字从右至左书写，楷书，8 行。

释文如下：

维大定二十九年岁次己酉八月九日。祭主邢/元泽□贞元三年四月十七日亡祖禹殒逝。协/从相地，龟筮袭宜。于东胜州南一里余，谨用钱/贯兼五彩信币买地一段，安厝亡祖禹之灵。/其地南北一十六步，东西阙一十四步三分，东/至青龙，西至白虎，南至朱雀，北至玄武，内方勾/陈，分擘四域。立（丘）承（丞）墓伯，封步界畔。仟陌将军，瞻/前察后。今以牲牢酒饭、百味香新，共为契约。财/地交相分付，修造坟尊卑□位。安灵以后，内/外存亡各保安宁。急急如律令。

山东 1　大定二十三年（1183）邓文贵地券②

该券出土于滕州，墓葬情况不详。石质，大小不详。

释文如下：

维大定二十三年六月九日，东滕州东腾县住人邓厚自来有父邓文贵，不计年月身故。今于州东安厝宅兆。谨用己分之财并五彩信币，买地一段。东西十一步，南北十一步四尺。东至青龙，南至朱雀，西至白虎，北至真武，内方勾陈，封步界畔，道路齐整。今已牲牢酒饭、百味

① 闫建春、石俊贵：《托克托县发现金代买地合同分券》，《内蒙古文物考古》1998 年第 1 期。

② 罗振玉：《贞松老人遗稿甲集》，《罗雪堂先生全集·续编》，台北：文华出版社 1969 年版。

香新，共为信契，财地交相分付，工匠修营安厝已毕。知见人：岁月主；保人：今日直符。故气邪精，不得忓愡。先有居者，永避万里，若违此约，地府主吏自当其祸。内外存亡，悉皆安吉。如律令。

台湾1　宝祐五年（1257）黄氏六十三娘地券[①]

该券出土于金门，墓葬情况不详。地券呈近正方形，砖质；长26.5、上宽25.5、下宽26、厚约1.2厘米。

释文如下：

大宋国管内泉州同安县绥德乡翔风里□屿/东北系林舍黄氏六十三娘，今择地一穴，在徐/西北林，系辰山乾戌向，欲为自己葬地。情愿托/徐家西北地主牙人，就张坚固、李定度请买。二/面商量价值。冥财玖阡玖佰玖拾玖贯［文］，其/钱系张坚固、李定度亲手领讫。其地并还/黄氏六十三娘管占安葬。作为伍者所查、□系二/比情愿，日后各无休悔。□□字乙本，还钱主/收执为照者。/宝祐伍年初十日，张坚固、李定度，地契。/卖主张坚固、李定度，/买主黄六十三娘/，牙保徐家西北地主。

---

①　方豪：《金门出土宋墓买地券研究》，《中国历史学会史学集刊》三，1971年。

附表一　　　　　　　　宋代买地券使用者基本情况表

地券名称	时间	地点	性别	年龄	社会阶层
王氏地券	太祖开宝七年（974）	江西吉安	女	83	平民
李大郎地券	真宗大中祥符四年（1011）	江西余江	男	65	平民
陈僧义女地券	仁宗天圣三年（1025）	江西瑞昌	女	不详	平民
陈氏六娘地券	仁宗嘉祐二年（1057）	江西南城	女	78	平民
曹十四娘地券	仁宗嘉祐三年（1058）	江西横峰	女	62	平民
袁八郎地券	神宗熙宁三年（1070）	江西瑞昌	男	不详	平民
江府君地券	神宗熙宁八年（1075）	江西吉水	男	60	承奉郎（从八品上）
蔡八郎地券	神宗元丰八年（1085）	江西九江	男	62	平民
胡三郎地券	哲宗元祐元年（1086）	江西新余	男	59	平民
张愈地券	哲宗元符二年（1099）	江西彭泽	男	70几岁	平民
李宣义地券	徽宗崇宁四年（1105）	江西武宁	男	54	县事（低级官吏）
孙大郎地券	徽宗大观三年（1109）	江西金溪	男	不详	平民
徐氏地券	徽宗大观三年（1109）	江西金溪	女	不详	平民
吴谨地券	徽宗政和八年（1118）	江西进贤	男	47	平民
张公地券	徽宗宣和三年（1121）	江西德兴	男	43	平民

续表

地券名称	时间	地点	性别	年龄	社会阶层
何毅地券	徽宗宣和六年（1124）	江西瑞昌	男	不详	平民
刘三十八郎地券	高宗绍兴三年（1133）	江西瑞昌	男	不详	平民
钱五十四秀才地券	孝宗乾道元年（1165）	江西临川	男	49	秀才
秦秘校地券	孝宗淳熙二年（1175）	江西临川	男	40	平民
胡氏二娘地券	孝宗淳熙十二年（1185）	江西金溪	女	66	平民
曾三十七地券	孝宗淳熙十五年（1188）	江西新干	男	74	平民
胡氏地券	光宗绍熙元年（1190）	江西丰城	女	67	平民
李氏地券	光宗绍熙元年（1190）	江西清江	女	86	平民
姚晖地券	宁宗庆元三年（1197）	江西安福	男	72	平民
朱济南地券	宁宗庆元四年（1198）	江西临川	男	58	平民
万三十地券	宁宗庆元五年（1199）	江西瑞昌	男	55	平民
万三七郎、邵氏令五娘地券	宁宗庆元五年（1199）	江西瑞昌	男 女	26 30	平民
彭氏念一娘地券	宁宗庆元五年（1199）	江西分宜	女	51	平民
叶九地券	宁宗嘉泰元年（1201）	江西宜黄	男	不详	平民
温氏九孺人地券	宁宗嘉泰三年（1203）	江西新余	女	54	平民

续表

地券名称	时间	地点	性别	年龄	社会阶层
周必大地券	宁宗嘉泰四年（1204）	江西吉安	男	79	左丞相
周氏地券	宁宗嘉定四年（1211）	江西清江	女	不详	平民
李念四地券	宁宗嘉定九年（1216）	江西瑞昌	男	不详	平民
杨氏地券	宁宗嘉定十七年（1224）	江西清江	女	不详	平民
王德秀地券	理宗宝庆三年（1227）	江西清江	男	75	平民
舒氏地券	理宗绍定二年（1229）	江西进贤	女	不详	平民
曾氏太君地券	理宗绍定五年（1232）	江西进贤	女	48	平民
李氏地券	理宗嘉熙元年（1237）	江西余干	女	不详	平民
曹氏地券	理宗嘉熙四年（1240）	江西永修	女	不详	平民
郑静阅地券	理宗淳祐十年（1250）	江西清江	男	不详	平民
查曾九地券	理宗淳祐十二年（1252）	江西景德镇	男	不详	平民
余六贡士地券	理宗淳祐十二年（1252）	江西南昌	男	不详	平民
张重四地券	理宗宝祐二年（1254）	江西吉水	男	47	平民
李孺人齐氏地券	理宗宝祐六年（1258）	江西瑞昌	女	79	平民
王百四地券	理宗景定元年（1260）	江西峡江	男	34	秀才

地券名称	时间	地点	性别	年龄	社会阶层
吴氏地券	理宗景定二年（1261）	江西瑞昌	女	53	平民
黄氏地券	度宗咸淳八年（1272）	江西瑞昌	女	不详	进士之妻
翟三郎地券	失纪年	江西瑞昌	男	59	平民
魏训地券	太祖开宝四年（971）	四川成都	男	不详	平民
杨氏地券	真宗天禧五年（1021）	四川成都	女	不详	不详
何□地券	真宗乾兴元年（1022）	四川成都	女	65	平民
王仁明地券	真宗乾兴元年（1022）	四川成都	男	不详	平民
贝府君地券	仁宗皇祐四年（1052）	四川成都	男	不详	平民
田府君地券	仁宗嘉祐七年（1062）	四川成都	男	不详	平民
田氏地券	仁宗嘉祐年间	四川成都	女	不详	平民
田世用地券	仁宗嘉祐年间	四川成都	男	不详	平民
费得中地券	英宗治平四年（1067）	四川成都	男	不详	平民
曹氏地券	神宗熙宁二年（1069）	四川成都	女	不详	平民
史氏地券	神宗熙宁五年（1072）	四川成都	女	不详	平民
王□湜地券	神宗熙宁五年（1072）	四川成都	男	不详	平民

续表

地券名称	时间	地点	性别	年龄	社会阶层
程文贤地券	神宗元丰三年（1080）	四川洪雅	男	不详	平民
赵德成地券	神宗元丰四年（1081）	四川成都	男	不详	平民
谢定地券	神宗元丰八年（1085）	四川成都	男	不详	平民
李氏地券	哲宗元祐二年（1087）	四川成都	女	不详	平民
张氏二娘地券	哲宗元祐八年（1093）	四川成都	女	不详	平民
张确地券	哲宗元祐八年（1093）	四川成都	男	不详	平民
三妹地券	哲宗元祐年间	四川广汉	女	不详	平民
刘起地券	哲宗绍圣元年（1094）	四川成都	男	不详	平民
刘观地券	哲宗绍圣二年（1096）	四川成都	男	不详	平民
魏忻地券	哲宗元符元年（1098）	四川成都	男	不详	平民
魏大升地券	哲宗元符元年（1098）	四川成都	男	不详	平民
宋燧地券	徽宗崇宁元年（1102）	四川成都	男	不详	平民
佚名地券	徽宗崇宁五年（1106）	四川成都	女	不详	不详
张承贵地券	徽宗大观元年（1107）	四川广汉	男	不详	平民
杨氏地券	徽宗宣和三年（1121）	四川成都	女	不详	平民

地券名称	时间	地点	性别	年龄	社会阶层
孟氏三娘子地券	徽宗宣和五年（1123）	四川成都	女	不详	平民
黄念（廿）四郎地券	徽宗宣和六年（1124）	四川井研	男	不详	平民
阎氏十八娘地券	徽宗宣和六年（1124）	四川成都	女	不详	平民
宋京地券	徽宗宣和七年（1125）	四川成都	男	不详	计度转运副使
蔡氏小九娘子地券	钦宗靖康元年（1126）	四川成都	女	不详	平民
张氏地券	北宋年间	四川成都	女	不详	平民
蒲氏地券	高宗绍兴二十一年（1151）	四川成都	女	不详	平民
卫氏地券	高宗绍兴二十二年（1152）	四川成都	女	不详	平民
程氏六娘子地券	高宗绍兴二十五年（1155）	四川成都	女	不详	平民
胡□地券	高宗绍兴二十八年（1158）	四川彭州	男	不详	平民
宋兴仁地券	高宗绍兴年间	四川成都	男	不详	平民
任□地券	高宗绍兴年间	四川成都	男	不详	平民
任氏五娘喻氏六小娘地券	孝宗乾道六年（1170）	四川成都	女	不详	平民
赵客地券	孝宗淳熙六年（1179）	四川成都	男	不详	平民
吕亨文氏顺娘地券	孝宗淳熙九年（1182）	四川成都	男女	不详	平民

续表

地券名称	时间	地点	性别	年龄	社会阶层
吕忠盛、杨氏八娘地券	孝宗淳熙九年（1182）	四川成都	男女	不详	平民
古氏十九娘地券	孝宗淳熙十年（1183）	四川成都	女	不详	平民
张氏地券	光宗绍熙三年（1192）	四川成都	女	不详	平民
杜光世地券	宁宗庆元元年（1195）	四川广元	男	50	平民
三五知郡地券	宁宗庆元三年（1197）	四川成都	男	不详	平民
□氏四小娘子地券	宁宗庆元六年（1200）	四川成都	女	不详	平民
姚氏地券	宁宗嘉定二年（1209）	四川绵阳	女	不详	平民
喻仲安地券	宁宗嘉定三年（1210）	四川成都	男	不详	平民
唐□□地券	宁宗嘉定四年（1211）	四川成都	男	不详	平民
吕忠庆地券	宁宗嘉定四年（1211）	四川成都	男	不详	平民
陈氏地券	宁宗嘉定六年（1213）	四川成都	女	不详	平民
冯氏地券	宁宗嘉定九年（1216）	四川安县	女	不详	平民
九天玄女地券	宁宗嘉定十年（1217）	四川巴中	男女	不详	进士
张氏三娘地券	宁宗嘉定十一年（1218）	四川成都	女	不详	平民
董士和、任氏大卯地券	宁宗嘉定十六年（1223）	四川成都	男女	不详	平民

续表

地券名称	时间	地点	性别	年龄	社会阶层
苟氏二娘地券	宁宗嘉定十六年（1223）	四川成都	女	不详	平民
陈氏中娘地券	理宗宝庆元年（1226）	四川仁寿	女	不详	平民
谢□□地券	理宗绍定二年（1229）	四川成都	男	不详	平民
刘□熙地券	理宗端平二年（1235）	四川成都	男	不详	平民
邓荣仲地券	理宗端平三年（1236）	四川简阳	男	不详	平民
郭五娘地券	英宗治平二年（1065）	湖北浠水	女	62	平民
田三郎地券	神宗熙宁十年（1077）	湖北英山	男	不详	平民
孔氏地券	神宗熙宁十年（1077）	湖北英山	女	不详	平民
谢文诣地券	神宗熙宁十年（1077）	湖北英山	男	不详	平民
胡六娘地券	神宗元丰四年（1081）	湖北英山	女	61	平民
王二十三郎地券	神宗元丰五年（1082）	湖北罗田	男	66	平民
邓七郎地券	神宗元丰七年（1084）	湖北广济	男	不详	平民
胡十一娘地券	哲宗绍圣三年（1096）	湖北英山	女	不详	平民
张氏二娘地券	徽宗崇宁二年（1103）	湖北襄阳	女	不详	平民
延胡地券	徽宗崇宁二年（1103）	湖北英山	男	不详	平民

续表

地券名称	时间	地点	性别	年龄	社会阶层
何延祚地券	徽宗崇宁四年（1105）	湖北英山	男	66	平民
胡氏地券	徽宗政和四年（1114）	湖北黄山	女	不详	平民
徐延袭地券	徽宗宣和二年（1120）	湖北浠水	男	不详	平民
杜氏一娘地券	钦宗靖康元年（1126）	湖北孝感	女	不详	平民
蒋氏孺人地券	理宗宝祐四年（1256）	湖北武汉	女	65	平民
任公总管忠训地券	理宗宝祐四年（1256）	湖北武汉	男	不详	平民
潘五娘地券	年代不详	湖北罗田	女	48	平民
孙四娘子地券	仁宗至和二年（1055）	江苏江阴	女	61	平民
马氏四娘地券	神宗元丰八年（1085）	江苏泰州	女	57	平民
李遇、吕氏二娘地券	徽宗政和六年（1116）	江苏扬州	男女	不详	平民
张氏地券	徽宗宣和年间	江苏扬州	女	不详	平民
陈氏二孺人地券	理宗绍定六年（1233）	江苏扬州	女	不详	平民
周瑀地券	理宗淳祐年间	江苏金坛	男	不详	太学生
王信父母地券	仁宗天圣十年（1032）	山西太原	男女	不详	平民
陶美地券	仁宗明道三年（1034）	山西太原	男	不详	平民

地券名称	时间	地点	性别	年龄	社会阶层
张□地券	金世宗大定二十三年（1183）	山西垣曲	男	不详	平民
郭裕地券	金卫绍王大安元年（1209）	山西孝义	男	不详	进义副尉（从九品）
郭三郎、太孺聂十五娘地券	高宗绍兴十九年（1149）	福建泉州	男女	不详	平民
蔡氏地券	孝宗淳熙十三年（1186）	福建泉州	女	不详	平民
黄氏地券	理宗淳祐三年（1243）	福建福州	女	17	平民
李氏地券	理宗淳祐七年（1247）	福建福州	女	不详	平民
吴七娘地券	失纪年	福建南平	女	71	平民
杨知璠地券	仁宗天圣二年（1024）	甘肃宁县	男	不详	平民
刘△劣地券	仁宗天圣九年（1031）	甘肃宁县	男	不详	平民
郭氏地券	金世宗大定十年（1170）	甘肃陇西	女	不详	平民
曹铁驴地券	西夏仁宗乾祐十五年（1184）	甘肃武威	男	不详	平民
窦依□地券	西夏仁宗乾祐二十三年（1192）	甘肃武威	女	不详	平民
王典地券	仁宗庆历四年（1044）	河南上蔡	男	不详	平民
胡进地券	仁宗至和三年（1056）	河南郑州	男	不详	平民
佚名地券	据同批墓葬认为其年代早于嘉祐年间	河南巩县		不详	平民

续表

地券名称	时间	地点	性别	年龄	社会阶层
赵荣地券	哲宗元祐元年（1086）	河南邓州	男	不详	平民
李守贵地券	哲宗绍圣四年（1097）	河南登封	男	不详	平民
赵□地券	哲宗元符二年（1099）	河南禹县	男	不详	平民
赖尚明地券	徽宗大观二年（1108）	河南新密	男	不详	平民
高通地券	徽宗宣和六年（1124）	河南禹县	2男2女	不详	平民
刘真地券	徽宗宣和七年（1125）	河南驻马店	男	不详	平民
钱择地券	金海陵王天德二年（1150）	河南孟津县	男	不详	平民
张外翁外婆地券	金世宗大定十年（1170）	河南洛阳	男女	不详	平民
董贵地券	金世宗大定二十九年（1189）	河南嵩县	男	不详	平民
赵通地券	金章宗明昌二年（1191）	河南洛阳	男女	不详	平民
易氏五娘地券	高宗绍兴二十三年（1153）	广西容县	女	66	平民
王宗奉父母地券	哲宗元符二年（1099）	陕西蓝田	男女	不详	平民
朱进地券	哲宗元符二年（1099）	陕西凤翔	男	不详	平民
潘顺地券	高宗绍兴九年（1139）	陕西西安	男女	不详	平民

地券名称	时间	地点	性别	年龄	社会阶层
梁大郎地券	哲宗元祐七年（1092）	安徽合肥	男	44	平民
王兴地券	失纪年	贵州荣昌坝	男	51	平民
李八娘地券	失纪年	贵州荣昌坝	女	48	平民
黎氏二地券	失纪年	贵州怀仁	女	不详	平民
邢禹地券	金世宗大定二十九年（1189）	内蒙古托克托	男	不详	平民
邓文贵地券	金世宗大定二十三年（1183）	山东滕州	男	不详	平民
黄氏六十三娘地券	失纪年	台湾金门	女	不详	平民

后　记

　　本书的主要内容是在我博士论文基础上修改而成。本书的研究起始于我的硕士论文《江西地区出土宋代买地券研究》，看到几年的辛苦化为铅字，心中却没有如释重负的感觉。想到初读考古之时，我还是一个懵懂少年；而今已近而立之年，心中不禁怅然。本书可以说是我过去十年学习、研究的一个总结，是我人生历程中的重要标志。希望它不仅仅是过去岁月的一个总结，更是新航程开始的标志。

　　过去十年，在学习和生活上得到了众多师友的帮助，这里首先要感谢导师刘昭瑞老师。从大二第一次上老师的课开始，老师渊博的知识和严谨的治学风格就给我留下了深刻的印象。在跟从老师学习的几年间，他在学业上对我始终严格要求，在生活中对我也是关爱有加。从他那里，我学到了许多做人和为学的道理。老师在论文选题、开题、撰写过程中提出很多宝贵意见，并对我的不足给予过严厉的批评。他锐利的眼光往往能发现我论文的严重缺陷，并给予指出，和他讨论往往使人有茅塞顿开之感。老师的教导和帮助，令我终身难忘。

　　感谢刘文锁老师，作为我硕士学习期间的副导师，文锁老师一直在学习和生活上对我多有关照。老师对人、对事那种认真负责的态度，令我感佩于心。在博士论文写作期间，老师也多次和我就论文展开讨论，他的意见使我获益良多。

　　感谢金志伟老师，他是最先向我们传授考古学知识的老师，我对学问粗浅的认识正是肇始于他那风趣的课。在中大几年，金老师在生活和学习上，对我也多有照顾。他豁达的生活态度，一直令我神往。

感谢许永杰老师、郑君雷老师、姚崇新老师、郭立新老师、王宏老师、李法军老师，几位老师在本科和硕士阶段，系统地向我传授了考古学的相关知识，并且在博士论文写作期间，给予许多宝贵的意见，令我受益匪浅。感谢周大鸣老师、麻国庆老师、王建新老师、邓启耀老师、朱建刚老师，几位老师丰富的教学内容、敏锐的学术洞察力，为我这个考古学出身的学生，打开了人类学和民俗学知识的大门，对我今天的工作帮助良多。

感谢参加我答辩的黎志添、吴重庆与何国强教授和三位匿名评阅人，他们提出的每一个问题都是对我知识和思考的一种考问。如此，我才能不断地加大文献阅读量、完善论证。

感谢马成俊、袁晓文、张峻、王正宇、杨正军、王媖娴、于鹏杰、牛加明、邹琼、刘丽敏、朱志刚、廖建新等同学，非常荣幸可以和他们一起同窗三年，他们每个人身上都有值得我学习的优点。他们不仅在学业上对我多有指点，而且在生活上也给予了我很多帮助。在此，愿我们友谊长存。

感谢周益民、肖海明、陈晓毅、文永辉、龙开义、朱嫣巧、何向、吴云霞、罗宗志、曾国华、王超、刘䌷、阙岳、王越平、陈杰、杨建银、刘未等师兄师姐，他们或提供资料，或参与讨论，或予以鼓励，他们的帮助对本书的完成有不可忽视的作用。希望在以后的工作、学习中还能继续得到师兄师姐们的指点。

感谢黄晓赢、谭同学、张杰、王威廉、周繁文、潘昳、涂锋、卓文静、李翠玲、张晶晶、田强、洪勇、王星逸、王磊、刘锁强、郑馨欣、林琳、张亮、徐淑静、高东辉、董平、黄睦榕、李铭建、马宁、张振伟、吴俊、兰维、刘大川、刘长、陈祥军、黄志辉、卢成仁、袁敦卫等学友，他们在学习和生活上给予了我很多帮助，并对本书的完成作出了重要贡献。

感谢北京的刘东旭、莫晓波、罗帅和刘磊，在北京收集材料期间，他们在生活上给予了我很大的帮助。

感谢云南民族大学民族研究所的各位领导、前辈及同仁，他们对我这个刚刚参加工作的年轻人给予了很多研究和生活方面的指导和帮助。

特别要感谢高登荣老师，正是在他的鼓励和督促下，我才鼓起勇气将博士论文修改成书。个人非常荣幸能够加入这样一个友爱、上进的群体，愿我们的明天会更好。

　　最后，感谢我的父母，他们虽然对我从事的工作可以说是一无所知，但是却一直不辞辛劳地支持着我，他们的支持和关爱始终是我前行的最佳动力。

高　朋

2010 年 12 月于荷叶山

附 图

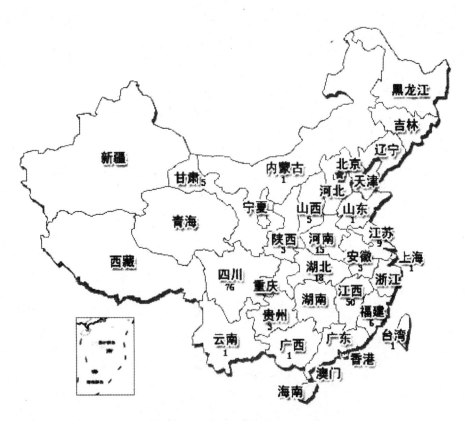

附图一　宋代买地券各省分布图

附图二　庆元五年（1199）万三十买地券

附图三　宣和六年（1124）黄念（廿）四郎地券

附图四　八十亿元冥币

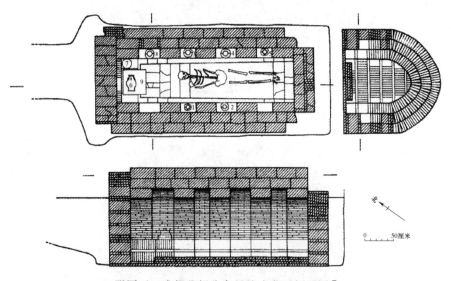

附图五　成都北郊北宋赵德成墓平刨面图①

1、2、3、4、5、6、8. 陶罐　7. 碗　9. 买地卷

---

① 王方：《成都市南郊北宋赵德成墓清理简报》，《四川文物》2001 年第 3 期，第 71 页。

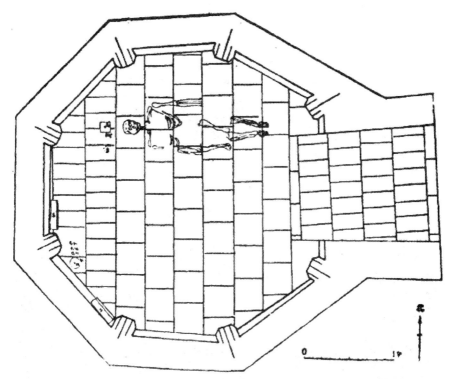

附图六　湖北襄樊北宋张氏二娘墓平面图①

①　襄樊市博物馆：《襄阳磨基山宋墓发掘简报》，《江汉考古》1985 年第 3 期，第 27 页。

附图七　白沙宋墓一号墓地券位置^①

①　宿白:《白沙宋墓》,文物出版社 2002 年版,图版 35。